COURS

DE

DROIT FRANÇAIS.

———

TOME SECOND.

COURS

DE

DROIT FRANÇAIS.

PREMIÈRE PARTIE,

*Sur l'état des personnes et sur le titre préli-
minaire du Code Napoléon.*

Dédié à Son Altesse Sérénissime, Mon-
seigneur le Duc de Parme, Prince-Archi-
Chancelier de l'Empire;

Par M^r. PROUDHON, ancien Docteur en droit,
Professeur de première chaire du Code Napoléon,
Doyen de la Faculté de Droit de Dijon, Membre de
l'Académie des sciences, arts et belles-lettres de cette
Ville et de celle de Besançon.

TOME SECOND.

A DIJON,

chez BERNARD-DEFAY, Imprimeur de la Faculté de droit.

1809.

COURS

DE

DROIT FRANÇAIS.

CHAPITRE PREMIER.

De la paternité et de la filiation.

LA paternité et la filiation sont deux corrélatifs inséparables. Ils consistent, suivant leur acception générique, dans les rapports naturels et sociaux qui unissent les descendans aux ascendans de l'un et l'autre sexe.

Nous comprenons donc sous cette dénomination générale, non-seulement le lien spécial de la paternité qui unit le père à ses enfans, mais encore celui de la maternité relatif à ceux auxquels la femme a donné le jour, et le trait que l'un et l'autre de ces liens ont avec les ascendans de chacune des branches paternelle et maternelle.

La paternité peut être naturelle et civile tout-à-la-fois, naturelle seulement, ou civile seulement.

Elle est naturelle et civile tout-à-la-fois, à l'égard des enfans nés en légitime mariage.

Elle est naturelle seulement, à l'égard des

enfans illégitimes dont la naissance n'est pas avouée par la loi.

Elle est civile seulement, pour les enfans adoptifs.

La paternité naturelle et civile fait seule l'objet du présent chapitre. La paternité purement naturelle, ainsi que l'adoption, seront traitées dans les chapitres suivans.

Avant d'exposer les principes sur lesquels repose la légitimité d'état, nous avons à définir d'abord ce que c'est qu'un enfant légitime.

On entend par enfant légitime celui qui dans le fait est né, ou qui dans le droit est réputé avoir reçu la naissance, d'une manière approuvée par la loi.

Il résulte de là que la légitimité de naissance d'un enfant a pour source unique le mariage de ses père et mère, parce que toute autre conjonction est illicite et réprouvée par la loi.

Nous disons d'abord que l'enfant légitime est celui qui, *dans le fait, est né d'une manière approuvée par la loi.* Cette première partié de notre définition s'applique aux enfans issus d'un mariage contracté sans aucun empêchement et suivant toutes les formalités requises.

Nous disons en second lieu que l'enfant légitime est aussi celui qui, *dans le droit, est réputé avoir reçu la naissance, d'une manière approuvée par la loi.* Cette seconde partie de notre définition se rapporte aux enfans issus d'un mariage *putatif;* c'est-à-dire, d'un mariage nul par rapport à quelqu'*empêchement de fait*, mais contracté de bonne foi par les deux époux ou par l'un d'eux : alors les enfans sont réputés légitimes, parce que la loi veut que le mariage, quoique nul, produise ses effets civils, tant à l'égard des enfans qu'à l'égard des père et mère si ceux-ci ont été tous deux dans la bonne foi (201); mais s'il n'y a qu'un des époux qui ait contracté de bonne foi, les effets civils du mariage ne sont acquis qu'à lui ainsi qu'aux enfans, et non point à l'autre époux qui aurait connu l'empêchement. (202)

Mais pour qu'un mariage nul soit véritablement *putatif*, et opère les effets civils, il faut, comme nous venons de le dire, que la nullité dont il est affecté provienne d'un *empêchement de fait* tel qu'il ait été permis aux époux de l'ignorer, et non pas d'un empêchement de droit, dont l'ignorance ne peut être excusable.

Ainsi, un mariage nul pour avoir été célébré d'une manière clandestine et contre les formes légales, ne rendrait pas légitimes les enfans qui en naîtraient, lors même qu'on supposerait que les époux ne connaissaient pas les formes omises, parce qu'il n'est permis à personne d'ignorer le prescrit de la loi sous laquelle on agit : l'ignorance de droit ne suffirait donc pas pour constituer les père et mère en état de bonne foi ; dès-lors leur conjonction ne serait plus, aux yeux de la loi, qu'un commerce immoral, et les enfans qui en naîtraient, des enfans illégitimes.

Il en est autrement à l'égard des enfans issus d'un mariage nul par rapport à un empêchement de fait, comme, par exemple, si un homme qui s'est déjà marié dans un pays éloigné et dont la première femme vit encore, en épousait une seconde qui le croirait libre : cette seconde épouse étant dans l'ignorance invincible de l'empêchement qui s'oppose à son mariage, la loi lui tient compte de sa bonne foi et de l'intention qu'elle a de donner des enfans légitimes à sa patrie : l'événement inconnu qui trompe sa prévoyance, ne lui étant point imputable, le nom seul du mariage suffit pour lui en acquérir tous les effets civils et pour que ses enfans eux-mêmes soient légitimes.

Puisque le mariage putatif produit ses effets civils tant à l'égard des époux qui l'avaient contracté de bonne foi, qu'à l'égard des enfans qui en sont issus, il en résulte :

1°. Que dans ce cas les époux qui, après la découverte de l'empêchement, sont forcés de se séparer, par rapport à la nullité de leur mariage, n'en conservent pas moins respectivement l'un et l'autre, s'ils ont été de bonne foi tous deux, les libéralités et avantages stipulés à leur profit, dans leur traité nuptial, mais qu'ils ne doivent en jouir que dans les mêmes cas et aux mêmes époques où ces droits seraient ouverts, si le mariage avait été valable.

2°. Que s'il n'y a eu qu'un des époux de

bonne foi, il n'y a que lui qui ait droit de participer à ces avantages, lors même qu'ils auraient été réciproquement stipulés entre eux, puisque le mariage ne produit aucun effet civil à l'égard de l'époux de mauvaise foi.

3º. Que les enfans nés d'une pareille union sont toujours successibles à leurs père et mère et autres parens, puisqu'ils ont tous les droits de la légitimité ; mais qu'au contraire, celui des père et mère qui aurait été de mauvaise foi, ne peut être successible à ses enfans ; en sorte que, dans ce cas, la successibilité n'est point réciproque.

Mais lorsqu'un mariage nul a été contracté de bonne foi par les époux, s'ils viennent l'un et l'autre à être instruits de la nullité de leur union, en découvrant l'empêchement qui y met obstacle, et que néanmoins ils continuent leur cohabitation, les enfans conçus et nés postérieurement à la mauvaise foi survenue dans leurs père et mère, seront-ils encore légitimes ?

Cette question trouve sa solution dans le texte même de la loi : « Le mariage qui a été » déclaré nul, produit néanmoins les effets » civils, tant à l'égard des époux qu'à l'é- » gard des enfans, *lorsqu'il a été contracté* » *de bonne foi* (201) » ; ce n'est donc qu'au moment du contrat que la bonne foi est nécessaire.

Elle n'est exigée qu'à cette époque, pour que l'époux qui ignorait l'empêchement soit en droit de conserver les avantages stipulés à son profit; il en est donc de même en ce qui a rapport à la légitimité des enfans, puisque la loi statue sur l'un de ces objets comme sur l'autre.

Sans doute, si deux époux dont le mariage a été déclaré nul en justice, continuaient à vivre ensemble, malgré l'ordre de se séparer, la loi ne pourrait plus voir dans les enfans qui naîtraient d'eux par la suite, que les fruits du concubinage; mais ce cas où l'autorité publique aurait prononcé, est bien différent de celui où les époux auraient simplement acquis eux-mêmes la connaissance plus ou moins douteuse de la nullité de leur union.

Quand un mariage a été déclaré nul par les Tribunaux, il n'en existe plus rien aux yeux de la loi. La cohabitation de ceux qui avaient voulu le contracter, ne peut plus être, à l'avenir, qu'une désobéissance coupable; mais, au contraire, tant que les époux jouissent paisiblement de leur état, les enfans qui en naissent ont pour eux l'ombre du mariage qui existe entre leurs père et mère, et il est possible que ceux-ci espèrent pouvoir réhabiliter leur union; l'une des hypothèses est donc totalement différente de l'autre.

Après avoir ainsi établi que la paternité et la filiation légitimes reposent uniquement sur le mariage valablement contracté, ou réputé tel aux yeux de la loi, par rapport à la bonne foi des époux, nous diviserons ce qui nous reste à examiner dans ce cha-pitre, en six sections.

Dans la première, nous exposerons les principes sur lesquels on établit la légitimité d'un enfant, lorsqu'elle serait combattue, sans contester ni son identité, ni l'existence du mariage des père et mère, ni le fait de l'accouchement de la mère.

Dans la seconde, nous exposerons les règles relatives au cas où l'on révoquerait en doute soit l'existence du mariage des père et mère, soit le fait de l'accouchement de la femme, soit l'identité de l'enfant.

Dans la troisième, nous traiterons de l'au-torité compétente, *ratione materiae*, pour prononcer sur les questions de légitimité d'état.

Dans la quatrième, des personnes qui peuvent être recevables à contester l'état d'un individu.

Dans la cinquième, de la forme de pro-céder en cette matière.

Dans la sixième enfin, de la prescription dont on peut exciper contre les actions de cette espèce.

SECTION Iere.

Des règles sur lesquelles on établit la légi-timité de l'état d'un enfant, lorsque son identité, ni le mariage de la mère, ni le fait de l'accouchement ne sont contestés.

Une maxime certaine en cette matière,

c'est que, comme la loi naturelle défend aux père et mère de renier leurs enfans, et à ceux-ci de méconnaître les auteurs de leurs jours, de même la loi civile leur interdit le pouvoir de se priver mutuellement de leur état.

Dans le droit, ce principe est également applicable soit au père, soit à la mère ; mais, dans le fait, la condition du père est bien différente de celle de la mère.

La mère est indiquée par la grossesse et l'enfantement : la nature a produit, dans ces faits visibles, des témoins irrécusables pour établir la maternité.

Il n'en est pas ainsi du père ; celui-ci n'est indiqué par aucun signe visible et matériel : et comme l'état d'un enfant ne doit point arbitrairement dépendre des inquiétudes jalouses et capricieuses ou de la mauvaise foi du mari, la loi fixe son sort en lui donnant pour père celui pendant le mariage duquel il est conçu par l'épouse. (312)

Le mariage est donc le signe légal qui indique la paternité à défaut de signe matériel et physique pour l'établir ; en sorte qu'il est vrai, aux yeux de la loi civile, que l'enfant conçu pendant le mariage a pour père le mari, comme il est vrai, aux yeux de la loi naturelle, qu'il a pour mère celle qui l'a mis au monde.

Mais, en ce qui a rapport au père, ce n'est ici qu'une vérité présumée, et toute présomption cesse nécessairement par la démonstration des faits contraires ; cet état de l'enfant n'est donc pas tellement assuré qu'on doive absolument et, dans tous les cas, déclarer le mari inadmissible à désavouer une paternité qui pourrait lui être faussement attribuée.

D'autre côté, ce n'est pas ici une simple présomption conjecturale tirée de la vraisemblance de quelques faits qu'il soit permis d'expliquer arbitrairement ; c'est, au contraire, la loi elle-même qui présume ; et comme il n'y a que la loi qui puisse limiter sa propre volonté, il faut en conclure que le mari ne peut être recevable à contredire cette présomption légale, que dans les cas déterminés par la loi même.

Les enfans à l'état desquels on doit faire l'application de ces principes, appartiennent à trois classes différentes, suivant qu'ils peuvent être conçus avant et nés après la célébration du mariage, ou qu'ils sont conçus et nés pendant le mariage, ou qu'ils sont nés à un terme plus ou moins éloigné après la dissolution du mariage.

Nous avons donc à examiner ici :

1°. Dans quels cas le désaveu est permis au mari à l'égard des enfans nés récemment après le mariage.

2°. Dans quelles circonstances il peut désavouer ceux qui sont conçus et nés pendant le mariage.

3°. Quand on peut contester l'état de ceux qui ne sont venus au monde qu'après la dissolution du mariage.

4°. Enfin, quelle est la nature particulière de l'action en désaveu de paternité, par qui, quand, et comment elle doit être intentée.

§ 1er.

Des enfans nés récemment après le mariage.

L'enfant né pendant le mariage de sa mère est toujours censé légitime, lorsqu'il n'est pas désavoué par le mari, comme conçu d'un autre antérieurement à l'union conjugale des deux époux. Le seul fait de sa naissance arrivée dans le mariage, suffit pour le constituer en possession de l'état d'enfant légitime et pour l'autoriser à en revendiquer tous les avantages, tant qu'il n'aura pas été déclaré illégitime sur la demande en désaveu exercée par le mari dans les cas déterminés par la loi.

La vérité de cette proposition repose sur ce qu'en déterminant les cas où il est permis de contredire la présomption de paternité légitime, le Code déclare seulement qu'alors le mari *pourra désavouer l'enfant* (312, 313 et 314); donc celui-ci n'est pas illégitime de plein droit, puisqu'il faut que le mari exerce l'action en désaveu pour faire déclarer que la paternité ne lui appartient pas.

Il y a plus, le mari doit former sa demande dans le mois, s'il est présent sur les lieux, lors de la naissance de l'enfant (316); faute de quoi, et s'il a gardé le silence pendant ce délai, il est déchu de toute réclamation; donc l'enfant est véritablement en possession de son état, puisqu'il prescrit contre l'action du mari.

L'enfant né avant le cent quatre-vingtième jour du mariage, peut être désavoué; mais s'il est né le cent quatre-vingtième jour ou plus tard, après le mariage, il est présumé conçu depuis sa célébration et ne peut plus être désavoué par le mari. (314)

Néanmoins, quelque récente que soit la naissance après le mariage, la loi interdit encore le désaveu au mari, dans trois cas:

1°. S'il a eu connaissance de la grossesse avant le mariage, parce qu'alors on doit présumer qu'il n'a voulu le contracter que pour réparer sa faute et donner un état à l'enfant qu'il a ainsi tacitement avoué pour le sien.

2°. Si, sans avoir fait aucune protestation, il a assisté à l'acte de naissance, et que cet acte soit signé de lui, ou contienne sa déclaration qu'il ne sait signer, parce qu'après avoir volontairement donné à l'enfant son titre de légitimité, il ne peut plus être recevable à lui en contester les effets.

3°. Si l'enfant n'est pas déclaré viable, parce qu'alors la conception doit être plutôt présumée postérieure au mariage, et que d'ailleurs le désaveu se trouvant sans objet, on ne doit point admettre le mari à exercer une action qui, sans utilité pour lui-même, ne tendrait qu'à déshonorer son épouse.

On entend par enfant qui n'est pas *né viable*, celui qui, quoique né vivant, est venu au monde avant le terme naturel de la gestation, et qui, par rapport à sa constitution imparfaite, est jugé ne pouvoir conserver la vie.

La question de viabilité d'un enfant, est une question de fait qui ne peut être décidée que sur les rapports des gens de l'art.

La disposition du Code qui déclare le mari non-recevable à intenter l'action en désaveu, lorsqu'il a assisté à l'acte de naissance de l'enfant, est-elle limitative? S'il l'avait reconnu par un autre acte, ne serait-il pas également non-recevable à le désavouer ensuite?

Nous ne croyons pas que la disposition du Code soit ici limitative, parce que, suivant les principes du droit commun, on peut renoncer à l'exercice d'une action, sans employer, pour cela, une forme plutôt qu'une autre.

D'après ce qui arrive le plus ordinairement, le mari est présumé présent sur les lieux lors des accouchemens de son épouse; c'est pourquoi la loi le charge en premier ordre de faire présenter les enfans à l'officier de l'état civil pour constater leur naissance. Ce cas s'est d'abord présenté à la pensée du législateur, parce qu'il est le plus ordinaire, et c'est en conséquence qu'il a déclaré que le mari serait non-recevable à contester l'état de l'enfant, après lui avoir volontairement procuré le titre sur lequel repose principalement la preuve de sa légitimité.

Néanmoins ce cas, pour être le plus ordinaire, est bien loin d'être le seul qui puisse arriver : le mari peut être absent ; il peut être présent aussi, mais empêché, par maladie ou autre cause, de paraître devant l'officier de l'état civil, pour faire rédiger l'acte de naissance ; soutiendra-t-on que, dans tous ces cas, il ne puisse reconnaître l'enfant par aucun autre acte capable d'opérer contre lui une fin de non - recèvoir, s'il se porte à le désavouer ensuite ? Comment concevoir qu'il ne puisse expressément renoncer à une action odieuse par elle-même et qu'il est absolument le maître d'intenter ou de ne pas intenter ?

Concluons donc, que la disposition du Code n'est pas ici limitative, parce qu'en consultant les seuls principes du droit commun, le mari, comme tout autre, doit être non-recevable à revenir contre son propre fait, en désavouant ce qu'il a d'abord confessé, et en voulant ouvrir une action à laquelle il a renoncé.

Mais serait-il nécessaire que, dans ce cas, le mari eût reconnu l'enfant par acte authentique ? Que devrait - on décider, si on ne lui opposait qu'une reconnaissance consignée dans une écriture privée ?

Pour soutenir que la reconnaissance faite par acte privé ne pourrait mettre obstacle à l'action en désaveu, on peut dire que l'enfant né avant l'époque fixée pour les naissances accélérées, est par là même censé conçu avant le mariage ; que dès - lors ce n'est plus qu'un enfant naturel, puisque la loi ne considère comme légitimes que ceux qui sont conçus pendant le mariage (312); d'où il résulte qu'on doit, en ce cas, recourir aux règles prescrites pour la reconnaissance des enfans naturels, laquelle doit être faite par acte authentique quand elle n'a pas été consignée dans l'acte de naissance. (334)

Nonobstant ces raisonnemens, nous croyons encore que la reconnaissance par acte privé du mari, serait suffisante pour le rendre non-recevable à contester ensuite l'état de l'enfant.

« Le Code décide donc, dit M. Locré,
» d'après MM. Duverrier et Bigot-Préame-
» neu, que pour que le désaveu du père soit
» admis, il faut, d'un côté, que le mari
» n'ait laissé échapper, soit au moment du
» mariage, soit au moment de la naissance
» de l'enfant, aucun acte, aucun signe,
» aucun aveu volontaire, exprès ou tacite,
» de sa paternité. S'il avait toujours cru
» que l'enfant lui fût étranger, aucun acte
» ne démentirait une opinion qui, depuis
» la naissance de l'enfant, a dû déchirer
» son ame. S'il a varié dans cette opinion,
» *il n'est plus recevable* à refuser à l'en-
» fant l'état qu'il ne lui a pas toujours con-
» testé. (a) »

Il est vrai que l'enfant étant venu au monde avant le terme fixé pour les naissances accélérées, est réputé conçu avant

______

(a) Voyez dans Locré, tom. 4, pag. 59.

le mariage ; mais comme sa conception peut provenir du fait du mari, la loi ne déclare pas cet enfant illégitime de plein droit : elle accorde au mari la faculté du désaveu et à l'enfant tous les avantages de la légitimité, tant que le mari ne contredit pas ; il n'est donc pas permis de confondre cette hypothèse avec celle d'un enfant naturel né hors le mariage, pour appliquer à la cause de l'un les règles prescrites pour celle de l'autre.

L'enfant récemment né après le mariage a réellement la possession d'état d'enfant légitime, puisqu'il n'est pas déclaré illégitime de plein droit ; il lui suffit donc de n'être pas troublé dans cette possession, par le mari de sa mère : il n'est point nécessaire qu'on lui accorde un autre état que celui qu'il a ; il suffit qu'on n'agisse pas contre lui pour l'en priver ; s'il est reconnu par le mari, ce n'est pas pour lui donner un autre état que celui qu'il possède, c'est simplement pour le confirmer dans sa possession : mais au contraire, l'enfant né hors le mariage, n'a point d'autre état que celui d'enfant naturel ; l'acte de reconnaissance du père n'est point destiné à le maintenir dans cet état de privation ; il est destiné à l'en faire sortir et à lui en créer un autre, ce qui nécessairement exige de plus grandes précautions, et par conséquent des formes plus solennelles.

Pourquoi la reconnaissance de l'enfant purement naturel doit-elle être faite par acte authentique ? c'est parce que l'état de l'enfant reconnu, reposant entièrement sur ce titre, il y aurait eu de l'imprévoyance de la part du législateur, de l'abandonner à la frêle garantie d'un acte privé ; mais ce motif est absolument étranger à l'enfant né dans le mariage, parce que son état lui est garanti par le mariage même, tant qu'il n'en est pas privé par l'action en désaveu du mari.

L'acte de reconnaissance du mari ne doit donc pas être ici tel qu'il puisse conférer à l'enfant un état qu'il n'a pas ; il suffit, au contraire, qu'il soit tel qu'il puisse, dans l'intérêt du mari, le priver de son action en désaveu ; or, comment concevoir la nécessité d'un acte authentique, pour qu'un homme maître de ses droits, renonce valablement à une action qui n'appartient qu'à lui ? à une action qu'aucun devoir ne l'oblige à proposer ?

Si le mari, présent sur les lieux, n'agit pas dans le mois, son action est périmée, parce qu'il est censé y avoir renoncé, et avoir tacitement reconnu l'enfant pour le sien : mais comment cette reconnaissance tacite qui résulte du simple silence, aurait-elle plus de mérite et de force que celle qui serait consignée dans un acte formel et exprès ?

Quand il s'agit d'un enfant né hors le mariage, quelque possession d'état que le père lui ait accordée, elle ne suffit pas pour lui acquérir les droits d'enfant reconnu, sans un acte authentique de reconnaissance; tandis qu'à l'égard de l'enfant né dans le mariage, il suffit de ne pas le troubler dans sa possession d'état; il suffit même de le laisser ainsi pendant un mois: il n'y a donc rien de commun entre les règles qui fixent le sort de celui-ci, et celles qui régissent l'état de l'autre.

Lorsque le mari désavoue l'enfant né récemment après le mariage, son désaveu fait-il la loi pour fixer le sort de l'enfant désavoué?

La négative n'est pas douteuse : l'art. 318 du Code veut que l'acte en désaveu du mari reste sans effet s'il n'est suivi, dans le mois, d'une action en justice, dirigée contre un tuteur *ad hoc* donné à l'enfant, et en présence de la mère ; l'acte en désaveu ne fait donc pas la loi à l'enfant, puisqu'il faut que la justice prononce; et ce n'est point une simple homologation de cet acte que le mari doit obtenir du Tribunal, mais une action contradictoire qu'il doit intenter contre le tuteur, pour faire prononcer sur la question de savoir si réellement il est recevable à désavouer l'enfant, ou s'il n'est pas au contraire dans les cas d'exception dans lesquels la loi lui interdit la faculté du désaveu.

Mais il faut observer que l'enfant né à une époque qui suppose sa conception antérieure au mariage, n'est pas, à l'égard du mari, sous l'empire absolu de la maxime, *is est pater quem justae nuptiae demonstrant:*

il ne peut rentrer sous la protection de cette règle qu'en prouvant qu'il se trouve dans l'une des exceptions prévues par la loi, et établies pour mettre obstacle au désaveu du père; et de là il résulte que le désaveu du mari ne peut être combattu qu'en lui opposant ou que l'enfant n'est pas né viable, ou qu'il a reconnu lui-même l'enfant pour le sien, ou enfin qu'il a connu la grossesse de la mère avant le mariage, parce que la loi lui accordant généralement la faculté du désaveu sur cette naissance précoce, et n'assignant que ces trois hypothèses pour limites à l'exercice de cette faculté, le désaveu doit obtenir son effet dans tous les autres cas.

Dans une question de cette espèce, pourrait-on simplement articuler contre le mari, des faits de fréquentation intime avec la mère, avant le mariage, pour en tirer la conséquence qu'ayant connu la femme, il a connu aussi ou dû connaître la grossesse, et qu'il se trouve par là non-recevable à désavouer l'enfant?

Nous estimons que des faits semblables seraient inadmissibles, parce que l'exception de la loi n'étant fondée que sur la connaissance positive de la grossesse, il n'est pas permis d'articuler d'autres faits, sans retomber dans l'arbitraire. Un homme peut avoir fréquenté une femme, sans croire à sa grossesse. Les faits de fréquentation laissent toujours sur leurs conséquences une incertitude telle que nos législateurs ont cru devoir abolir toute recherche de paternité fondée sur de pareilles circonstances : il serait possible d'ailleurs qu'une femme, voulant couvrir ses désordres sous le voile du mariage, se portât à tromper le mari qu'elle aurait attiré dans le piége.

Il nous paraît néanmoins que dans le cas d'enlèvement de la mère, si l'époque de cet enlèvement se rapportait à celle de la conception, on pourrait articuler ce fait contre le mari ravisseur, parce que, dans cette hypothèse, la recherche de la paternité étant admissible, même hors le mariage (340), à plus forte raison cet événement joint au mariage qui l'aurait suivi, et à la naissance de l'enfant qu'on verrait en être la conséquence naturelle, devrait être capable de balancer le désaveu du mari.

Nous avons dit que c'était à l'enfant à faire preuve de l'exception alléguée de sa part contre l'action en désaveu ; mais quel est le genre de preuves qu'il doit articuler ? Sera-t-il obligé de prouver *par écrit* que le mari qui le désavoue a eu, avant le mariage, connaissance de la grossesse de sa mère, ou pourra-t-il faire cette preuve *par témoins ?*

Le Code ne porte aucune disposition particulière sur cet objet ; d'où il faut conclure que, dans l'exercice de sa défense, l'enfant n'est soumis qu'à la règle du droit commun, c'est-à-dire, qu'il peut faire usage de la preuve vocale, sans être astreint à la preuve par écrit ; et cela résulte aussi de la discussion qui a eu lieu au Conseil d'état.

M. Locré nous apprend (*a*) que la commission du Conseil, chargée de présenter le projet de rédaction définitive du Code Napoléon, n'avait accordé à l'enfant l'exception qui résulte de la connaissance que le mari a eue de la grossesse de sa mère, que *lorsqu'il serait prouvé, par des écrits du mari lui-même, qu'il a eu connaissance de la grossesse avant le mariage;* mais il nous apprend aussi que cette disposition fut retranchée, soit parce que le mari ne sait pas toujours écrire, soit parce qu'il est rare qu'on puisse prouver des faits semblables par écrit, et qu'ainsi l'enfant n'aurait presque jamais pu profiter de la fin de non-recevoir établie en sa faveur, pour repousser le désaveu du père; d'où il faut conclure que tous les genres de preuves lui sont permis, parce que le refus qu'on a fait de régler la manière de prouver, entraîne cette conséquence.

§ 2.

Des enfans conçus et nés pendant le mariage.

L'état de l'enfant, conçu et né pendant le mariage, est tellement assuré, que le mari, témoin de la naissance et cohabitant avec la mère, ne pourrait le méconnaître pour le sien, ni en s'accusant d'impuissance naturelle, ni en accusant son épouse d'adul-

---

(*a*) Tom. 4, pag. 61.

tère; qu'il n'est pas permis à la mère elle-même d'assigner un autre père à son enfant, la loi ne voyant dans une pareille attribution de paternité qu'un acte immoral qu'elle rejette. (35)

Mais le désaveu est permis de la part du mari, lorsqu'il est fondé sur son éloignement ou son absence à l'époque de la conception, ou sur son impuissance accidentelle, ou enfin sur l'adultère de la femme qui aurait caché la naissance de l'enfant.

1°. Si, lors de la conception, le mari était dans un tel éloignement ou dans une telle séparation de sa femme, que tout rapprochement entr'eux fût physiquement impossible, son désaveu doit être admis, parce qu'il reste démontré qu'il ne peut être le père de l'enfant.

Nous disons *dans un tel éloignement, ou dans une telle séparation,* que le rapprochement fût *physiquement impossible* entre les époux ; d'où il résulte que la séparation de corps prononcée entre la femme et le mari, ne suffirait jamais seule pour autoriser ce dernier à désavouer l'enfant dont son épouse serait accouchée dans une habitation séparée de lui ; parce que la simple séparation de résidence n'opère pas une impossibilité physique de rapprochement.

Mais comment connaîtra-t-on que le moment de la conception coïncide avec le temps de l'absence du mari ?

C'est l'époque de la naissance qui seule peut nous servir de guide pour fixer l'instant possible de la conception.

Le temps de la gestation n'est pas toujours le même; si, régulièrement parlant, il s'écoule neuf mois entre la conception et la naissance, cette règle n'est pas invariable : il y a des naissances accélérées, comme il y a des naissances tardives : d'après les observations des écrivains les plus distingués qui ont traité cette matière, les auteurs du Code ont fixé l'époque des naissances accélérées au cent-quatre-vingtième jour, et celle des naissances tardives au trois-centième jour depuis la conception.

En conséquence, si l'enfant est né cent quatre-vingts jours après le retour du mari, il est censé conçu depuis son rapprochement, et ne peut plus être désavoué.

S'il est né dans les trois cents jours depuis l'éloignement du mari, il est censé conçu avant son départ, et ne peut pas non plus être désavoué dans ce cas.

Ainsi, le désaveu ne peut avoir lieu qu'autant que le mari prouve l'impossibilité de sa cohabitation pendant le temps qui a couru depuis le trois-centième jusqu'au cent-quatre-vingtième jour avant la naissance de l'enfant. (312)

2°. L'impuissance naturelle du mari n'est plus, dans nos mœurs, une raison qui puisse l'autoriser à méconnaître l'enfant de son épouse : l'expérience des siècles passés nous a convaincus de l'impossibilité de prononcer avec certitude sur cette cause, dont la vérification répugne d'ailleurs à l'honnêteté publique.

Il n'en est pas de même de l'impuissance accidentelle qui peut résulter d'une blessure, d'une mutilation, d'une maladie grave et longue, parce que les accidens de cette nature sont visibles et patens; qu'ils peuvent être prouvés avec certitude, et que les suites en peuvent être telles que, dans l'intervalle présumé de la conception, il n'y ait pas eu un seul instant où le mari aurait pu devenir père. Quoique la présomption de paternité qui résulte du mariage soit placée au rang des preuves les plus respectables, comme étant le fondement de la tranquillité des familles, néanmoins elle doit s'évanouir lorsque des accidens avérés sont de telle nature qu'ils rendent physiquement impossible la cohabitation des époux, parce que la loi ne doit jamais admettre des conséquences absurdes. (312)

Pour remonter à l'époque de la conception, il faut suivre ici la même règle que dans le cas précédent.

Ainsi l'enfant peut être désavoué s'il est né trois cents jours et plus, après l'accident arrivé au mari, ou s'il est venu au monde moins de cent quatre-vingts jours après la guérison, parce que, dans l'un et l'autre cas, l'instant présumé de la conception coïncide avec l'état d'impuissance.

3°. Lorsque la femme a été convaincue d'adultère, et que la naissance de l'enfant qu'elle a mis au monde a été cachée au mari, la réunion de ces deux circonstances donne à ce dernier le droit de proposer tous les faits propres à justifier qu'il n'est pas le père, et à faire admettre son désaveu. (313)

Le voile qui couvre alors la naissance de l'enfant dont la femme se serait enorgueillie dans les circonstances ordinaires, fait raisonnablement présumer qu'il est plutôt le fruit de son libertinage que celui du mariage : néanmoins l'enfant n'est point encore réputé illégitime de plein droit par le désaveu du mari, parce que la conduite mystérieuse de la mère peut être aussi l'effet de la crainte, plutôt que le résultat de son intime conviction ; que son opinion peut être erronée, et que, dans tous les cas, son témoignage est insuffisant pour priver l'enfant de son état : c'est pourquoi le mari n'est que simplement admis à proposer tous les faits propres à justifier qu'il n'en est pas le père.

Dans l'exercice de l'action en désaveu, il y a cette différence entre celle qui a lieu à l'égard des enfans nés moins de cent quatre-vingts jours depuis le mariage, et celle qui est intentée contre les enfans conçus et nés durant le mariage, que, dans la première hypothèse, le mari, quoique demandeur, n'a rien à prouver : dès qu'il est justifié que la célébration du mariage ne remonte pas à cent quatre-vingts jours au-delà de celui de la naissance, le tuteur de l'enfant devient acteur dans ses exceptions, et c'est à lui à prouver soit que le mari avoit connu la grossesse de la mère avant le mariage, soit qu'il a reconnu l'enfant pour le sien ; tandis qu'au contraire, dans l'action en désaveu qui s'exerce contre les enfans conçus et nés depuis le mariage, c'est uniquement sur le mari que pèse l'obligation de prouver l'éloignement ou l'accident qui aurait rendu sa cohabitation impossible (312), ou l'adultère et les autres circonstances propres à justifier qu'il n'est pas le père. (313)

La raison de cette différence, c'est que, comme nous l'avons déjà observé, dans le cas de la naissance précoce, l'instant présumé de la conception étant antérieur au mariage, l'enfant se trouve placé hors de la maxime, *is est pater quem justae nuptiae demonstrant,* tandis que celui qui est né et conçu durant le mariage a droit d'invoquer cette maxime, jusqu'à ce que le mari ait fait évanouir la présomption légale de paternité, par la preuve des circonstances démonstratives qui la font cesser.

Nous avons vu dans le premier paragraphe de cette section, que le mari ne peut pas désavouer l'enfant venu au monde avant le cent-quatre-vingtième jour depuis son mariage, lorsque cet enfant n'est pas né viable ; en est-il de même de l'enfant conçu pendant le mariage durant l'absence du mari ? Supposons qu'au bout de cent soixante jours, par exemple, depuis le retour du mari, après un voyage de long cours, sa femme accouche d'un enfant, mais que cet enfant soit reconnu n'être pas viable, le mari pourra-t-il le désavouer ?

L'affirmative ne paraît pas douteuse : si la loi déclare que la non-viabilité de l'enfant rend le mari non-recevable à ouvrir l'action en désaveu, ce n'est que dans le cas de la naissance arrivée récemment après le mariage. Elle ne prononce pas la même exception à l'égard des enfans conçus et nés pendant le mariage ; il ne serait donc pas permis de l'admettre, puisque la loi ne l'a point décrétée.

D'ailleurs, il ne peut pas y avoir le même motif dans un cas que dans l'autre, parce qu'il n'y a pas même intérêt dans le mari. Le désaveu exercé à l'égard de l'enfant né récemment après le mariage, n'est admis que parce qu'on reporte la conception à une époque antérieure au mariage ; il ne suppose donc point d'adultère commis de la part de la femme, et ne pourrait conséquemment donner au mari, une juste cause de divorce ; tandis que le désaveu admis lorsque la conception de l'enfant a eu lieu durant le mariage, entraînerait une preuve légale de l'adultère de la femme, au moyen de laquelle le mari serait admissible à proposer son divorce ; il n'est donc point ici sans intérêt, comme dans l'autre cas, et par conséquent il ne serait pas non-recevable à proposer le désaveu.

Sans doute il serait permis à la femme de défendre sur cette action : il serait possible même que la demande fût mal fondée, et qu'au dire des gens de l'art qui auraient examiné la constitution de l'enfant, on dût le croire conçu depuis le retour du mari; mais celui-ci, pour être mal fondé dans son action, n'en serait pas moins recevable à la proposer.

§ 3.

Des enfans nés après la dissolution du mariage.

Nous avons vu, dans le paragraphe précédent, que l'enfant est légitime de plein droit, et qu'il ne peut être désavoué, pour cause d'absence, s'il est né dans les trois cents jours depuis le départ du mari, parce qu'il est censé conçu auparavant : de même l'enfant né dans les trois cents jours après la dissolution du mariage, est censé conçu avant cette dissolution, et en conséquence la loi veut qu'il soit l'enfant du mariage : telle est la décision de l'article 315 du Code Napoléon, portant que « la légitimité de l'en- » fant né trois cents jours après la dissolu- » tion du mariage, pourra être contestée. »

Ici le législateur ne dit plus, comme lorsqu'il s'agit des naissances arrivées durant le mariage, que l'enfant né trois cents jours après la dissolution du mariage, *pourra être désavoué;* mais que sa légitimité *pourra être contestée :* la raison de cette diversité dans les expressions de la loi, dérive de ce que dans l'une des hypothèses l'action n'est pas nominativement la même que dans l'autre. L'action en désaveu n'est propre qu'au mari et n'est directement relative qu'aux enfans nés ou conçus durant le mariage ; mais lorsqu'il s'agit d'un enfant né après la dissolution du mariage, l'action dirigée contre lui pour le faire déclarer illégitime, peut être intentée par d'autres personnes que le mari ; elle est même nécessairement intentée à requête d'autres personnes, quand c'est par le décès du mari que le mariage a été dissous ; elle n'est donc, généralement parlant, qu'une action en contestation d'état, et non une action en désaveu proprement dit.

Cette observation trouvera son utilité dans la suite des choses que nous avons à dire sur l'article que nous venons de transcrire.

Le Code déclare donc que la légitimité de l'enfant né trois cents jours après la dissolution du mariage, *pourra être contestée.*

Mais quel est le sens précis de ces expressions, et à quel enfant sont-elles applicables?

Pourquoi l'enfant né à cette époque ne serait-il pas illégitime de plein droit?

Quel est le genre de défense qu'il lui serait permis d'opposer à l'action dirigée contre lui?

Ne pourrait-on jamais l'écarter par fin de non-recevoir, sans l'avoir préalablement fait déclarer illégitime?

Telles sont les questions que nous avons à examiner dans le développement de cet article.

1°. La loi compte ici par jour ; en conséquence l'enfant né trois cents jours après le mariage dissous, est celui qui est venu au monde le trois-cent-unième jour, ou plus tard, à compter dès celui de la dissolution du mariage; car s'il était né seulement le trois-centième jour dès celui du mariage dissous, il n'y aurait que deux cent quatre-vingt-dix-neuf jours entre les deux extrêmes, et par conséquent, le second ne serait pas de trois jours après le premier.

2°. L'état d'un enfant né le trois-cent-unième jour, ou plus tard, après la dissolution du mariage, *peut être contesté*, comme l'enfant qui est né le trois-cent-unième jour, ou plus tard, après le départ du mari, *peut être désavoué*, pour cause d'absence, parce que le terme extrême des naissances tardives étant fixé à trois cents jours depuis la conception, l'enfant né après ce délai écoulé depuis la séparation du mari, ne peut plus reporter l'instant de sa conception au temps de la cohabitation des époux.

Si l'enfant, né trois cents jours après le mariage dissous, n'est point déclaré illégitime de plein droit, ce n'est pas que la loi le considère comme pouvant encore être l'enfant du mariage, parce qu'elle serait contradictoire à elle-même; mais c'est en ce sens seulement que si son état n'est point attaqué, il reste à l'abri du silence que personne n'est intéressé à rompre.

3°. Si donc l'état de l'enfant, né après la dissolution du mariage, est combattu, la contestation ne peut avoir pour objet la question de savoir si l'on pourrait reporter dans le mariage la conception de l'enfant venu au monde plus de trois cents jours après le mariage dissous ; il ne peut être permis de supposer, devant les Tribunaux, que ce point de droit soit susceptible du moindre litige, puisqu'il est tranché par le Code qui n'accorde que le délai de trois cents jours au calcul de la mère, pour le terme extrême des naissances les plus tardives.

Mais le jour de la naissance peut n'être pas connu : il est possible que l'enfant n'ait point d'acte de naissance : il est possible que cet acte, s'il en a un, contienne des erreurs, et qu'il n'énonce pas le véritable jour où il est venu au monde. On peut ignorer aussi le jour du décès du mari : l'homme peut être frappé de mille accidens qui mettent un terme à sa carrière, sans qu'on sache l'instant précis de sa mort : alors la contestation trouve un objet direct dans la vérification de tous ces faits, et l'enfant dont l'état est attaqué peut se défendre, par toutes sortes de moyens propres à prouver que l'instant de sa conception doit être reporté au temps du mariage de sa mère.

L'enfant, né après le mariage dissous et dont l'état est attaqué, ne peut donc avoir d'autres exceptions légales à opposer que celles qui tendraient à établir qu'entre la dissolution du mariage et sa naissance, il ne s'est pas écoulé un laps de trois cents jours entiers ; et s'il était avéré en fait que cet intervalle a été de trois cents jours et plus, l'illégitimité de sa naissance se trouverait par là même avérée en droit, en sorte qu'il ne serait plus permis de lui adjuger les avantages qui ne sont dus qu'aux enfans conçus dans le mariage.

Pour démontrer de plus en plus que c'est dans ce sens seulement qu'on doit entendre l'article du Code que nous expliquons, comparons la loi avec elle-même.

Lorsqu'il est question de l'enfant conçu et venu au monde pendant le mariage, le Code porte que le mari *pourra le désavouer* s'il est né trois cents jours après l'éloignement ou l'accident qui a rendu la cohabitation des époux impossible, comme il porte aussi que l'état de l'enfant né trois cents jours après le mariage dissous, *pourra être contesté :* on voit par là que le Code prononce sur l'un comme sur l'autre, quoique ses expressions ne soient pas identiques, par la raison que nous en avons donnée plus haut.

Il faut unité de principes dans la loi, et sur-tout il est défendu de la supposer discordante avec elle-même, lorsque le législateur s'est exprimé d'une manière uniforme; or, pour que le désaveu du mari triomphe à l'égard de l'enfant né durant le mariage, il lui suffit de prouver l'impossibilité de sa cohabitation pendant les trois cents jours qui ont précédé la naissance : la loi ne lui impose aucune autre condition pour que le désaveu doive obtenir tous ses effets ; dès que cette preuve est acquise, dès que ce fait est avéré, l'enfant doit être déclaré illégi-

time : donc pareillement, et même à plus
forte raison, l'enfant, né après le mariage
dissous, doit nécessairement être déclaré
illégitime, dès qu'il est avéré en fait, que
sa naissance a eu lieu trois cents jours, ou
plus tard, après la dissolution du mariage.

Dans la cause de l'enfant né après le mariage dissous, l'impossibilité physique de
cohabitation entre les époux, après le décès
du mari, est de toutes les choses la plus
avérée. Il n'en est pas de même quand il
s'agit de l'absence du mari, dans la cause
de l'enfant né durant le mariage : de quelque manière que son éloignement soit
prouvé, jamais on ne pourra être aussi sûr
de l'impossibilité d'un rapprochement momentané avec son épouse, que si réellement
il était mort. Le législateur n'a pu avoir plus
d'égard pour une preuve morale, que pour
une démonstration complette ; il n'a pu pré-
férer une preuve toujours accompagnée de
quelques dangers d'erreur, à une vérité infailliblement établie : il est donc impossible
de supposer qu'il ait voulu accorder plus de
faveur à la cause de l'enfant né après le
mariage dissous qu'à celle de celui qui est
né durant le mariage même, quand il se
trouve dans le cas du désaveu, pour absence ou éloignement du mari.

Admettons, si l'on veut, que le mariage
ait été dissous par le divorce : l'époque de
sa dissolution sera, par le registre de l'état
civil, prouvée aussi authentiquement que le
serait celle du décès du mari ; l'illégitimité

de l'enfant né trois cents jours après le divorce, sera donc également démontrée, puisque l'instant de sa conception ne pourra être reporté au temps du mariage.

Dans ce cas, l'état de l'enfant étant contesté, on ne pourrait le défendre en excipant d'aucun rapprochement du mari avec la mère postérieurement au divorce, sans se livrer à la recherche d'une paternité non avouée, ce qui serait contraire à tous les principes de notre législation actuelle.

Il y a plus, l'enfant tournerait ses armes contre lui-même, en prouvant que le père divorcé s'est rapproché de sa mère après le divorce, pour montrer dans ce rapprochement, la cause de sa conception : loin d'établir par là sa légitimité, il démontrerait au contraire sa bâtardise ; car, pour pouvoir prétendre qu'il fût légitime quoique conçu après le divorce, il faudrait soutenir ou que le divorce ne dissout pas le mariage, ou qu'un enfant conçu hors le mariage est néanmoins légitime.

Et dans quel dédale de contradictions ne serait-on pas enserré par un pareil système ? Le divorce sépare à jamais les époux ; dès qu'il est prononcé, ils ne peuvent plus se réunir ; toute union qu'ils tenteraient de contracter par la suite, serait absolument nulle ; elle ne pourrait même avoir les effets du *mariage putatif*, parce qu'il n'y aurait pas de bonne foi de leur part : si donc, se présentant à un officier de l'état civil qui ne les connaîtrait pas, ils parvenaient à abuser de son ignorance, et à se marier de nouveau, les enfans issus d'un pareil mariage seraient éternellement illégitimes : mais comment supposer que des enfans nés sans mariage contracté de nouveau entre les père et mère divorcés, par le seul effet de leur rapprochement après le divorce, puissent avoir les droits de la légitimité, tandis que ceux qui seraient issus du mariage contracté entre les mêmes père et mère, en seraient perpétuellement exclus ?

4°. Il résulte de tout ce que nous venons de dire, que pour écarter de ses prétentions un enfant né après le mariage dissous, il ne serait pas toujours nécessaire d'agiter préalablement avec lui, une action particulière et préjudicielle sur son état.

Supposons, par exemple, qu'un enfant né trois cents jours, ou plus tard, après la mort du mari de sa mère, se présente pour concourir au partage de la succession d'un frère du mari décédé : la seule production soit de son acte de naissance, soit de l'acte constatant la dissolution du mariage de sa mère, arrivée trois cents jours auparavant, suffira pour le faire déclarer non - recevable, sans autres formes de procédure.

L'enfant qui naît au-delà des trois cents jours depuis la dissolution du mariage, n'a pas même civilement la possession d'état légitime ; il ne peut avoir qu'une pure possession de fait, si les parties intéressées le laissent jouir de quelques droits dérivant de la paternité qu'il se donne ; mais il ne peut avoir une véritable possession civile de l'état de légitimité, puisqu'il est né bâtard.

Si l'individu né seulement trois cent un ou deux jours après la dissolution du mariage de sa mère, ne devait pas être réputé illégitime de plein droit, il en serait de même de celui qui ne viendrait au monde qu'au bout de trois cent dix, trois cent vingt, quatre cents jours et plus, parce qu'après les trois cents jours, il n'y a plus d'époque déterminée à laquelle on doive s'arrêter : ainsi une femme, pour avoir été mariée, ne pourrait plus avoir par la suite que des enfans nés en possession d'état légitime, ce qui serait de toutes les choses la moins admissible.

Jusqu'a présent nous avons considéré les diverses causes de désaveu, en les supposant isolées les unes des autres : nous avons vu d'abord que l'éloignement du mari peut être une cause de désaveu, si son départ remonte au-delà du temps présumé de la conception ; que son impuissance accidentelle est aussi une cause de désaveu, si elle coïncide avec la même époque ; que l'adultère de la femme, joint à la circonstance d'avoir caché la naissance de l'enfant, peut autoriser le mari à proposer tous les faits propres à justifier qu'il n'en est pas le père, et qu'enfin l'enfant né trois cents jours après la dissolution du mariage, ne doit point être réputé légitime : mais ces diverses causes dont nous avons traité séparément, peuvent quelquefois concourir ensemble, et même l'une suppléer à ce qui manquerait à l'autre, pour être décisive par elle-même.

Supposons, en effet, que l'éloignement ou l'absence du mari ait duré moins de trois cents jours avant la naissance de l'enfant; ce motif seul ne sera pas suffisant pour en rejeter la paternité : mais si déjà avant son départ il était, par l'effet de quelqu'accident, rendu incapable d'être père, la réunion des deux causes fera triompher l'action en désaveu.

Qu'une femme soit convaincue d'adultère et qu'elle ait caché la naissance d'un enfant à son mari, la loi autorise celui-ci à alléguer tous les faits propres à justifier qu'il n'en est pas le père ; l'enfant n'est donc pas encore considéré comme illégitime : mais que le mari oppose alors son impuissance accidentelle, si ce fait est justifié, le succès de sa demande en désaveu ne peut plus être douteux.

La naissance tardive ne peut rendre l'enfant illégitime qu'autant qu'il est né trois cents jours après la dissolution du mariage : si donc il est né seulement au bout de deux cents jours, ce délai seul ne suffira pas pour le réduire à l'état d'enfant naturel ; mais si pendant les cent derniers jours de la durée du mariage, le mari a été dans l'impossibilité physique de cohabiter avec son épouse, soit par son éloignement, soit par tout autre accident, l'enfant ne peut plus être qu'illégitime.

C'est ainsi que les diverses causes de désaveu peuvent quelquefois concourir ensemble et se suppléer mutuellement.

L'ENFANT est légitime dès qu'il est né plus de cent quatre-vingts jours après la célébration du mariage, comme il est légitime encore s'il est né dans les trois cents jours depuis sa dissolution. Cet intervalle de cent vingt jours qui sont abandonnés aux calculs de la mère, sur la durée de sa gestation, peut donner lieu à une question dont l'examen mérite de trouver ici sa place.

Supposons qu'une veuve contracte un nouveau mariage au bout d'un mois après le décès de son mari, et qu'elle accouche d'un enfant au bout de huit mois depuis son second mariage : auquel des deux époux devra-t-on attribuer la paternité ?

C'est pour prévenir cette confusion de part, que la loi défend à la femme de convoler dans les dix mois du deuil. Nous avons décidé dans le chapitre du mariage, que cette défense emportait nullité du second mariage, ce qui rendrait illégitime l'enfant qui en serait issu ; mais il serait possible aussi qu'il y eût bonne foi de la part du mari, et que cette seconde union contractée par la femme eût, à l'égard de son enfant, les effets du mariage putatif.

Quoi qu'il en soit, on aurait toujours à décider la question de savoir si cet enfant serait bâtard ou légitime, ou si ayant les effets de la légitimité par un mariage putatif, il devrait succéder au premier ou au second mari de sa mère.

La décision la plus sage serait celle qu'on

pourrait faire concorder le mieux avec la vraisemblance des faits connus, et l'on ne peut indiquer que quelques règles générales sur cet objet.

La présomption de paternité en faveur du second mari devrait l'emporter si, d'après les dépositions des hommes de l'art, la constitution physique de l'enfant paraissait telle qu'on ne dût pas naturellement reculer la conception au-delà du second mariage.

La caducité, l'absence, la maladie du premier mari pourrait concourir à confirmer la paternité envers le second.

La présomption contraire devrait avoir lieu en faveur du premier époux, si la femme étant accouchée peu de temps après les cent quatre-vingts jours du second mariage, l'enfant était tellement constitué, qu'au dire des gens de l'art, on dût le juger parvenu au terme des naissances les plus tardives.

Toutes choses étant égales, on devrait plutôt le déclarer légitime que bâtard, parce que la faveur due à l'innocence devrait l'emporter.

§ 4.

Sur l'action en désaveu.

Il ne faut pas confondre l'action en désaveu, avec l'action ordinaire en réclamation d'état, parce que les règles de l'une ne sont pas les mêmes que celles de l'autre.

Pour se former une juste idée de l'action

en désaveu dont il est ici question, il faut se rappeler le titre que nous avons donné à cette section, pour annoncer quels sont les enfans dont nous voulons parler. Ce sont ceux dont la légitimité est combattue sans contester ni leur identité, ni le mariage des père et mère, ni le fait de l'accouchement de la femme.

L'action en réclamation d'état n'est au contraire agitée qu'avec celui dont on conteste l'identité, ou à l'égard duquel on révoque en doute l'existence du mariage des père et mère qu'il se donne, ou enfin quand on conteste le fait de l'accouchement de la femme.

L'action en réclamation d'état peut avoir lieu à l'égard de la mère comme à l'égard du père, parce que l'individu abandonné par ceux qui lui ont donné le jour, peut agir en recherche de maternité, comme en recherche de paternité, et la femme qu'il revendiquerait pour sa mère, pourrait défendre sur cette action, comme le père : mais l'action en désaveu n'est permise qu'au mari; il est impossible qu'elle ait lieu à l'égard de la femme, parce que le fait de l'accouchement et l'identité de l'enfant n'étant point contesté, la mère ne peut désavouer son enfant.

L'action en désaveu n'est donc relative qu'aux enfans connus pour être nés à l'ombre du mariage, et qui, par le fait de leur naissance, se trouvent constitués sous la protection de la maxime, *is est pater quem justae nuptiae demonstrant.*

Il résulte de là que c'est par l'action en désaveu qu'on doit agir contre l'enfant né dans les trois cents jours depuis la dissolution du mariage, lorsque l'absence ou l'impuissance accidentelle du mari, pendant les derniers temps du mariage, autorisent à la proposer; mais que ce n'est point par le désaveu proprement dit, qu'on agirait contre ce même enfant s'il était né hors des trois cents jours fixés pour le terme des naissances tardives, parce qu'il n'aurait plus pour lui la présomption de la loi.

Après ces premières notions, il nous reste à examiner à qui appartient l'action en désaveu; comment on doit procéder dans son exercice; et quand elle est périmée.

1°. *A qui appartient l'action en désaveu?*

Nous avons déjà établi que l'action en désaveu ne peut appartenir à la mère; nous ajoutons ici qu'elle ne peut appartenir qu'au mari, ou à ses héritiers après lui.

Pour démontrer cette proposition, il ne faut que tirer la conséquence de ce que nous avons dit sur la question précédente. L'action en désaveu n'est relative qu'aux enfans constitués sous la protection de la maxime, *is est pater quem justae nuptiae demonstrant:* mais tel est l'empire de cette maxime, qu'elle ne peut être limitée que dans les cas expressément déterminés par la loi; or, il n'y a que le mari (312, 313 et 314) et ses héritiers (317), auxquels la loi accorde cette action; donc nul autre n'a droit d'y prétendre.

C'est le mari, après la femme, qui est le premier et l'unique juge du fait qui donne lieu à l'action en désaveu : personne n'a droit de se plaindre, lorsqu'il se tait; *probatam enim à marito uxorem, et quiescens matrimonium, non debet alius turbare atque inquietare* (*a*) : la loi veut même qu'il puisse au besoin pardonner l'offense, puisqu'elle dit seulement qu'il *pourra désavouer* (312, 313 et 314), et que loin de lui en faire un devoir, elle limite au contraire à un bref délai, l'exercice de la faculté qu'elle lui accorde.

Quoique l'action en désaveu dérive d'un fait injurieux au mari, elle n'est cependant pas purement personnelle, comme une simple action en réparation d'injure : elle devient réelle pour lui, en ce qu'il ne pourrait dissimuler l'affront sans reconnaître l'enfant et sans lui accorder des droits sur ses biens : elle affecte donc son patrimoine, et c'est sous ce rapport qu'elle passe à ses héritiers lorsqu'il n'y a pas renoncé.

Néanmoins les héritiers ne succèdent pas toujours aux droits du mari : il y a un cas dans lequel on doit les exclure de l'action en désaveu : c'est lorsqu'il serait fondé

(*a*) L. 26, ff. *ad legem Juliam de adulter.*, lib. 48, tit. 5.

sur l'adultère de la femme qui en outre aurait caché au mari la naissance de l'enfant. Dans cette hypothèse, il faudrait que la question d'adultère eût été déjà jugée, sur la plainte du mari lui-même, pour qu'au moyen du jugement prononcé contre la femme du vivant des deux époux, les héritiers du mari fussent admissibles à l'action en désaveu contre l'enfant, sans quoi ils seraient non-recevables à l'intenter.

En effet, il n'y a que le mari qui soit recevable à former l'accusation d'adultère contre sa femme : la jurisprudence lui a toujours réservé cette action à lui seul, et l'art. 309 du Code Napoléon le suppose encore ainsi, lorsqu'il décide que si la séparation de corps a été prononcée pour cause d'adultère de la femme, et que par le même jugement elle ait été condamnée à la réclusion, *le mari reste le maître d'arrêter l'effet de cette condamnation, en consentant à reprendre sa femme :* dès que le mari peut même arrêter les effets de la condamnation, à plus forte raison est-il seul capable de la provoquer.

En thèse générale, et sauf les exceptions de droit, il suffit d'avoir intérêt, pour avoir droit de figurer dans une cause en réclamation d'état ; mais cette règle ne régit pas l'action en désaveu proprement dit : le désaveu n'est point une action de famille accordée à tous ceux qui peuvent avoir intérêt à la proposer, puisqu'elle n'appartient d'abord qu'au mari et ensuite à l'héritier qui le représente. Si cette importante vérité exigeait d'autres preuves que celles que nous avons tirées du texte même de la loi, les procès-verbaux de la discussion du Code nous en fourniraient une qui seule serait encore sans réplique.

La commission chargée de présenter le premier projet, avait proposé dans l'art. 9, titre 7, livre 1er., une disposition portant que, « si le mari est décédé sans avoir fait » le désaveu, mais ayant encore la faculté » de le faire, la légitimité de l'enfant peut » être contestée *par tous ceux qui y ont* » *intérêt* »; mais M. Locré nous apprend (*a*) que cette rédaction fut changée pour limiter aux seuls héritiers du mari, l'exercice de l'action qu'il n'aurait pas intentée lui-même.

C'est donc une vérité constante qu'il n'y a que le mari en son vivant, et après lui ses héritiers, qui puissent intenter l'action en désaveu de paternité, et de là résultent plusieurs conséquences remarquables.

La première; que si le mari avait succombé dans son action en désaveu, nul autre ne pourrait plus la proposer après lui, parce qu'en ayant été privé par l'effet du jugement, comme s'il y avait renoncé, il ne serait plus en son pouvoir de la transmettre à aucun successeur.

La seconde; que si les héritiers présomptifs du mari avaient renoncé à sa succession, ils ne pourraient pas, dans leur in-

______

(*a*) Tom. 4, pag. 73.

térêt propre, intenter l'action en désaveu contre l'enfant, afin de le rendre étranger à leur famille et de le priver par là des droits de successibilité qu'il pourrait revendiquer à leur préjudice; parce qu'après avoir renoncé à une hérédité, on ne peut avoir l'exercice d'une action qui n'appartient qu'à l'héritier, comme propriétaire du patrimoine du défunt.

La troisième; qu'à l'égard des enfans nés après la dissolution du mariage, il faut faire une distinction entre celui qui serait venu au monde dans les trois cents jours du mariage dissous, et celui dont la mère serait accouchée hors de ce délai.

Le premier étant soumis à la règle commune qui veut que l'enfant conçu pendant le mariage ait pour père le mari (312), ne pourrait être attaqué que par l'action en désaveu; il n'y aurait donc que le mari, et après lui ses héritiers qui pourraient agir.

Mais à l'égard du second, comme il ne pourrait se placer sous la protection de la maxime, *is est pater quem justae nuptiae demonstrant,* ce ne serait plus une action en désaveu proprement dit qu'on devrait intenter, mais une action en contestation d'état, laquelle appartiendrait à toutes les parties intéressées à contredire la légitimité dont cet enfant voudrait usurper les droits.

Supposons, par exemple, que le mariage ait été dissous par le divorce, et que la femme mette au monde un enfant après les dix mois, ou au bout de douze ou quatorze mois, ce qui dans le droit serait la même chose, parce qu'après le terme fixé par la loi, la naissance est également illégale à toutes les époques : dans cette hypothèse, l'époux divorcé ne serait point obligé de recourir à la procédure en désaveu, autrement il faudrait qu'il y eût recours encore pour les naissances successives qui pourraient arriver les années suivantes, et alors à quel terme faudrait-il s'arrêter?

Il y a plus ; il est évident que, dans ce cas, le mari divorcé ne pourrait, ni par la reconnaissance tacite résultant de son silence, ni par un acte de reconnaissance expresse, accorder à cet enfant aucun des droits de la légitimité, au préjudice des autres membres de la famille, puisque même en se remariant avec son épouse divorcée, au mépris de l'empêchement perpétuel qui met obstacle à leur réunion, il ne pourrait avoir de postérité légitime d'un pareil mariage.

2°. *Comment doit-on procéder dans l'action en désaveu?*

Il faut que l'enfant soit représenté, par conséquent on doit préalablement lui faire décerner un tuteur *ad hoc*, pour défendre (318); et comme la loi n'établit aucune forme d'exception pour cette dation de tutelle, elle doit avoir lieu suivant les règles ordinaires.

L'action en désaveu contre un enfant récemment né après le mariage, ne suppose point que la femme soit adultère, mais elle suppose qu'elle a commis une fraude bien coupable envers son mari. Il en est autrement lorsqu'il s'agit d'un enfant conçu depuis le mariage contracté. Néanmoins, même dans ce cas, l'action en désaveu n'est point une accusation d'adultère contre la femme, parce qu'il ne s'agit directement que de l'état de l'enfant, et que c'est là tout le but de la demande.

La mère n'est donc pas ici une partie directe dans le procès, puisqu'on ne provoque aucune condamnation contr'elle : elle peut y paraître ou faire défaut ; mais elle doit y être appelée : la loi veut que ce soit en sa présence que la cause soit discutée, parce qu'elle a son honneur à venger, et qu'elle a intérêt aussi à défendre l'état de son enfant.

3º. *Par quel délai l'action en désaveu est-elle périmée ?*

Dans les divers cas où le mari est autorisé à réclamer, il doit ouvrir son action en désaveu dans le mois, s'il se trouve sur les lieux lors de la naissance de l'enfant ;

Dans les deux mois après son retour, si, à la même époque, il est absent ;

Dans les deux mois après la découverte de la fraude, si on lui avait caché la naissance de l'enfant (316) : ces délais passés dans le silence, il est censé avoir reconnu l'enfant pour le sien, et ne peut plus le désavouer.

Si le mari est mort avant d'avoir fait sa réclamation, mais étant encore dans le délai utile pour la faire, ses héritiers ont deux mois pour contester la légitimité de l'enfant, à compter, non dès la mort du mari, mais dès l'époque où l'enfant se serait mis en possession de son hérédité, ou dès l'époque où les héritiers seraient troublés par l'enfant dans cette possession qu'ils auraient prise eux-mêmes. (317)

Tout acte extrajudiciaire contenant le désaveu de la part du mari ou de ses héritiers, reste comme non avenu, si, dans le délai d'un mois, l'action n'est portée en justice. (318)

Les enfans héritiers de leur père seraient-ils recevables à intenter, du vivant de leur mère, l'action en désaveu contre un frère qu'ils soutiendraient être illégitime, pour l'écarter du partage de la succession paternelle?

On peut dire pour la négative, qu'il ne suffit pas toujours que les enfans aient intérêt à proposer une action, pour être recevables à l'intenter; qu'il faut encore que le respect qu'ils doivent à leurs père et mère ne les condamne pas au silence; que l'action en désaveu tendant à faire déclarer illégitime leur frère, conçu durant le mariage, ne pourrait avoir de succès qu'en supposant que leur mère s'est rendue coupable d'adultère; que la loi les obligeant à la respecter à tout âge (371), il y aurait de la contradiction à leur accorder le droit de publier sa honte ; que quand il s'agit de l'action en nullité d'un second mariage, les enfans d'un premier lit ne sont point admis à la proposer du vivant des époux, parce qu'elle tendrait à déshonorer leur père ou leur mère ; qu'il en doit être de même ici, puisque l'action en désaveu est également contraire aux devoirs des enfans, et opérerait le même résultat contre l'honneur de leur mère.

Nonobstant ces raisonnemens, nous croyons que les enfans héritiers de leur père ne seraient point non-recevables à proposer le désaveu contre un frère illégitime qui se présenterait au partage de l'hérédité paternelle.

1º. La loi accorde la faculté du désaveu aux héritiers du mari, sans aucune distinction et sans en limiter ni modifier l'exercice dans les mains des uns plutôt que dans celles des autres ; elle l'accorde conséquemment aux enfans quand ils sont héritiers, comme à tous autres.

2º. L'action en désaveu est transmise aux héritiers comme réelle et faisant partie du patrimoine du défunt ; elle doit donc appartenir à ceux auxquels la succession est dévolue.

3º. L'hérédité paternelle est toujours quelque chose de plus sacré, dans le droit, à l'égard des enfans, qu'une succession collatérale à l'égard d'autres héritiers ; on ne doit donc pas, sans une absolue nécessité, placer les enfans dans une position pire que de simples collatéraux.

4°. Si les enfans ne pouvaient ouvrir l'action en désaveu qu'après la mort de leur mère, ils ne seraient pas simplement non-recevables; ils seraient privés de l'action même qui ne serait plus qu'une chose vaine et inutile pour eux, parce qu'elle se trouverait périmée par le bref délai que la loi accorde à son exercice : ils ne pourraient pas même invoquer la maxime, *contra impotentem agere non currit praescriptio,* parce qu'il s'agit ici d'une prescription toute particulière qui n'est point soumise aux règles générales de la matière (2264), et dont aucune disposition du Code ne pourrait être invoquée pour en suspendre le cours à leur égard : or, il serait contradictoire d'admettre en principe que la loi nous accorde une action, et que la même loi rend cette action inutile entre nos mains; donc les enfans peuvent agir.

Il est vrai que le respect dû aux père et mère, par les enfans, rend ceux-ci non-recevables à ouvrir aucune action infamante contre les auteurs de leurs jours : mais, comme nous l'avons déjà observé, l'action en désaveu, contre l'enfant, n'est point une accusation d'adultère contre la mère : cette action n'est dirigée que contre l'enfant; elle n'a pour but que de le faire déclarer illégitime : elle n'est point dirigée contre la mère; elle ne provoque aucune condamnation contr'elle; les enfans qui la proposent comme héritiers de leur père ne sont donc pas non-receyables à intenter la demande en désaveu, puisque son exercice ne se trouve point directement en contradiction avec leurs devoirs.

L'objection tirée de l'action en nullité de mariage, prouverait plutôt en faveur des enfans que contr'eux; car, si l'art. 187 du Code rend les enfans du premier lit non-recevables à agir en nullité du mariage en secondes noces de leur père ou de leur mère, cette fin de non-recevoir ne les écarte que *du vivant des deux époux*, d'où il résulte qu'ils peuvent agir quand l'un des deux est mort.

L'action en nullité de mariage est d'ailleurs bien différente de celle en désaveu. On ne peut, pendant la vie des époux, demander la nullité de leur mariage, qu'en dirigeant l'action contr'eux et provoquant un jugement qui les condamne à se séparer; c'est pourquoi nous avons pensé (*a*) que dans ce cas il ne suffirait pas que les enfans eussent un intérêt né et actuel, pour pouvoir agir du vivant des deux époux, avec d'autant plus de raison qu'en différant d'ouvrir leur action jusqu'au décès de leur père ou de leur mère, il n'y aurait point de prescription à leur opposer, tandis qu'ici l'action en désaveu serait nécessairement périmée, en gardant le silence pendant le court délai que la loi accorde à son exercice.

______

(*a*) Voyez au tom. 1er., pag. 208 et 251.

Lorsque le mari est décédé sans avoir ouvert l'action en désaveu, mais étant encore à délai utile, ses légataires ont-ils le droit de l'intenter ?

La prétérition d'un enfant légitime ne rend point nul le testament du père ; celui qui se présenterait pour faire valoir ses droits de filiation contre les légataires, n'agirait pas en nullité du testament, il demanderait seulement que les dispositions en fussent réduites jusqu'à concurrence de la réserve légale ; c'est donc dans le seul retranchement de cette réserve que consisterait tout l'intérêt des légataires pour contredire la légitimité de l'enfant : mais cet intérêt serait-il suffisant, et les légataires auraient-ils d'ailleurs qualité pour agir ?

Cette question doit être envisagée sous différens aspects, suivant la diversité des titres dont peuvent être revêtus les légataires du mari.

1°. S'il s'agissait d'un légataire ou d'un donataire à titre particulier, nous croyons qu'ils ne seraient point en droit d'ouvrir l'action en désaveu, parce que, comme nous l'avons prouvé plus haut, il ne suffit pas d'avoir intérêt pour pouvoir proposer cette action, qu'il faut encore être le représentant du mari, et que le donataire ou le légataire à titre particulier, ne représentent pas le défunt.

2°. S'il s'agissait d'un légataire universel, nous croyons, au contraire, qu'il aurait le droit de proposer le désaveu.

D'une part, le légataire universel est un

héritier par testament : il est comme l'héritier de la loi, puisque la loi veut qu'il en
ait tous les avantages : il représente le défunt, comme l'héritier du sang ; donc il a
qualité pour agir comme lui.

D'autre côté, l'action en désaveu qui n'a
pas été exercée par le mari, ne passe à sés
héritiers que comme faisant partie de son
hérédité ; donc elle appartient à l'héritier
testamentaire, puisque toute l'hérédité lui
est dévolue.

L'action en désaveu appartient à l'héritier comme possesseur de la succession ; c'est
sa qualité de possesseur qui sert à déterminer l'époque où la prescription commence
à courir contre lui ; c'est du moment où il
a été troublé dans sa possession, par l'enfant qui se présente, que le cours de cette
prescription prend naissance : or, l'héritier
testamentaire est également saisi ; il prend
également la possession de l'hérédité ; il est
donc aussi troublé par la demande de l'enfant ; il a donc également le droit de défendre sur ce trouble, pour se maintenir dans
sa possession.

3°. Nous croyons encore que la même
faculté appartiendrait aux légataires à titre
universel, parce qu'ils représentent aussi le
défunt, et qu'ils succèdent activement et
passivement dans toutes les actions de l'hérédité, chacun pour leur quote-part et portion, comme le légataire universel pour le
tout. (1012)

Section II.

Des règles sur lesquelles on établit la légitimité d'état, lorsqu'on révoque en doute soit l'existence du mariage des père et mère, soit le fait de l'accouchement de la femme, soit l'identité de l'enfant.

Le mariage est l'unique fondement de la légitimité d'état des enfans et des époux ; mais le fait seul du mariage des vrais ou prétendus père et mère, ne suffirait pas toujours à la cause des enfans. Une femme peut être mariée et n'avoir point d'enfant de son mariage : elle peut en avoir eu sans que celui qui se présente pour en réclamer le titre, soit le même que celui qu'elle aurait réellement mis au monde : il faut donc, en certaines circonstances, établir le fait du mariage dont l'existence se trouve contestée ; en d'autres cas, il faut prouver le fait de la maternité ; et enfin, il faut aussi, quelquefois, prouver l'identité de l'enfant, en se conformant aux règles propres à chacune de ces hypothèses.

§ 1er.

Des preuves de l'existence du mariage.

L'existence du mariage se prouve par l'extrait du registre où l'on a consigné l'acte de célébration (45) ; c'est dans ce registre qu'en thèse générale, et sauf les exceptions dont nous allons parler, les époux doivent essentiellement puiser la preuve de leur union, car il ne faut pas confondre la preuve nécessaire pour établir l'existence d'un mariage, avec celle qui serait suffisante pour constater un simple fait ordinaire. Le mariage, est un contrat qui ne peut subsister aux yeux de la loi, s'il n'a été célébré publiquement, devant un officier public compétent, et avec les autres formalités requises; la preuve légale du mariage doit donc être telle qu'elle constate aussi l'accomplissement de ses formes substantielles, sans quoi, en prouvant simplement la cohabitation de l'homme et de la femme, on ne prouverait que le concubinage; et de là il résulte que nul ne peut réclamer le titre d'époux et les effets civils du mariage, s'il ne représente un acte de célébration inscrit sur le registre de l'état civil (194), parce que c'est là le seul moyen de démontrer que les formalités nécessaires à l'union légitime des époux, ont été remplies.

Lorsqu'il n'a pas existé de registres publics dans le lieu de la célébration du mariage, ou que par l'effet de quelques accidens, comme par un incendie, ils sont perdus, la preuve vocale en est admissible, et son existence peut être établie tant par les registres et papiers émanés des père et mère décédés, que par témoins. (46)

La preuve de la célébration légale du mariage peut être aussi acquise par le résultat d'une procédure criminelle, comme nous l'exposerons ci-après avec plus de développement.

La possession d'état est aussi une preuve de l'existence du mariage; mais il faut bien distinguer ici la cause des époux, de celle des enfans.

Lorsque c'est aux époux eux-mêmes que l'on conteste leur qualité, la possession d'état ne peut les dispenser de représenter l'acte de célébration de leur mariage (195), à moins qu'ils n'articulent et prouvent le défaut ou la perte des registres (46 et 194): hors ces deux cas d'exception, ils sont forcés à cette production, soit parce qu'ils ne peuvent ignorer le lieu où ils ont contracté leur union, soit parce qu'il est possible qu'ils aient usurpé une indue possession de l'état d'époux légitimes, et qu'il serait aussi contraire aux principes de la morale qu'à ceux de la justice, de les laisser maîtres de donner à leur fraude, le mérite d'un titre légitime,

Mais après la mort des deux époux, le même état de choses n'existe plus; tout se trouve changé dans la cause des enfans auxquels on conteste l'état, en déniant l'union légitime des père et mère : ils ne savent point ce qui s'est passé avant leur naissance; ils peuvent invinciblement ignorer le lieu et l'époque où les auteurs de leurs jours avaient contracté leur union; aucun reproche de fraude ou d'usurpation ne peut être adressé aux enfans, sur leur possession d'état, ni sur celle de leurs père et mère; la nécessité de reproduire l'acte de célébration du mariage ne peut donc être ici la même, et ce serait le comble de l'injustice d'exiger, comme nécessaire pour donner un état aux enfans, la reproduction d'un titre que peut-être on leur aurait dérobé, pour les priver de tout moyen de défense : c'est pourquoi, lorsque deux individus ont vécu publiquement comme mari et femme, et sont tous deux décédés, la légitimité des enfans qui en sont issus, ne peut être contestée sous le seul prétexte du défaut de représentation de l'acte de célébration du mariage, toutes les fois que cette légitimité est prouvée par une possession d'état *qui n'est pas contredite par l'acte de naissance.* (197)

§ 2.

Des cas où l'on révoquerait en doute soit l'accouchement de la femme, soit l'identité de l'enfant.

Il faut d'abord observer que quand la preuve de filiation n'est directement relative qu'à la mère, quoique la maternité ait été jugée en faveur de l'enfant, le mari, ni ses héritiers, ne sont pas par là même condamnés de plein droit, s'ils n'étaient point parties dans la cause. La maternité prouvée rejette bien sur eux la charge de détruire la présomption qui en résulte, mais ils sont encore admissibles à établir que l'enfant n'est pas celui du mari de la mère. (325)

Il ne suffirait donc pas à un enfant de diriger d'abord son action en réclamation d'état, isolément contre la mère ou ses héritiers, pour, après avoir triomphé vis-à-vis d'eux, opposer le jugement au mari ou aux héritiers du mari.

Nonobstant le jugement rendu sur la maternité, la loi conserve encore au mari ou à ses héritiers, tous leurs moyens de défense, non-seulement pour les cas où le désaveu pourrait être proposé à l'égard de la mère, mais même dans toutes les hypothèses, parce que la question d'identité jugée à l'égard de la femme, ou de ses héritiers, n'est point jugée contre le mari ou ses héritiers qui n'étaient pas de cause : la maxime *is est pater quem justae nuptiae demonstrant*, ne s'applique qu'au cas où l'identité de l'enfant n'est pas contestée : quand l'identité est contestée, il n'est plus permis de conclure à la paternité, par les preuves de la maternité : la mère n'est jamais la maîtresse d'attribuer au mari, sans l'aveu de celui-ci, une paternité à laquelle il pourrait n'avoir point eu de part : elle ne peut lui donner des successeurs, en reconnaissant des enfans qui ne leur appartiendraient pas : elle n'est donc pas contradicteur légitime pour défendre dans la cause du mari : c'est donc avec la plus grande justice que la loi ne veut pas qu'on fasse peser sur le mari ou ses héritiers, un jugement qui aurait été obtenu contre la femme ou ses héritiers, peut-être par rapport à leur ignorance ou à leur négligence, ou même par collusion et sur des aveux mensongers.

Examinons actuellement la nature des preuves admissibles à l'appui d'une action en réclamation d'état.

Le fait de l'enfantement, ainsi que celui de l'identité de l'enfant, peuvent être établis par le registre des naissances, par la possession d'état, et par la preuve vocale quand elle est suffisamment adminiculée.

Chacun de ces trois genres de preuves mérite des observations particulières.

1°. *Sur le registre des naissances.*

L'acte de naissance consigné sur le registre de l'état civil contient la preuve directe et authentique de l'accouchement de la mère (319), si elle a été inscrite sous son véritable nom (57); mais lorsqu'il n'y a point de possession d'état à l'appui de ce titre, il ne prouve pas également l'identité de l'enfant, parce que le porteur d'un extrait de naissance pourrait emprunter un faux nom, en se substituant à la place d'un enfant qui serait mort loin de sa famille : on pourrait donc, suivant les circonstances, être fondé à exiger encore de lui d'autres preuves pour constater que cet acte est réellement celui de sa naissance propre.

Ainsi, quoiqu'un extrait du registre des naissances doive être regardé comme véritable en lui-même ; quoique ce titre occupe le premier rang des preuves légales de la filiation, il peut être indirectement contredit, parce qu'il est permis d'en contester l'application à l'individu qui, sans aucune possession d'état, voudrait se l'approprier, et que la seule circonstance de ce qu'il en serait nanti ne suffirait pas pour le dégager de toute autre preuve sur son identité, attendu sur-tout que sa qualité de demandeur lui imposerait l'obligation de dissiper tous les doutes qui accompagnent nécessairement le défaut absolu de possession.

2°. *Sur la possession d'état.*

La possession d'état légitime d'un enfant se compose du nom qu'il porte, et sous lequel il est connu dans le public; du rang qu'il occupe dans la famille, sous cette dénomination; de la réputation dont il jouit dans la société; des traitemens favorables qu'il a reçus des père et mère qui ont pourvu à son entretien et à son éducation; de la reconnaissance de ses ascendans et de ses proches qui l'ont reçu et accueilli comme leur parent; du jugement qu'ont toujours porté, sur son sort, les voisins et les amis de la famille; enfin des relations de parenté que la renommée lui donne. (321)

Nomen, tractatus, fama.

Dans le fait, la possession d'état peut être plus ou moins constante, plus ou moins parfaite; mais lorsqu'elle est constante et entière, elle est de toutes les preuves de filiation légitime, la plus convaincante, soit parce qu'il serait impossible à l'enfant de l'avoir usurpée, soit parce qu'il la tient principalement de ceux-là mêmes qui auraient intérêt à la contredire, si elle n'était pas véritable.

Comme la possession d'état d'enfant légitime peut être plus ou moins universelle, plus ou moins uniforme, et qu'elle n'a pas toujours le même caractère de vérité, il faut observer en principe :

Que la reconnaissance de l'aïeul paternel ou des autres parens éloignés, n'est ici qu'un témoignage respectable, qui ne peut être comparé au suffrage du père, parce qu'il est impossible qu'ils aient le même degré de certitude sur le fait de la paternité ;

Que la reconnaissance ou la dénégation de la mère produisent bien une forte présomption favorable ou contraire à l'enfant ; mais qu'elles ne suffisent pas pour fixer son sort, parce qu'il n'appartient point à la femme de donner ou d'ôter au mari les droits de la paternité ;

Que la déclaration de la femme doit produire une impression proportionnée à la sagesse de ses mœurs, et qu'elle serait d'une faible conséquence, s'il était prouvé qu'elle eût vécu dans le libertinage, parce qu'une femme de ce caractère abuserait plus facilement du mariage pour voiler la honte de ses désordres, soit en supposant qu'elle étoit mariée quand elle est devenue mère, soit en plaçant au rang d'enfant légitime le fruit de ses adultères;

Que la reconnaissance de la mère, manifestée au mari, acquiert une plus grande force par le silence de celui-ci ; en sorte qu'il faudrait des circonstances plus puissantes pour combattre l'aveu tacite résultant de ce silence ;

Que la reconnaissance positive du mari est d'une toute autre importance que celle de la femme, parce que la légitimité de l'enfant dépend d'un fait dont il est le premier juge.

La possession constante de l'état d'enfant légitime est suffisante pour en exercer les droits, parce que ce n'est pas à celui qui soutient l'honneur de sa naissance, à donner des preuves de sa légitimité, lorsqu'il a pour lui la possession; c'est au contraire à ceux qui l'attaquent à prouver que sa possession n'est pas légitime.

Mais il faut observer qu'en déclarant qu'*à défaut* d'acte de naissance la possession d'état suffit à l'enfant (320), la loi suppose qu'il en serait autrement si l'acte de naissance était produit et qu'il fût contraire à la possession, parce que l'enfant ne pourrait pas dire alors qu'il invoque la possession *à défaut* d'acte de naissance, et que d'ailleurs la possession contredite par le titre ne peut rien être en cette matière (197); car il serait impossible de placer un enfant dans une famille, tant que son acte de naissance, qui fait foi entière jusqu'à inscription (45), lui assignerait une autre filiation.

La possession constante et non contredite par l'acte de naissance suffit donc à celui qui en a les avantages; néanmoins elle ne le place pas hors de toute atteinte, parce qu'alors le fait de l'enfantement n'étant pas irréfragablement prouvé par le titre envers la mère, il est possible que la possession soit elle-même fausse.

Ainsi l'acte de naissance, comme la possession d'état, peuvent être l'un et l'autre combattus quand ils sont isolés; mais lorsqu'ils sont réunis et concordans, la foi publique due au titre, jointe à la démonstration d'identité qui résulte de la possession, rendent leur concours tellement puissant, qu'aucune preuve contraire ne peut être admise, soit pour contester à un citoyen l'état dont il jouit avec titre, soit pour l'admettre lui-même à en réclamer un autre que celui qu'il possède conformément à son acte de naissance. (322)

3°. *Sur la preuve vocale.*

Le moyen des enquêtes est aussi admis pour établir la légitimité d'état, lorsque l'enfant n'a ni titre ni possession, ou pour compléter la preuve, lorsque le titre renferme quelque chose d'équivoque, ou que la possession est imparfaite.

Mais on ne peut jamais révéler avec certitude que ce qu'on connaît surement, et rien ne disparaît plus à la vue des hommes que les traces d'une filiation à l'appui de laquelle il n'y a pas de possession d'état : il est donc de la nature des choses que la preuve par témoins se trouve particulièrement faible en cette matière ; et comme il serait d'ailleurs dangereux pour la société de livrer le sort des familles aux suffrages de quelques témoins trop souvent corrompus, et difficilement assez instruits pour pouvoir déposer avec certitude, la loi n'accorde la faculté de faire enquête, en cette matière, à celui qui n'a ni titre ni possession en sa faveur, que quand il a déjà un commencement de preuves par écrit, ou des indices assez graves pour déterminer l'admission de la preuve vocale.

En conséquence l'art. 323 du Code porte : « qu'à défaut de titre et de possession cons-
» tante, ou si l'enfant a été inscrit soit sous
» de faux noms, soit comme né de père et
» mère inconnus, la preuve de filiation peut
» se faire par témoins.

» Néanmoins cette preuve ne peut être
» admise que lorsqu'il y a commencement
» de preuves par écrit, ou lorsque les pré-
» somption ou indices, résultant de faits dès-
» lors constans, sont assez graves pour dé-
» terminer l'admission. »

Nous observerons, sur cet article, qu'on ne doit pas confondre le cas où il y aurait défaut absolu de titre, avec celui où l'enfant aurait été inscrit soit sous de faux noms, soit comme appartenant à des père et mère inconnus.

Dans le cas d'absence de tout titre, l'enfant qui a un commencement de preuves par écrit, peut aussitôt demander l'enquête, parce qu'il ne rencontre point d'obstacles à l'exercice de son action.

Mais s'il a été inscrit sous de faux noms sur le registre des naissances, ou s'il y a été inscrit comme appartenant à des père et mère inconnus, il n'y a plus simplement absence de tout titre, puisqu'il y a titre contraire.

Si c'était sciemment qu'on eût ainsi altéré l'acte de naissance de l'enfant, on ne pourrait pas considérer les énonciations renfermées dans cet acte, comme de simples mensonges, puisque l'on aurait par là positivement supprimé l'état de l'enfant, par un titre contraire à celui que la loi voulait qu'on lui donnât. L'acte de naissance doit donner à l'enfant son véritable nom : il doit contenir aussi les véritables noms de ses père et mère; la loi le prescrit ainsi (57), et cela est nécessaire à la preuve de sa filiation : l'inscrire autrement, c'est supprimer la vérité; c'est supprimer l'état de l'enfant; c'est substituer un titre faux à la place d'un titre véritable; c'est conséquemment commettre un faux en écriture publique.

Il résulte de là que, dans cette position, l'enfant serait obligé de commencer d'abord par agir en destruction du titre contraire qui lui serait opposé, en suivant la marche particulière à la procédure sur le faux. Ce n'est qu'après avoir levé cet obstacle et obtenu un jugement, déclarant l'acte de naissance faux, que l'enfant se trouverait replacé dans la même hypothèse où il aurait été dès le principe s'il n'en avait point eu, et qu'il lui serait permis d'offrir la preuve vocale avec commencement de preuves par écrit, ou avec d'autres présomptions jugées suffisantes pour la rendre admissible.

Le commencement de preuves par écrit peut être tiré des titres de famille, des registres et papiers domestiques du père ou de la mère, des actes publics ou privés émanés d'une partie engagée dans la contestation, ou qui y aurait intérêt si elle était vivante. (324)

Quant aux indices résultant de faits reconnus constans et assez graves pour déterminer à admettre le complément de la preuve, par la voie des enquêtes, ils peuvent consister, par exemple, dans la possession d'état qui n'aurait duré qu'un temps, ou qui ne serait qu'imparfaite et non unanime ; dans les actes de reconnaissance de quelques ascendans dont le suffrage serait jugé assez grave ; dans quelques marques corporelles et visibles qui auraient été observées sur un enfant, et qu'on trouverait les mêmes sur un individu qui réclame les droits de cet enfant ; en un mot, dans toutes circonstances avérées en fait, et déjà assez concluantes par elles-mêmes, pour faire violemment présumer l'identité du réclamant.

Section III.

De l'autorité compétente, ratione materiæ, pour prononcer sur les questions d'état.

Nous avons vu, dans la section précédente, qu'on peut contester l'état d'un individu, en déniant sa filiation et son identité, comme on peut aussi le contester, en remontant à l'état de ses père et mère, et soutenant qu'il n'y a pas eu de mariage entr'eux, pour conclure de là que leur enfant doit être exclu des droits de la légitimité ; la même division se reproduit ici pour examiner la question sous le rapport de la compétence des Tribunaux qui peuvent en décider, parce que les règles tracées par le Code pour reconnaître la filiation contestée, ne sont pas les mêmes que celles d'après lesquelles on doit prouver l'existence du mariage.

§ 1er.

De la compétence du Tribunal sur la preuve de filiation.

La réclamation d'état est une question de propriété naturellement dévolue au Tribunal civil : il n'y aurait jamais de doute sur la compétence du Tribunal qui doit en connaître, si un enfant ne pouvait perdre son état que par quelques accidens fortuits ; mais il serait possible qu'il en eût été privé par un crime, et alors le recours à la justice criminelle ne doit-il pas être ouvert aussi pour constater le crime et en punir les auteurs?

Voilà donc deux actions qui, au premier coup d'œil, paraissent concourir ensemble pour arriver au même but, et néanmoins leurs principes sont exclusifs l'un de l'autre.

En effet, dans l'action civile la loi défend de faire enquête pour prouver simplement, par témoins, l'état réclamé sans titre ni possession : dans l'action criminelle, au contraire, la loi admet toujours la voie de l'information pour constater, par témoins, l'existence du crime, lors même qu'il n'y a encore aucun autre indice ni commencement de preuves par écrit.

Il faut donc choisir entre les deux actions, puisqu'elles ne peuvent concourir ensemble; mais quelle est celle qui mérite la priorité?

Sans doute la société est bien intéressée à ce qu'un vol aussi coupable que celui qui résulte de la suppression de part, ne reste pas impuni; mais le maintien du principe qui interdit, en cette matière, la preuve vocale, quand elle est seule, est sollicité par un intérêt plus puissant encore et plus général :

Plus puissant, parce que la violation de ce principe pourrait porter le trouble dans toutes les familles ;

Plus général, parce qu'il y a moins de parens dénaturés capables de supprimer l'é-

'tat de leurs enfans, que de personnes cu-
pides, capables d'entreprises propres à se
faire adjuger un état qui ne serait pas le
leur, si les moyens d'y parvenir promet-
taient un succès trop facile.

Ainsi, dans la crainte que celui qui réclame un état, sans titre ni possession, ne
puisse faire sa preuve par témoins, en rem-
plaçant une enquête défendue au civil, par
une information permise au criminel, la
loi veut que les Tribunaux civils soient seuls
compétens pour statuer sur les réclamations
d'état. (326)

Il résulte de là que lorsqu'un individu a
été inscrit sous un faux nom sur le registre
des naissances, et que pour être recevable
dans sa réclamation, il se trouve obligé de
procéder en faux contre le titre par lequel
on a supprimé son état, ce n'est point une
accusation de faux qu'il doit requérir par
une plainte portée à la justice criminelle,
mais une simple inscription de faux qu'il
doit former au civil.

Néanmoins le délit de suppression de part
ne devant pas rester impuni, si le Tribunal
civil a jugé que la réclamation était fondée,
l'action criminelle peut recommencer, mais
seulement après le jugement définitif sur la
question civile (327), sans qu'on puisse dire
qu'en ce cas la seconde action soit entièrement préjugée, car il reste encore à décider
si c'est par accident, ou par simple négligence, que l'état avait été perdu, ou si c'est

par des manœuvres coupables qu'il avait été supprimé.

Cette préférence n'étant accordée, par la loi, à l'action civile, sur l'action criminelle, que pour écarter la preuve vocale comme trop suspecte, quand il n'y a pas de possession d'état, il faut en conclure que, dans le cas contraire, c'est-à-dire lorsque le réclamant est en possession, et qu'il se plaint seulement de ce qu'on a voulu porter atteinte à l'état dont il jouit, et préparer sa ruine en altérant ses titres, il peut avoir recours à la voie criminelle, pour faire punir les auteurs du délit.

§ 2.

De la compétence du Tribunal sur la preuve de l'existence du mariage.

Des époux peuvent être privés de l'acte de célébration de leur mariage, par l'effet d'accidens purement fortuits ; mais ils peuvent aussi en être privés par des manœuvres coupables : dans ce dernier cas, nous retrouvons, sur le fait du mariage, la même question qui s'est présentée sur la filiation dans le paragraphe précédent, c'est-à-dire que nous avons à examiner si les époux dont on a supprimé le titre fondamental de leur état, par des manœuvres criminelles, ne pourraient d'abord agir qu'à voie civile, ou s'il leur est permis de recourir dès le principe à la justice criminelle, et comment ils doivent agir dans tous les cas.

En thèse générale, lorsqu'un fait donne lieu à deux actions, l'une criminelle et l'autre civile, c'est l'action criminelle qui doit marcher en premier ordre, parce qu'elle est exercée au nom du corps social entier. Néanmoins, par des considérations majeures, les auteurs du Code ont voulu déroger à cette règle, lorsqu'il est question de la suppression de l'état d'un enfant, ainsi que nous venons de l'exposer; mais nous ne trouvons pas qu'ils aient voulu y déroger également en ce qui a rapport à la suppression d'état des personnes mariées.

Avant d'exposer la différence qui existe dans la loi sur ces deux questions, voyons d'abord celle qui existe dans les choses.

Un enfant ne perd pas son état, par cela seul qu'il se trouve privé de son acte de naissance, parce que la possession lui suffit pour lui assurer ses droits de filiation, sans être obligé de faire aucune preuve par témoins (320). Il n'en est pas de même de l'état des personnes mariées : ici le titre est tout, et la possession n'est presque rien, puisque nul ne peut réclamer la qualité d'époux et les effets civils du mariage, s'il n'en représente l'acte de célébration inscrit sur le registre de l'état civil (194), ou s'il n'en fournit d'autres preuves, dans les cas permis par la loi; en sorte que la possession d'état de personnes mariées ne peut suppléer au titre, ni à l'égard des époux qui invoqueraient cette possession (195), ni à l'égard des enfans, tant que les père et mère, ou l'un d'eux, sont encore vivans. (197)

On ne supprime donc pas l'état d'un enfant en supprimant seulement son acte de naissance, puisque son état lui est assuré tant que sa possession lui reste : au contraire, on pourrait véritablement supprimer l'état des personnes mariées en supprimant leur acte de mariage, puisque la possession ne leur suffirait pas pour réclamer les droits d'époux, et ne les dégagerait point de fournir leur preuve.

Il résulte de là que l'enfant qui est obligé de recourir à la preuve vocale pour établir sa filiation, est précisément celui qui n'a ni titre ni possession : or, il n'y a rien de moins susceptible d'être directement prouvé par témoins, que le fait de la paternité, puisqu'elle n'est marquée par aucun signe matériel et visible : la maternité elle-même, quand il n'y a ni titre ni possession d'état, échappe également aux yeux des témoins; la preuve vocale doit donc être ici plus difficilement admise, puisqu'elle est plus faible par elle-même; c'est pourquoi la loi ne l'admet qu'autant qu'elle est étayée d'un commencement de preuves par écrit, ou de quelques indices graves et constans.

Mais il n'en est pas ainsi du mariage : c'est un acte public et patent, précédé d'annonces, accompagné de solennités sensibles, célébré à la participation de plusieurs familles, et sous les yeux des témoins appelés, au nom de la loi, pour en attester l'exis-

tence à la société; il peut donc être directement l'objet de la preuve vocale, parce
que les témoins peuvent dire qu'ils ont vu
les contractans et entendu les paroles du
contrat : il est donc conforme à la nature
des choses que la preuve par témoins soit
plus facilement admise en fait de mariage.

Les époux peuvent être privés de l'acte
de célébration de leur mariage, et par conséquent exposés à perdre leur état dans
trois circonstances principales :

S'il n'y avait point de registres publics dans
le lieu de la célébration de leur mariage;

Si les registres publics qui existaient dans
ce lieu, ont été ensuite perdus par quelques
accidens;

Si l'acte de mariage a été inscrit sur feuilles
volantes, ou arraché du registre, ou autrement altéré.

Dans ce dernier cas, l'action criminelle
pourrait avoir lieu, puisqu'il y aurait un
délit à punir.

Dans les deux premiers cas, au contraire,
l'action en recherche de la preuve ne peut
être que civile, puisqu'il n'y a aucune ma-
nœuvre coupable à réprimer. La loi statue
sur ces deux cas, en déclarant que, « lors-
» qu'il n'aura pas existé de registres, ou
» qu'ils seront perdus, la preuve en sera
» reçue tant par titre que *par témoins;* et
» dans ces cas, les mariages, naissances et
» décès pourront être prouvés tant par les
» registres et papiers émanés des père et
» mère décédés, que *par témoins.* » (46)

On voit par cette disposition qu'en agissant au civil, le mariage peut être directement prouvé par témoins, et même sans commencement de preuves par écrit, lorsqu'il est constant qu'il n'y a pas eu de registres, ou qu'ils ont été perdus.

Mais pour entendre sainement ce texte, il est nécessaire de l'allier avec d'autres, et de bien distinguer les divers objets auxquels il s'applique; car, quoiqu'il parle de la preuve des naissances comme de celle du mariage, c'est dans deux sens bien différens.

Les registres de l'état civil ne sont pas seulement établis pour prouver la filiation ou la légitimité d'époux et de père, mais encore pour prouver l'âge des personnes, les époques des naissances et des décès : un homme peut être en paisible possession de son état, jouir de tous les droits qui y sont attachés, et néanmoins avoir besoin de son acte de naissance pour constater son âge; c'est dans ce cas seulement, et autres semblables, qu'il est permis de suppléer aux registres par la preuve vocale, sans commencement de preuves par écrit, parce que la filiation n'étant pas contestée et étant même assurée par la possession d'état, elle est alors étrangère à l'objet de la preuve. Il en serait autrement si celui qui demande à prouver sa naissance par témoins, était en réclamation d'état; dans ce cas il serait non-recevable, si déjà il n'avait pas un commencement de preuves par écrit, ou des indices constans et graves en sa faveur. (323)

Il n'en est pas de même à l'égard du mariage ; ici la preuve tombe directement sur l'état des mariés, parce qu'on ne peut être intéressé à prouver l'existence du mariage, que pour établir la légitimité des époux : c'est pourquoi l'article que nous venons de transcrire est applicable même aux époux qui sont en réclamation d'état. (194)

Il résulte de là que quand un acte de mariage a été supprimé par des manœuvres coupables, la voie criminelle est ouverte et doit même, suivant la règle générale, avoir la priorité sur l'action civile.

En effet, on ne déroge à cette règle, en matière de filiation, que pour empêcher de remplacer, par une information faite au criminel, l'enquête qui est défendue au civil ; or, ce motif n'a point d'application à la cause du mariage, puisqu'il est permis d'en acquérir la preuve par témoins ; donc on doit agir, dans cette cause, conformément au droit commun, qui veut que l'action criminelle soit préférée, sans qu'il soit nécessaire de recourir ensuite au Tribunal civil ; c'est pourquoi, lorsque la preuve d'une célébration légale du mariage se trouve acquise par le résultat d'une procédure criminelle, l'inscription du jugement sur les registres de l'état civil assure au mariage, à compter du jour de sa célébration, tous les effets civils tant à l'égard des époux qu'à l'égard des enfans issus de ce mariage (198). Que si les époux, ou l'un d'eux, sont décédés sans avoir découvert la fraude, l'action criminelle peut être intentée par tous ceux qui ont intérêt de faire déclarer le mariage valable, et même par le procureur impérial (199), sauf à agir seulement au civil contre les héritiers de l'officier de l'état civil, si celui-ci est décédé lors de la découverte de la fraude. (200)

SECTION IV.

Des personnes recevables à contester l'état de famille d'un individu.

Une maxime générale en matière d'action, c'est que nos intérêts en sont la mesure : celui-là seul est en droit d'agir, qui a intérêt à le faire.

Par la même raison, il faut que l'intérêt soit né et actuel pour avoir droit d'agir actuellement.

De ce principe résultent plusieurs conséquences :

La première; que les père et mère et autres ascendans peuvent s'opposer aux prétentions de celui qui tenterait d'usurper une place parmi leurs descendans, et lui contester l'état qu'il voudrait se donner.

La seconde; que la même action appartient aux descendans contre les personnes qui voudraient se placer au rang de leurs ascendans; parce que les droits et devoirs qu'impose la parenté, dans cette ligne, sont tels que dans l'un et l'autre cas, l'ascendant et le descendant ont un intérêt direct de s'opposer à une pareille usurpation.

La troisième; que, dans ces deux hypothèses, les uns et les autres peuvent ouvrir leur action sans délai, parce qu'ils ont un intérêt né et actuel à maintenir l'ordre dans leur famille, ainsi qu'à se soustraire aux obligations mutuelles que la loi leur imposerait, s'ils étaient reconnus pour parens légitimes les uns des autres.

La quatrième; que le même droit appartient aussi aux collatéraux, parce qu'il peut être de leur intérêt d'écarter d'une succession qui leur serait dévolue à titre de parenté, celui qui, par usurpation de son état, voudrait y venir prendre part avec eux, ou les en exclure.

La cinquième; que l'intérêt des collatéraux n'étant pas né du vivant des ascendans, ils seraient régulièrement non-recevables à agir avant l'ouverture des successions dont ils voudraient écarter un enfant comme illégitime, et que cette règle serait sur-tout impérieuse à l'égard des frères et sœurs dont les réclamations compromettraient l'honneur de leurs père et mère.

La sixième; que cette même action peut appartenir aussi à des étrangers d'une manière indirecte. Tel serait, par exemple, un donataire qui, pour conserver la donation qu'on prétendrait révoquée par survenance d'enfant, soutiendrait que cet enfant ne peut appartenir au mariage de son donateur.

Mais il faut observer que lorsque la question d'état a été jugée entre l'enfant et le père, et que celui-ci a été condamné, sans collusion de sa part, toute autre personne devient non-recevable à critiquer de nouveau l'état de l'enfant, parce que le père est contradicteur légitime pour débattre et faire prononcer sur les droits de filiation revendiqués contre lui.

Il en est de même lorsque le père a reconnu pour le sien l'enfant dont son épouse est accouchée, ou qu'il a gardé le silence pendant le délai qui lui était fixé pour ouvrir l'action en désaveu.

Ainsi, lorsqu'il est constant que les père et mère étaient *légalement* unis en mariage, et que le fait de l'enfantement de l'épouse, ni l'identité de l'enfant ne sont point contestés, si le mari a reconnu que cet enfant était dans les termes d'une conception légitime, ou s'il a laissé périmer l'action en désaveu, nul autre ne peut plus lui contester son état.

Nous disons *lorsqu'il est constant que les père et mère étaient légalement unis en mariage :*

1°. Parce que la reconnaissance des père et mère ne peut pas rendre les enfans légitimes, même au préjudice des collatéraux, sans union légalement contractée entr'eux, hors le seul cas du *mariage putatif* qui, quoique nul, produit ses effets civils à l'égard des enfans, par rapport à la bonne foi des époux, comme on l'a expliqué plus haut.

2°. Parce que, dans le cas de l'art. 196 du Code, lorsque la possession d'état et la représentation de l'acte de célébration du mariage, rendent les époux respectivement non-recevables à en demander la nullité, pour violation de formes, cette fin de non-recevoir qui leur est particulière, n'empêcherait pas que les parens ayant un intérêt né et actuel ne pussent arguer le mariage de nullité, pour faire déclarer illégitimes les enfans issus de l'union illégale des père et mère, quoique ceux-ci n'auraient pas été recevables à intenter la même action.

SECTION V.

De la forme de procéder dans les questions d'état.

L'action en contestation d'état peut se présenter de deux manières : ou directement et en principal, ou indirectement et par incident.

Elle est agitée directement et en principal, lorsqu'elle tend à faire déclarer légitime ou illégitime un enfant, abstraction faite des droits auxquels peut l'appeler sa naissance.

Dans ce cas, c'est l'état de la personne qui fait l'objet direct et même unique du procès; et comme c'est alors une action purement personnelle qui est intentée, c'est au Tribunal du domicile du défendeur qu'elle doit être portée.

Elle est au contraire mue indirectement et par incident, lorsque l'action s'engage sur la liquidation et le partage d'une hérédité; et qu'afin seulement d'en écarter un prétendant, on remonte à la question de son état, pour lui en contester la légitimité, et détruire par là le titre qu'il se donne à la succession.

Dans ce dernier cas, la question d'état ne vient que d'une manière accessoire, et comme un moyen de parvenir à une autre fin que les parties intéressées se proposent: c'est en conséquence le Tribunal saisi de la contestation, sur le partage ou la dévolution de l'hérédité, qui doit aussi prononcer sur la question d'état, puisqu'il doit juger de toutes les exceptions et moyens des parties pour lesquels il est compétent *ratione materiae*.

Lorsque la question d'état est incidemment élevée, elle est préjudicielle; c'est-à-dire qu'on doit, pour le moment, la séparer de surplus du procès, afin de la discuter en préalable et avant d'en venir au règlement des droits des parties, parce qu'ils ne peuvent dériver que de la qualité qui sera acquise ou déclarée par le jugement à intervenir sur l'état de la personne.

Si celui dont on conteste l'état, a quelqu'apparence de droit en sa faveur, et qu'il soit dans le besoin, on doit, sur sa demande, lui adjuger une provision alimentaire, pour vivre le plaid pendant, après toutefois que le Tribunal a pris une connaissance sommaire de la vraisemblance de ses titres, et sans préjudice des droits de toutes parties, lors de la sentence définitive.

Ce qui forme l'objet d'une contestation de cette espèce n'étant point à la libre disposition des parties, et intéressant d'ailleurs l'ordre public, il en résulte que le procureur impérial doit toujours être entendu dans les causes de cette nature (*a*), et qu'elles ne peuvent jamais être remises à la décision d'arbitres. (*b*)

Section VI.

Quand et comment l'action en réclamation d'état peut être prescrite.

La prescription peut être envisagée ici sous deux aspects différens, ou en tant qu'elle est relative à la faculté du désaveu accordée au mari en certains cas, ou en tant qu'elle concernerait directement l'état qu'il serait question d'acquérir ou de perdre, par la simple possession et sans les titres voulus par la loi.

1°. En ce qui concerne la faculté du désaveu accordée au mari, dans les cas rappelés plus haut, elle doit être exercée dans les délais fixés, sinon l'action est éteinte et l'état de l'enfant devient inattaquable, non pas en ce sens qu'il ait directement acquis sa légitimité par une prescription proprement dite, mais parce qu'il se trouve tacitement reconnu par le mari, pour être l'enfant du mariage.

____

(*a*) Art. 83 du Code de proc.
(*b*) Art. 1003 et 1004 du Code de proc.

2°. Si l'on considère la prescription comme portant sur l'état même de la personne, et qu'on demande s'il est possible de l'acquérir ou de le perdre de cette manière, il faut partir d'un principe certain en cette matière, c'est que tout ce qui tient aux qualités des personnes et à leur état, étant inaliénable, doit être imprescriptible aussi.

Ainsi, après une longue séparation de fait, sans divorce prononcé entre les époux, ils ne peuvent prescrire contre leur mariage.

Ainsi encore, par une longue cohabitation, le mariage ni les droits qui en dérivent, ne peuvent être acquis par prescription, parce que le droit public et les bonnes mœurs réclament sans cesse contre une pareille possession.

De même, celui qui aurait passé longtemps pour le fils d'un TEL, ne pourrait prétendre en avoir prescrit le titre ni les droits; et sitôt que le contraire serait clairement prouvé, il serait permis de le dépouiller des avantages attachés à cette qualité.

Ainsi encore, celui qui n'a jamais passé pour le fils d'un TEL, ne peut avoir perdu ses droits de filiation, par aucune possession contraire.

De là il résulte que tant que l'homme est vivant, son état est imprescriptible (328), et qu'on peut lui contester celui qu'il se donne, quelque longue que soit sa possession, comme on ne peut lui opposer à lui-même aucune prescription, pour le priver de l'état qui lui serait dû et qu'il n'aurait pas possédé.

Mais après la mort de l'homme, la question change de nature à l'égard de ses héritiers ; ils n'ont plus que des intérêts pécuniaires, et par conséquent prescriptibles, à réclamer au nom du défunt ; ce n'est point leur état personnel qu'ils peuvent avoir à rechercher, mais seulement les droits utiles qui pourraient résulter pour eux de l'état de leur auteur ; la tranquillité des familles doit être rassurée contre des recherches de cette nature ; il faut qu'elles aient un terme ; c'est pourquoi l'action en réclamation d'état du défunt cesse d'être imprescriptible à l'égard de ses héritiers.

La loi veut même qu'ils ne puissent l'intenter qu'autant que leur auteur est mort mineur, ou cinq ans après sa majorité, quand il n'a pas agi lui-même (329), parce qu'au bout de ce délai passé dans le silence, il est présumé avoir renoncé à toute réclamation, ou avoir reconnu qu'il n'était pas en droit de réclamer.

Les héritiers peuvent aussi suivre l'action en réclamation, lorsqu'elle a été ouverte par l'enfant, à quelqu'époque qu'il soit mort, à moins que lui-même ne s'en fût formellement désisté, ou qu'il n'eût laissé passer trois années sans poursuite, à dater du dernier acte de la procédure. (330)

Il faut observer ici que l'action en réclamation d'état, lorsque l'enfant est mort avant l'expiration des cinq années de sa majorité, ou lorsqu'il l'avait déjà intentée lui-même, n'est transmise qu'à *ses héritiers;* elle n'est donc considérée par la loi que comme faisant partie du patrimoine du défunt : d'où il résulte que si son héritier légitime, son fils, par exemple, avait renoncé à sa succession, il ne pourrait plus intenter l'action en réclamation au nom de son père, pour s'ouvrir par là l'entrée dans une famille, afin de pouvoir, par la suite, y participer lui-même aux droits de successibilité, parce qu'après avoir renoncé à une succession, il n'est plus possible d'intenter une action que la loi n'accorde qu'à l'héritier du défunt.

Mais que doit-on entendre ici par *héritier?* Le légataire universel aurait-il aussi le droit d'intenter l'action en réclamation d'état au nom du testateur?

Nous croyons que le légataire universel serait recevable à réclamer, sauf la distinction que nous ferons ci-après.

En effet, l'action en réclamation d'état n'est transmise à l'héritier que comme une action utile faisant partie du patrimoine du défunt; elle doit donc appartenir à celui auquel ce patrimoine est dévolu, et conséquemment à l'héritier testamentaire.

Lors même qu'il s'agit d'une action purement personnelle qui ne passe pas aux héritiers, dès qu'elle a été ouverte par l'homme qui en avait l'exercice, elle est considérée comme étant *in bonis,* et produisant un droit acquis, transmissible à tout successeur, testamentaire ou autre, pour reprendre et suivre l'instance après la mort du défunt; d'où il résulte que si l'enfant était en réclamation lors de son décès, son légataire universel serait, d'après les principes du droit commun, fondé à reprendre l'instance. Dans le cas même où l'enfant n'aurait pas agi de son vivant, on devrait encore admettre le légataire universel à intenter la demande, puisque la loi, en déclarant simplement cette action transmissible, prononce, sans distinction, dans l'une des hypothèses comme dans l'autre.

Il y a néanmoins une très-grande différence entre l'héritier légitime et le légataire universel, parce que leurs intérêts ne sont pas les mêmes.

Lorsqu'un homme ouvre son action en réclamation d'état, pour obtenir la délivrance de la succession de son père, ou pour concourir avec d'autres au partage de cette succession, s'il meurt dans cet état de choses, après avoir nommé un légataire universel, celui-ci est en droit de reprendre l'instance, pour se faire adjuger la succession, ou la part de succession qu'il soutient avoir été dévolue au testateur, et conséquemment faire partie de son legs; mais tous ses droits se bornent là, parce qu'il ne peut demander autre chose que ce qui a été acquis au défunt avant son décès.

Il n'en est pas de même de l'héritier légitime : l'action en réclamation d'état qui lui est transmise par le défunt, comprend pour lui des droits utiles qui ne peuvent être dévolus à un étranger.

Supposons, en effet, que ce soit le fils du défunt qui réclame, et qu'il parvienne à faire déclarer la légitimité d'état de son père : par l'effet du jugement qu'il aura obtenu, il se trouvera placé lui-même au rang de petit-fils légitime de son aïeul : il aura le droit de lui demander des alimens s'il est dans le besoin, et après la mort de cet aïeul il sera habile à lui succéder : il sera pareillement le neveu légitime des frères de son père, et pourra être appelé un jour à recueillir leur succession, ainsi que celle de tous autres membres de la famille dans laquelle il aura été placé.

L'héritier du sang a donc ici des droits qu'un légataire universel étranger ne peut avoir.

Ainsi, le légataire universel ne peut être recevable à intenter ou à poursuivre l'action en réclamation d'état du défunt, qu'autant que son intérêt serait fondé sur des droits ouverts au profit du testateur avant son décès, tandis que l'héritier légitime peut toujours réclamer si le défunt est mort avant l'expiration des cinq ans de sa majorité, ou même à quelqu'époque qu'il soit décédé, s'il a agi en son vivant, sans avoir laissé périmer l'instance, parce que l'action transmise à l'héritier du sang, comprend toujours des droits utiles pour lui.

Le Code veut que l'action en réclamation d'état soit transmise aux héritiers de l'enfant, s'il est décédé dans les cinq ans de sa majorité (329); ou même à quelqu'époque qu'il soit mort, s'il a réclamé en son vivant et que l'instance ne soit pas périmée (330); mais il ne s'explique pas textuellement sur la fixation du délai pendant lequel les héritiers sont recevables à intenter la demande non ouverte à requête du défunt : quel est ce délai?

L'article 328 du Code porte que *l'action en réclamation d'état est imprescriptible à l'égard de l'enfant;* donc elle est prescriptible à l'égard de ses héritiers, puisqu'il n'y a que l'enfant au profit duquel la loi consacre le privilége de l'imprescriptibilité.

Mais nous ne lisons dans le Code aucune disposition qui règle, d'une manière spéciale, le cours de cette espèce de prescription; donc elle est soumise aux principes du droit commun; donc l'action en réclamation d'état est prescriptible contre les héritiers par le délai de trente ans, puisque c'est une action personnelle. (2262)

Cette prescription doit commencer à courir dès le jour du décès de l'enfant, puisque c'est dès cette époque que l'action cesse d'être imprescriptible.

Ainsi, à supposer qu'un homme soit décédé en minorité, sans être en possession de son état de famille, et sans avoir réclamé; s'il a laissé des enfans légitimes qui n'aient également pas réclamé pendant trente ans, et qu'il s'ouvre une succession que ces enfans seraient appelés à recueillir, si l'état de leur père avait été reconnu, ils seront non-recevables à la demander, l'action en réclamation étant prescrite contre eux.

Vainement diraient-ils que leurs droits à cette succession n'ont pu être prescrits avant qu'elle fût ouverte, parce qu'on leur répondrait que l'action en réclamation d'état pouvait être ouverte elle-même, d'abord par leur père en son vivant, ensuite par eux après sa mort ; qu'il leur en avait transmis l'exercice ; qu'ils avaient intérêt à la proposer après son décès ; que la loi leur permettait d'agir ; que rien ne s'opposait à leur demande ; mais qu'ayant laissé prescrire l'action qui était le seul titre en vertu duquel ils auraient pu se prétendre successibles, ils se trouvent dès-lors non-recevables à agir.

Tout ce que nous avons dit jusqu'à présent sur la prescription, n'est relatif qu'à l'action en réclamation d'état, et n'a de rapport qu'aux héritiers de celui qui est décédé sans avoir joui, en son vivant, des avantages de la légitimité ; mais que doit-on décider dans l'hypothèse contraire ?

Supposons qu'un homme ait passé pour le fils légitime de deux époux ; qu'il ait en conséquence recueilli leurs successions ; qu'il soit mort en paisible possession de son état, et qu'il ait laissé lui-même des enfans légitimes : dans cette hypothèse les héritiers des deux époux qui lui avaient accordé la possession d'état, ne seront-ils pas en droit de réclamer, et quel est le délai pendant lequel ils devront agir pour revendiquer les successions de leurs parens?

Lorsqu'un enfant naturel, ou un étranger, a passé pour enfant légitime de deux époux, et qu'à l'ombre de cette possession d'état, il a recueilli leurs successions, il est hors de doute que leurs véritables héritiers sont en droit d'agir en restitution des biens contre lui, et que, pour parvenir à leur but, ils peuvent critiquer son état : alors ils sont obligés d'ouvrir leur action dans le délai de trente ans depuis son entrée en jouissance, parce que la pétition d'hérédité est une action personnelle qui se prescrit par ce laps de temps; mais si cet enfant est décédé en paisible possession de son état, avant que les héritiers de ses père et mère aient dirigé aucune action contre lui, quel sera le terme de cette prescription?

Le droit romain avait fixé ce terme à cinq ans depuis le jour de la mort : il voulait que l'état en possession duquel l'homme était décédé, fût considéré, après cinq ans de son décès, comme lui ayant été irrévocablement acquis, et que tous les droits y attachés fussent réglés en conséquence ; et cette prescription avait tant de faveur, qu'il n'était plus permis d'attaquer l'état d'un citoyen mort depuis moins de temps, ou même encore vivant, si, pour décider de sa légitimité, il fallait remonter à celle d'une autre personne décédée depuis plus de cinq ans, et la remettre en problème.

Mais le Code Napoléon ne porte aucune disposition semblable à celle de la loi romaine sur cet objet ; d'où il faut conclure que cette prescription est renvoyée aux principes du droit commun, parce que la règle générale doit obtenir son empire par-tout où il n'y a point d'exception prononcée.

Ainsi, même après la mort de l'enfant dont il est question dans l'hypothèse que nous avons faite, les héritiers des époux qui lui avaient accordé la possession d'état, auraient trente ans pour agir en restitution d'hérédité, à dater du moment de l'entrée en jouissance de cet enfant.

CHAPITRE DEUX.

Des enfans naturels.

L'enfant est légitime lorsqu'il est conçu durant le mariage de ses père et mère, parce qu'il est issu d'une union approuvée par la loi.

L'enfant naturel est donc celui qui est conçu hors le mariage, parce qu'il est le fruit d'une conjonction illicite.

Ce n'est pas l'instant de la naissance arrivé ou non dans le mariage, qui peut servir à déterminer son état, puisque l'enfant né moins de cent quatre-vingts jours depuis l'union des époux, peut être désavoué comme illégitime, quoique sa naissance soit arrivée dans le mariage, tandis que celui qui est né moins de trois cents jours depuis la mort du mari, est légitime, quoique né hors le mariage.

On distingue trois espèces d'enfans naturels, qui sont les bâtards simples, les enfans adultérins, et les enfans incestueux.

Le bâtard simple est celui qui est né de deux personnes qui ne sont mariées ni l'une ni l'autre, et qui ne sont point parentes entr'elles au degré prohibé.

L'enfant adultérin est celui dont les père et mère, ou l'un d'eux, étaient, au temps de sa conception, engagés dans les liens du mariage, non entr'eux, mais avec d'autres personnes.

L'enfant incestueux est celui dont les père et mère sont parens à un degré qui emporte prohibition du mariage entr'eux.

Comme c'est au temps de la conception qu'on doit se reporter pour savoir si un enfant est légitime ou illégitime, de même c'est à cet instant qu'il faut remonter aussi pour savoir s'il doit être réputé incestueux ou adultérin, parce que cette double qualification dérive du crime dont se sont rendus coupables les père et mère, et que c'est par la conjonction illicite qui a eu lieu entr'eux, lors de la conception de l'enfant, que l'adultère ou l'inceste a été commis.

Nous diviserons ce chapitre en trois sections, parce que les enfans naturels peuvent se trouver dans trois positions différentes.

Dans la première, nous traiterons des enfans naturels non reconnus.

Dans la seconde, nous traiterons de ceux qui sont simplement reconnus.

Dans la troisième, nous parlerons de la

légitimation qui a lieu par le mariage des père et mère, lorsque l'enfant a été reconnu.

SECTION Iere.

Des enfans naturels non reconnus.

Tout homme appartenant, par sa naissance, à la patrie qui le reçut venant au monde, le droit naturel des sociétés veut que la grande famille dont il est né membre lui fournisse les secours nécessaires à son existence, lorsqu'il ne peut les espérer de parens assez dénaturés pour le repousser de leur sein. C'est pour satisfaire à cette obligation de la société, que le Gouvernement a établi des hospices ou dépôts de charité, pour y recevoir les enfans trouvés ou abandonnés; lesquels y sont nourris et élevés aux frais du trésor public.

Leur patrie n'est point incertaine comme leur famille; considérés sous les rapports civils et politiques, ils sont membres du corps social comme tous les autres citoyens, et capables de tous les emplois civils et militaires : la loi ne voit en eux que des enfans égaux aux autres membres de la grande famille, avec cette seule différence que leur position plus malheureuse leur mérite des secours et une protection plus particulière.

Il en serait de même des droits de famille, si nous vivions dans l'ordre simple de la nature, parce que la loi naturelle veut qu'on remplisse indistinctement, à l'égard de tous les enfans, les devoirs qu'elle attache à la paternité.

Mais, dans l'ordre civil, cette théorie n'est plus admissible : le mariage, qui est le fondement des familles, est aussi celui de la société civile : c'est par lui que les familles se connaissent, comme c'est par lui qu'elles se distinguent et se perpétuent : le corps politique ne lui doit pas seulement sa force et son accroissement, mais encore sa tranquillité et son harmonie.

Les législateurs ont donc dû admettre et consacrer l'institution du mariage, comme la seule source de la paternité légitime, et proscrire toute autre conjonction comme illicite. Cela étant ainsi, la loi civile ne peut plus confondre les enfans de cette union sainte, dont la paternité est garantie par la cohabitation et la fidélité des époux, avec ceux du concubinage et de la prostitution, dont rien ne démontre la véritable paternité.

Les enfans nés hors le mariage sont donc regardés, dans l'ordre social, comme n'ayant ni famille ni parenté civile, tant qu'ils ne sont pas reconnus : cette disposition rigoureuse dérive de l'incertitude de leur état, et la loi la prononce aussi pour réprimer les unions illicites, et en détourner par la considération du sort malheureux des infortunés qui en naissent.

Mais lorsque les enfans naturels viennent à se marier, ils acquièrent une famille et en sont les premiers chefs, et ils ont sur elle tous les droits de paternité que les lois accordent aux autres pères et mères.

Puisque les enfans naturels n'ont aucun droit de parenté civile à l'égard de leurs ascendans ou collatéraux, il en résulte qu'ils ne peuvent invoquer les secours de la tutelle ordinaire, qui est une charge de famille; c'est pourquoi la loi y a pourvu d'une manière spéciale à leur égard.

La tutelle des enfans reçus dans les divers hospices de l'Empire, est réglée comme il suit par la loi du 15 pluviôse an 13. (*a*)

Ces enfans sont placés sous la direction de la commission administrative de l'hospice où ils ont été reçus, laquelle doit désigner un de ses membres pour exercer les fonctions de tuteur, et les autres forment le conseil de la tutelle du mineur.

Si l'enfant sort de l'hospice pour être placé ailleurs, comme ouvrier, serviteur ou apprenti, la commission de cet hospice peut, par une simple délibération visée du préfet ou du sous-préfet, déférer la tutelle à la commission administrative de l'hospice le plus voisin de la résidence actuelle de l'enfant.

Cette tutelle dure jusqu'à la majorité ou l'émancipation de l'enfant, comme la tutelle ordinaire.

L'émancipation peut avoir lieu de plein

____

(*a*) Voyez au bull. 31, n°. des lois 526, tom. 2, pag. 269, 4°. sér.

droit par le mariage, ou être faite par acte exprès par-devant le juge de paix.

La loi accorde à la commission administrative de l'hospice, pour l'émancipation expresse des mineurs qui sont sous sa tutelle, les mêmes droits qu'aux pères et mères légitimes : elle est délibérée par ses différens membres, et celui d'entr'eux qui était chargé de l'exercice de la tutelle, est seul tenu de comparaître devant le juge de paix pour la prononcer : l'acte en doit être délivré sans autres frais que ceux d'enregistrement et de papier timbré.

S'il arrive quelques biens aux mineurs, ils sont administrés par le receveur de l'hospice, comme ceux de l'hospice même, sous la garantie de son cautionnement, et sans que les biens des administrateurs-tuteurs soient passibles d'aucune hypothèque.

En cas d'émancipation, le receveur de l'hospice remplit de plein droit les fonctions de curateur du mineur.

Les capitaux qui peuvent appartenir à ces mineurs, doivent être placés dans les monts de piété, ou s'il n'y a pas de mont de piété dans la commune où est l'hospice, ils doivent être placés à la caisse d'amortissement, pourvu que chaque somme ne soit pas au-dessous de 150 francs; et en cas que les capitaux soient inférieurs à ce taux, le placement en est réglé par la commission administrative de l'hospice.

Les revenus des biens et capitaux de ces enfans sont perçus, jusqu'à leur sortie des hospices, à titre d'indemnité des frais de leur nourriture et entretien.

Les enfans reçus dans les hospices de charité ne sont pas toujours des enfans naturels : quelquefois ils parviennent à découvrir leurs parens légitimes ; comme aussi ils sont quelquefois reconnus par ceux-ci : dans l'un et l'autre cas la loi pourvoie à la dévolution des successions qu'ils peuvent laisser.

Si l'enfant décède avant sa sortie de l'hospice, son émancipation ou sa majorité, et qu'aucun héritier ne se présente, les biens qu'il a laissés sont dévolus à l'hospice, lequel peut s'en faire envoyer en possession à la diligence de son receveur, et sur les conclusions du ministère public ; et s'il se présente ensuite des héritiers, ils ne peuvent répéter les fruits que du jour de la demande.

Lorsque des héritiers se présentent pour recueillir la succession d'un enfant décédé avant sa sortie de l'hospice, sa majorité ou son émancipation, ils sont tenus d'indemniser l'hospice des alimens fournis et des dépenses faites pour lui pendant le temps qu'il est resté à la charge de cette administration, sauf à compenser, jusqu'à due concurrence, les revenus de ces biens qui auraient été perçus par l'hospice.

SECTION II.

De la reconnaissance des enfans naturels.

La reconnaissance des enfans naturels est

un acte de la plus haute importance; elle porte sur l'état des personnes; elle intéresse les mœurs publiques et la tranquillité des familles : le législateur a conséquemment dû en prescrire les formes, déterminer les cas où elle pourrait avoir lieu, et en régler les effets.

Nous avons donc à examiner ici :

Comment les enfans naturels peuvent être reconnus par leurs père et mère;

Quelles sont les personnes qui peuvent s'opposer à la reconnaissance d'un enfant naturel, et quels sont les cas dans lesquels elle ne peut avoir lieu;

Quels sont les effets d'une reconnaissance faite dans les formes réglées par la loi.

§ 1er.

Comment les enfans naturels peuvent être reconnus par leurs père et mère.

La paternité est absolument incertaine à l'égard des enfans illégitimes, parce qu'à défaut de la présomption qui naît du mariage des père et mère, il n'y a plus ni signe matériel, ni signe légal pour la reconnaître. C'est pourquoi, hors le mariage, la loi française n'admet plus la recherche de la paternité non avouée.

Par là, le Code Napoléon a mis fin aux débats scandaleux que l'ancienne jurisprudence souffrait sur les faits de paternité : il a prévenu pour l'avenir, les plus incertai-

nes, par conséquent les plus injustes décisions qui étaient jadis portées sur les demandes des personnes du sexe qui man-
quaient rarement de choisir parmi ceux qui
les avaient fréquentées, le plus riche, pour
le faire déclarer père de leurs enfans.

Il n'y a d'exception à cette règle que dans
le cas de l'enlèvement de la mère : si l'époque à laquelle il a eu lieu, se rapporte à
celle de la conception présumée, celui qui
a été jugé être l'auteur de l'attentat, peut
aussi, à la demande des parties intéressées,
être déclaré père de l'enfant (340), parce
qu'un fait aussi positif, reconnu constant,
et la grossesse qui en est la suite, produisent contre le ravisseur, une présomption
de paternité assez forte, pour être admis à
en compléter la preuve, s'il est besoin, par
toutes les circonstances propres à convain-
cre le Tribunal.

Il n'en est pas de la maternité comme de
la paternité : la grossesse et l'enfantement
sont des faits visibles, susceptibles d'être at-
testés par témoins, et qui peuvent démontrer
la mère avec certitude.

La recherche de la maternité est donc admise; mais l'enfant qui réclame sa mère et
qui n'a pas de possession d'état, ne peut
être reçu à la preuve vocale qu'autant qu'il
aurait déjà un commencement de preuves
par écrit (141). La seule représentation d'un
extrait de naissance ne lui suffirait pas même
pour être admis à faire enquête : cet acte
prouverait bien le fait de l'accouchement de

la mère qu'il revendiquerait pour la sienne; mais il ne prouverait pas son identité avec l'enfant dont elle serait accouchée; il ne suffirait donc pas, s'il était absolument seul et sans aucune possession d'état, pour remplacer le commencement de preuves par écrit voulu par la loi, lequel doit être directement relatif de la mère à l'enfant. (*a*)

La recherche de la paternité non avouée n'étant point admise, hors le cas de l'enlèvement de la mère, il faut donc qu'elle soit l'effet de la volonté libre du père, pour opérer tous les effets que la loi y attache; mais dans quelle forme doit-elle être faite?

Pour constater la filiation d'un enfant naturel à l'égard de son père, et assurer à l'un et à l'autre tous les effets qui en dérivent, la reconnaissance doit être faite sur le registre de l'état civil (62), ou par tout autre acte authentique, lorsqu'elle ne l'aura pas été dans l'acte de naissance même. (334)

Ce titre donne à l'enfant un nom et un état qu'il n'avait pas; et comme l'état des personnes est de toutes les choses celle qui doit être la plus assurée, parce que c'est ce qu'il y a de plus immuable dans la société, vu qu'il n'est permis à aucun individu de l'aliéner ni d'en changer, voilà pourquoi l'acte de reconnaissance doit être authentique, pour produire tous ses effets, parce qu'il y aurait de l'inconséquence à laisser reposer les droits de la paternité et de la filiation

______

(*a*) Voyez dans M. Locré, tom. 4, pag. 222.

sur la frêle garantie d'une écriture privée.

Quand il s'agit d'un enfant légitime qui réclame son état, l'aveu d'un des époux est déjà pour l'enfant, une preuve plus ou moins forte contre l'autre époux, par rapport à la présomption qui naît du mariage; mais ici aucun lien n'existant entre les père et mère, l'aveu de l'un ou de l'autre ne peut être que purement personnel pour celui qui l'a fait.

Ainsi la reconnaissance de la mère, sans le concours et l'aveu du père, ne peut faire aucune preuve contre celui-ci; comme la reconnaissance faite par le père seul, sans l'indication et l'aveu de la mère, ne peut avoir d'effet direct que dans les intérêts du père (336) : mais la cause du père est différente de celle de la mère en deux points qu'il est essentiel de remarquer ici.

Le premier; c'est que l'enfant naturel ne peut être inscrit sous le nom de son père, sur le registre de l'état civil, si celui-ci n'est pas présent pour le reconnaître; tandis qu'il doit au contraire être inscrit sous le nom de sa mère, si elle est connue : d'où il résulte que, hors le cas de la reconnaissance du père faite dans l'acte de naissance, l'enfant non reconnu ne peut avoir de titre pour établir la paternité; tandis qu'au contraire, hors le cas extraordinaire où un enfant peut se trouver inscrit comme né d'une mère inconnue, la maternité se prouve par le registre des naissances.

Le second; c'est que le père ne peut légalement faire sa reconnaissance que d'une ma-

nière expresse, puisqu'elle doit être consignée dans un acte authentique, tandis que
la reconnaissance de la mère peut résulter de
la possession d'état qu'elle aurait accordée à
l'enfant; et même, si cette possession était
conforme à l'acte de naissance représenté,
l'enfantement prouvé par le titre, et l'identité démontrée par la possession, rendraient
l'état de l'enfant inattaquable.

Les commissaires-rédacteurs du projet du
Code l'avaient pensé autrement : ils avaient
inséré dans l'art. 26, tit. 7, liv. 1er., que la
preuve testimoniale serait admise, lorsque
l'enfant aurait *une possession constante de
la qualité de fils naturel de la mère qu'il
réclame;* mais M. Portalis observa dans la
discussion, « que toutes les fois qu'on jouit
» de son état constamment, publiquement
» et sans trouble, on a le plus puissant de
» tous les titres; qu'il serait donc absurde
» de présenter *la possession constante* com-
» me un simple commencement de preuves,
» puisque cette sorte de possession est la
» plus naturelle et la plus complette de tou-
» tes les preuves. Des faits de possession
» isolés, passagers et purement indicatifs,
» peuvent n'être qu'un commencement de
» preuves : mais encore une fois, il y a
» preuve entière lorsqu'il y a possession
constante. (*a*) » Et sur cette observation
la rédaction présentée par MM. les com-
missaires fut changée : il faut donc tenir

___

(*a*) Voyez dans Locré, tom. 4, pag. 221.

pour certain qu'un enfant naturel est très-légalement reconnu par la mère qui l'a allaité, nourri et élevé, sans qu'il y ait eu aucun acte authentique de sa part pour confesser la maternité et pour constater l'identité, autrement que par une possession d'état constante et avérée.

Si, dans l'ordre civil et pour le seul intérêt des mœurs, le législateur a dû traiter avec sévérité les enfans naturels, même quand les père et mère sont libres et n'ont aucun descendant légitime, à plus forte raison il était de son devoir de les écarter de toutes prétentions qui pussent nuire aux droits des tiers : en conséquence l'art. 337 du Code porte que « la reconnaissance faite » pendant le mariage, par l'un des époux, » au profit d'un enfant naturel qu'il aurait » eu, avant son mariage, d'un autre que de » son époux, ne pourra nuire ni à celui-ci, » ni aux enfans nés de ce mariage.

» Néanmoins elle produira son effet après » la dissolution de ce mariage, s'il n'en » reste pas d'enfant. » Cet article, pour être bien saisi, mérite plusieurs observations importantes.

1°. Il est dit que la reconnaissance de l'un des époux au profit d'un enfant qu'il aurait eu avant son mariage, *d'un autre que de son époux*, ne peut nuire ni à celui-ci, ni aux enfans nés du mariage; parce que si elle pouvait porter préjudice soit à l'autre époux, soit aux enfans, ce serait une fraude faite à la foi sous laquelle le mariage a été contracté.

Mais, dans le cas contraire, c'est-à-dire, si l'un des époux reconnaissait après le mariage contracté, l'enfant qu'il aurait précédemment eu avec l'autre époux, celui-ci ne pourrait pas dire qu'il a été trompé, et la reconnaissance devrait obtenir tous ses effets.

Elle deviendrait alors nuisible aux enfans du mariage, parce que l'enfant naturel reconnu aurait un jour des droits à revendiquer sur les biens de son père ou de sa mère.

Elle serait au moins indirectement nuisible à l'autre époux, parce que celui qui l'aurait faite se trouverait grevé des devoirs contractés par le fait de la paternité ou de la maternité, envers l'enfant reconnu : l'obligation de lui fournir des alimens serait alors comme toute autre dette contractée avant le mariage, par l'époux qui aurait fait la reconnaissance.

2º. Cet article statue sur le mérite de la reconnaissance faite par l'*un des époux* sans le concours de l'autre ; il ne la déclare pas nulle ; il en modifie seulement les conséquences. Le législateur y parle également des deux époux, sans distinction entr'eux : il suppose autant de pouvoir dans l'un que dans l'autre, et n'en accorde pas plus au mari qu'à la femme ; donc cette dernière n'a pas besoin de l'autorisation maritale pour un acte de cette espèce.

D'ailleurs, si l'autorisation du mari était ici nécessaire à la femme, cet article serait insignifiant en ce qui la concerne ; car de deux choses l'une, ou la reconnaissance est relative à un enfant qu'elle aura eu précé-

demment avec son mari, ou l'enfant est reconnu comme provenant d'un autre que de
son époux.

Dans le premier cas, le législateur a voulu que l'acte fait par la femme pût nuire
aux droits du mari, ce qui ne pourrait être
s'il fallait le consentement de celui-ci.

Dans le second cas, en déclarant que l'acte
ne peut nuire au mari, la loi suppose évidemment qu'il ne faut point son concours,
parce qu'il n'aurait pas besoin de cette garantie si la femme ne pouvait agir sans lui.

3o. La disposition de cet article ne porte
que sur *la reconnaissance faite pendant le
mariage*, parce que c'est seulement durant
le temps du mariage qu'il peut être défendu
à un des conjoints d'avoir des enfans étrangers à l'autre; et de là il résulte qu'un époux
devenu veuf peut reconnaître un enfant naturel qu'il aurait eu avant son mariage, lors
même qu'il lui resterait des enfans légitimes
issus de ce mariage.

§ 2.

*Quelles sont les personnes recevables à
s'opposer à la reconnaissance d'un enfant naturel, et quels sont les cas dans
lesquels elle ne peut avoir lieu.*

Toute reconnaissance de la part des père
et mère, comme toute réclamation de la
part de l'enfant, peut être contestée par
tous ceux qui y ont intérêt (339), parce

qu'on ne peut être admis à blesser impunément les droits d'autrui par la supposition
d'une fausse paternité.

Ainsi, l'enfant lui-même peut combattre
l'acte de sa propre reconnaissance, parce
qu'il y est le premier intéressé.

L'un des époux peut contredire celle qui
serait faite par l'autre, sur-tout si l'enfant
était déclaré leur être commun aux deux.

Les héritiers de celui qui a fait la reconnaissance peuvent également la combattre,
mais seulement lors de l'ouverture de sa
succession.

Nous croyons aussi qu'une mère qui a
reconnu, nourri et élevé son enfant, serait
recevable à contester la reconnaissance de
celui qui, par la suite, s'en prétendrait le
père; parce que l'enfant naturel suit le sort
de la mère qui l'a nourri; jusque-là il lui
appartient : elle aurait donc intérêt à agir
pour démontrer la fausse paternité que l'in-
trigue tenterait d'usurper sur lui.

La reconnaissance ne peut avoir lieu au
profit des enfans qui seraient nés d'un commerce incestueux ou adultérin (335), parce
qu'il serait contraire aux bonnes mœurs
d'être admis à consigner dans un acte public et authentique, la déclaration de l'inceste et de l'adultère.

Par la même raison, si dans la recherche
de la paternité ou de la maternité, les enfans naturels viennent à découvrir qu'ils sont
nés d'un commerce incestueux ou adultérin, toute poursuite ultérieure leur est inter-

dite (342), vu sur-tout qu'il ne peut leur être permis de révéler à la justice le crime de leurs père et mère.

§ 3.

Quels sont les effets de la reconnaissance revêtue des formes voulues par la loi.

Nous ne nous occupons point ici des effets que pourrait produire la reconnaissance d'un enfant naturel faite par acte sous seing privé ; c'est une des questions que nous examinerons à la fin de ce chapitre.

La reconnaissance produit des effets soit quant à la personne, soit en ce qui a rapport aux biens.

Quant à la personne, l'enfant prend le nom du père qui l'a reconnu, comme si on le lui avait donné dans son acte de naissance, puisque la reconnaissance postérieure équivaut à celle qui aurait été faite sur le registre de l'état civil. (334)

S'il est né d'une femme étrangère, et qu'il soit reconnu par un père français, il se trouve dès-lors français lui-même, ainsi que nous l'avons dit au chapitre des droits civils. (*a*)

Il passe, quant au mariage et au droit de correction, sous la puissance paternelle des père et mère qui l'ont reconnu : c'est-à-dire que ceux-ci ont sur lui, s'il est mineur, l'autorité que la loi accorde aux pères

_____

(*a*) Voyez au tome Ier., pag. 68.

et mères, de mettre obstacle au mariage de leurs enfans, en refusant d'y consentir (158); et qu'ils peuvent, dans les cas déterminés pour les enfans légitimes, requérir la détention correctionnelle de l'enfant naturel reconnu. (383)

Quant aux biens; il est dû des alimens aux enfans illégitimes, par les père et mère qui les ont reconnus, parce que cette obligation dérive essentiellement du droit naturel, et que la loi civile, loin d'y contredire, la consacre même à l'égard des enfans adultérins ou incestueux. (762)

Après la mort des père et mère, les enfans naturels reconnus ne sont point leurs héritiers (756); mais ils ont droit à une portion de bien dont la proportion est relative à la qualité des héritiers légitimes.

Si le père ou la mère a laissé des descendans légitimes, ce droit est d'un tiers de la portion héréditaire que l'enfant naturel aurait eue s'il eût été légitime : il est de la moitié lorsque le père ou la mère ne laisse pas de descendant, mais bien des ascendans ou des frères ou sœurs : il est des trois quarts, lorsque les père ou mère ne laissent ni descendant, ni ascendant, ni frère, ni sœur. (757)

Enfin, l'enfant naturel a droit à la totalité des biens, lorsque ses père ou mère ne laissent pas de parens au degré successible (758); il recueille alors la totalité de leur patrimoine, même par préférence au conjoint survivant et au fisc. (767)

De leur côté les père et mère, en reconnaissant leur enfant naturel, acquièrent le droit d'hérédité à son égard, si cet enfant meurt avant eux et ne laisse aucune postérité; alors sa succession leur est dévolue à chacun pour moitié, s'il a été reconnu par l'un et l'autre. (765)

Section III.

De la légitimation des enfans naturels.

La légitimation est une fiction attachée par la loi au mariage des père et mère, qui efface le vice de la naissance des enfans qu'ils ont eus précédemment ensemble, et les élève au rang d'enfans légitimes.

Le bénéfice de la légitimation n'est accordé par la loi qu'aux enfans légalement reconnus de la part des deux époux, ou avant le mariage, ou au moins dans l'acte de sa célébration, parce qu'il faut, avant tout, que le fait de la paternité soit constant. (331.)

Les auteurs du Code n'ont pas voulu que la légitimation pût avoir lieu en vertu d'une reconnaissance postérieure au mariage des père et mère, soit parce qu'un acte de cette espèce doit être essentiellement libre, et qu'un des époux pourrait forcer l'autre à reconnaître un enfant qui ne serait pas le sien, soit parce que le sort des familles ne serait pas suffisamment assuré, s'il était permis à des époux qui n'ont pas d'enfant, de se créer, par consentement mutuel, une postérité légitime.

Nous avons vu dans la section précédente, que la maternité est légalement constatée, lorsque la mère a nourri et élevé son enfant : d'où il résulte que, dans ce cas, la reconnaissance authentique du père, faite avant le mariage, suffirait à la légitimation de l'enfant auquel la mère aurait déjà accordé une possession constante d'état, sur-tout si son acte de naissance était représenté, et que la possession fût conforme ; parce que la loi n'exige point que la reconnaissance des père et mère résulte du même acte, simultanément fait par eux.

Le bénéfice de la légitimation repose sur cette fiction que les enfans sont nés du mariage même qui les légitime ; d'où il résulte qu'ils ont les mêmes droits que s'ils avaient été conçus et nés pendant ce mariage (333), et qu'ils ne pourraient, au préjudice des tiers, former de prétention à aucuns droits ouverts antérieurement.

La légitimation peut avoir lieu, même en faveur des enfans décédés qui ont laissé des descendans légitimes ; et, dans ce cas, elle profite à ces descendans.

La légitimation ne pouvant avoir lieu qu'au profit des enfans légalement reconnus avant le mariage ou dans son acte de célébration, et la loi prohibant la reconnaissance des enfans adultérins et incestueux, il en résulte qu'ils ne peuvent jamais être légitimés. (331)

Ainsi les enfans qu'un oncle aurait eus avec sa nièce, ne pourraient pas être légitimés par le mariage contracté postérieurement avec dispense, entre les père et mère, parce que la dispense ne saurait empêcher que le commerce dont les enfans seraient issus, n'eût été incestueux.

Les mariages *in extremis* n'étant ni défendus ni privés de leurs effets civils par notre législation actuelle, ils peuvent, comme tous autres mariages, opérer la légitimation des enfans légalement reconnus.

La légitimation est une naissance civile, puisqu'elle ouvre à l'enfant légitimé l'entrée dans la famille de ses père et mère, qu'il y acquiert tous les droits de la parenté civile et ceux de la successibilité; elle est en conséquence comparable à la survenance d'enfant qui opère de plein droit la révocation des donations entre - vifs faites précédemment par les père et mère : néanmoins le Code veut que, dans ce cas, les donations ne soient révoquées qu'autant qu'elles auraient été faites avant la naissance naturelle de l'enfant (960), parce que si elles avaient été faites postérieurement, on ne pourrait pas dire que la naissance civile opérée par la légitimation eût été un événement imprévu par le donateur.

Nous terminerons ce chapitre par l'examen de quelques - unes des questions importantes qui peuvent naître de la législation sur les enfans naturels.

1ere. QUESTION. Un mariage nul, mais

contracté de bonne foi et ayant les effets du mariage putatif, suffirait-il pour légitimer les enfans précédemment reconnus par les époux?

On peut dire, pour l'affirmative, que la fiction qui légitime les enfans, rapporte leur naissance dans le mariage par lequel ils sont légitimés ; qu'ils ont autant de droits que s'ils en étaient nés ; qu'en conséquence le simple mariage putatif leur suffit, puisqu'il est suffisant pour donner tous les droits civils aux enfans qui en sont issus.

Néanmoins nous croyons la négative mieux fondée.

1°. Ce n'est point à la simple apparence, ou à l'ombre du mariage, mais au mariage réel que la loi attache la vertu de légitimer les enfans.

2°. Si le mariage putatif suffit pour donner les effets civils aux enfans qui en sont nés, on ne doit pas conclure de là qu'il suffit aussi pour légitimer ceux qui sont nés antérieurement, parce qu'il n'est jamais permis d'étendre les fictions d'un cas à un autre.

3°. Le motif de la loi n'est point ici le même : le mariage putatif donne les effets civils aux enfans qui en sont issus, parce que les père et mère étaient de bonne foi dans le rapprochement qui a produit leur naissance : les père et mère avaient voulu dès le principe donner, par une action licite, des enfans légitimes à leur patrie : pour récompenser la bonne foi avec laquelle ils ont agi, la loi leur accorde le titre honorable de père et mère légitimes, comme s'ils n'avaient pas été trompés; voilà pourquoi le mariage putatif produit les effets civils : or, ce motif est entièrement étranger au cas de la légitimation, parce que le commerce illicite qui a donné naissance aux enfans, était exclusif de toute bonne foi de la part des père et mère; donc on ne doit pas appliquer à cette hypothèse, ce que la loi ne décrète que dans l'autre.

2e. QUESTION. Un enfant naturel qui aurait été reconnu par acte sous seing privé, acquerrait-il les droits de filiation par la reconnaissance authentique de l'écriture privée ?

Si les écrits et signatures de l'acte sous seing privé étaient reconnus par un acte de dépôt que les père et mère en auraient librement fait entre les mains d'un notaire, il est incontestable que la reconnaissance acquerrait par là le véritable caractère dont la loi veut qu'elle soit revêtue pour produire tous ses effets, parce qu'elle deviendrait authentique; que c'est par le libre consentement des père et mère qu'elle reposerait dans un dépôt public, et qu'on n'aurait pu en assurer ainsi l'existence que dans l'intention d'assurer aussi le sort de l'enfant.

Mais si la reconnaissance de l'écriture privée était faite en justice, par suite d'une action intentée à requête de l'enfant, il faudrait distinguer entre la cause du père et celle de la mère.

La recherche de la maternité est permise : l'enfant naturel qui obtient contre sa mère un jugement fondé sur la reconnaissance sous seing privé, faite par celle-ci, acquiert par là ses droits de filiation maternelle.

Il n'en serait pas de même envers le père : la recherche de la paternité non avouée étant interdite à l'enfant, il ne peut avoir les droits de filiation paternelle que dans la mesure librement voulue par le père : or, autre chose est de consentir un acte privé qui ne peut donner lieu qu'à une demande d'alimens ; autre chose est de souscrire une reconnaissance authentique dont les effets sont bien plus étendus.

Un jugement de reconnaissance d'écriture ne serait donc pas suffisant pour assurer tous les droits de filiation que la loi accorde à la classe des enfans naturels ; peu importerait même que le père eût paru et confessé en justice que l'acte était émané de lui, parce que reconnaître la vérité d'un écrit, ce n'est pas reconnaître un enfant, dans la vue de lui accorder plus de droits que ceux qui résultent de l'écrit même.

3e. QUESTION. La reconnaissance faite par acte sous seing privé, suffit-elle réellement pour autoriser l'enfant naturel qui est dans le besoin, à ouvrir une action contre son père, pour forcer celui-ci à lui fournir des alimens ?

L'affirmative nous paraît incontestable, par les raisons que nous allons développer.

1º. Le seul fait de la paternité impose

au père l'obligation de fournir des alimens à l'être faible auquel il a donné le jour : abandonner un enfant au dénuement et à l'état d'impuissance dans lequel il vient au monde, c'est lui donner la mort ; *necare videtur non tantùm is, qui partum prae-focat : sed et is qui abjicit : et qui ali-monia denegat; et is, qui publicis locis, misericordiae causâ, exponit quam ipse non habet* (a) : aucune loi ne peut approu-ver un crime qui répugne si essentiellement à la nature. Aussi le Code Napoléon recon-naît cette obligation dans le père, même à l'égard des enfans adultérins ou incestueux (762). Il est donc impossible que la pater-nité soit constante, et que la créance ne le soit pas, puisque l'une dérive nécessaire-ment de l'autre : il y aurait une contradic-tion révoltante à juger que celui qui avoue la paternité est admissible à refuser le paie-ment de la dette qui en est inséparable.

2°. Un acte de reconnaissance, quoique sous seing privé, ne peut être fait sans des-sein et pour rester absolument inutile : un enfant n'est reconnu que pour reconnaître les obligations que la paternité impose à son égard ; l'acte doit donc valoir au moins comme un simple traité, ou une promesse de lui fournir des alimens, ayant pour cause le devoir naturel de celui qui la souscrit.

3°. Quoique le Code Napoléon exige que

____

(a) L. 4, ff. *de agnoscendis et alendis liberis,* lib. 25, tit. 3.

2.   8

la reconnaissance des enfans naturels soit faite par acte authentique pour pouvoir produire tous les droits que la loi rattache à cette forme, il ne faut pas conclure de là que la reconnaissance faite par acte privé ne doive produire aucun effet.

Il n'est pas permis de confondre la simple dette d'alimens qui résulte de l'aveu de la paternité, avec les droits d'une toute autre importance qui dérivent d'une reconnaissance authentique, pour en conclure que le titre doit être revêtu des mêmes formes dans un cas comme dans l'autre.

Par la reconnaissance authentique l'enfant naturel acquiert un état personnel qu'il n'avait pas : s'il était né d'une mère étrangère, il devient français; il prend le nom du père qui l'a reconnu; il passe sous sa puissance paternelle; il se trouve revêtu du droit de recueillir un jour une partie, ou la totalité de ses biens, comme le père, de son côté, acquiert le droit de succéder à son enfant naturel mort sans postérité.

On conçoit que, pour obtenir tous ces avantages décrétés par la loi civile, il faut avoir rempli les formes civiles auxquelles elle en soumet le titre : on conçoit encore que l'acte qui produit des droits aussi importans doit être conservé dans un dépôt public, parce que c'est la seule voie légale de constater l'état civil des citoyens : le législateur a eu soin d'établir des registres pour y consigner la preuve authentique de la filiation; ces registres sont établis pour tous en général; c'est là que tous les pères sont appelés à consigner l'aveu de leur paternité. Si donc la reconnaissance d'un enfant naturel n'est pas prouvée par ces registres, il faut qu'elle soit faite par acte authentique, conservé dans un autre dépôt public; sans quoi elle ne serait pas équivalente à celle qui résulterait du registre de l'état civil, et par conséquent elle ne pourrait servir de fondement à l'état qu'il veut conférer à son enfant.

Ainsi, par l'acte de reconnaissance sous seing privé, le père n'acquerra pas la puissance paternelle sur son enfant naturel, et celui-ci n'aura pas les droits de successibilité irrégulière qui résulteraient d'une reconnaissance authentique, parce que tous ces avantages sont des droits purement civils qu'on ne peut acquérir sans satisfaire aux formes publiques dont ils dépendent.

Mais les alimens ne sont point une dette civile; le père doit nourrir son enfant par la seule raison qu'il en est le père : la reconnaissance de cette dette ne suppose, dans l'état civil du père ni du fils, aucun changement qui doive être constaté par acte authentique : la créance de l'enfant ne porte que sur de simples intérêts pécuniaires, pour lesquels l'aveu du débiteur est toujours suffisant; l'enfant peut donc faire valoir son action s'il n'y a ni défense de l'intenter, ni fin de non-recevoir à lui opposer; or, on ne trouve point de défense dans la loi civile, puisqu'au contraire elle reconnaît la dette même à l'égard des enfans adultérins, ou incestueux : il ne peut pas y avoir non plus de fin de non - recevoir à opposer à l'enfant, puisque nous raisonnons dans une hypothèse où la paternité est avouée par le père.

4°. La simple parenté naturelle est un obstacle au mariage entre les ascendans et descendans de tous les degrés (161), et entre les frères et sœurs (162) : exigera-t-on une reconnaissance authentique pour être admis à proposer cet empêchement?

Supposons qu'un père qui a reconnu sa fille par acte privé, veuille la donner en mariage à un de ses autres enfans ; la justice pourrait-elle l'y autoriser? Pourrait-on dire que la production de cet acte ne serait pas suffisante pour mettre obstacle à une alliance aussi monstrueuse?

Il faut donc convenir que la reconnaissance de la paternité, faite par acte sous seing privé, n'est pas sans effet, même aux yeux de la loi civile ; et alors comment ne serait-elle pas suffisante pour contraindre le père à fournir des alimens à son enfant, puisque la nature lui en impose le devoir?

4e. QUESTION. Un mineur non émancipé peut-il valablement reconnaître seul, et par acte authentique, son enfant naturel? Serait-il recevable à demander sa restitution en entier contre cet acte?

Nous avons vu que l'état d'incapacité où la femme est de s'engager, dans les transactions ordinaires, sans l'autorisation maritale, ne s'étend pas jusqu'à lui ôter le pouvoir de reconnaître valablement seule, son enfant naturel, et nous croyons qu'on doit décider de même à l'égard du mineur.

La reconnaissance d'un enfant naturel n'est que l'accomplissement d'un devoir; le mineur ne peut donc pas plus demander sa restitution en entier contre cet acte, que celui qui ayant payé le dommage qu'il avait causé à autrui, ne pourrait prétendre à la restitution du paiement. Et comment, après s'être authentiquement avoué le père d'un enfant, le mineur pourrait-il rejeter cette qualité? Comment serait-il permis à un homme de méconnaître les devoirs de la paternité, tant que le fait en reste constaté par son aveu?

5e. QUESTION. La reconnaissance d'un enfant naturel peut-elle avoir lieu malgré lui? Son refus de l'accepter, l'opposition qu'il y aurait manifestée, peuvent-ils la rendre sans effet?

Pour soutenir que la reconnaissance du père ne peut avoir lieu malgré l'opposition de l'enfant, on peut dire que leurs droits doivent être réciproques; que l'enfant ne pouvant point forcer son père à le reconnaître, il est juste que, par réciprocité, l'on ne puisse le forcer à être reconnu par son père;

Que telle est la disposition du droit romain, *inviti filii naturales non rediguntur in patriam potestatem (a).* — *Generaliter*

(a) L. 11. ff., *de his qui sui vel alieni juris sunt,* lib. 1, tit. 6.

autem in omnibus qui per praedictos modos deducuntur ad legitimum jus, tunc hoc volumus obtinere, dum et filii hoc ratum habuerint (a), et que, d'après le Code Napoléon lui-même, le mineur une fois émancipé ne peut plus être remis en puissance malgré lui, puisqu'il faut qu'il ait abusé de son émancipation (485 et 486), pour qu'on soit admis à lui en retirer le bénéfice;

Que la reconnaissance d'un enfant naturel ne peut être considérée que comme un bienfait, ou comme une charge : si c'est un bienfait, *beneficium invito non datur :* si c'est une charge, *nolens, obligationem non contrahit;*

Qu'enfin, si le père pouvait reconnaître un enfant malgré lui, il pourrait aussi le priver de la faculté que la loi lui accorde de rechercher sa mère, lorsque cette recherche le conduirait à découvrir l'inceste ou l'adultère.

Nonobstant ces raisonnemens nous croyons que l'acceptation de l'enfant naturel n'est point nécessaire à la validité de son acte de reconnaissance, et qu'il ne peut s'y opposer autrement qu'en prouvant que le père qui l'a reconnu n'est réellement pas le sien, ou que l'acte de reconnaissance est contraire à la loi.

1º. Dans tout le Code on ne lit nulle part que l'acceptation de l'enfant soit nécessaire. Loin de là, la manière dont la reconnaissance doit être faite suppose qu'elle ne doit point être acceptée.

____

(a) Novel 89, cap. 11.

L'enfant doit être reconnu par acte authentique, s'il ne l'a été *par son acte de naissance* (334); la reconnaissance faite par l'acte de naissance n'est certainement pas acceptée; donc elle n'a pas besoin de l'être, quand elle a lieu par un acte postérieur qui ne fait que suppléer au déficit de la déclaration non consignée dans le registre des naissances.

2°. Suivant l'article 339 du Code, l'acte de reconnaissance peut être combattu par tous ceux qui y ont intérêt : cette disposition est absolument générale, et rien ne distingue la condition de l'enfant de celle de tous autres ; il faut donc qu'il combatte la reconnaissance comme supposant une fausse paternité, ou comme contraire à la loi; donc l'acte existe par lui-même et a toute sa force sans acceptation, et malgré son opposition; car s'il suffisait à l'enfant de manifester une volonté contraire, pour le détruire, il ne serait pas obligé de le combattre comme toute autre personne intéressée.

3°. Si le père ne peut être forcé à reconnaître un enfant né hors le mariage, c'est par rapport à l'incertitude qu'il y a sur le fait de la paternité ; mais lorsque cette incertitude n'existe pas pour lui, et qu'il veut obéir aux sentimens de la nature, en faisant la reconnaissance, comment le simple refus de l'enfant pourrait-il être suffisant pour paralyser la volonté du père? Le droit naturel impose au fils lui-même l'obligation de ne pas méconnaître son père; il ne peut donc s'opposer à la reconnaissance, uniquement parce qu'il préférerait n'être pas reconnu.

L'acte de reconnaissance est moins un contrat que la déclaration ou la confession d'un fait; ce n'est pas de cet acte, mais du fait de la paternité que dérive le principe des droits que la loi y attache. S'il ne s'agissait ici que d'un contrat passé entre le père et le fils, sans doute il ne pourrait exister sans la volonté de ce dernier; mais le fait de la paternité est indépendant de la volonté de l'enfant.

La loi accorde au père, comme premier juge de sa paternité, le droit d'en faire la déclaration; l'acte de reconnaissance est parfait par sa seule volonté; donc le fils ne peut s'y soustraire qu'au moyen de la preuve contraire.

La défense du fils peut tendre ou à établir que l'acte de reconnaissance énonce en fait, une fausse paternité, ou qu'il est contraire à la loi; comme, par exemple, s'il avait déjà été reconnu par sa mère, et que la reconnaissance que le père voudrait faire ensuite, pût conduire à la découverte d'un inceste ou d'un adultère, il pourrait alors s'y opposer pour faire déclarer nulle la reconnaissance, comme contraire à la loi, et il y aurait intérêt, pour conserver les droits résultant de sa maternité.

CHAPITRE TROIS.

De l'adoption.

L'adoption fut inventée pour la consolation de ceux qui n'ont point d'enfans, ou qui auraient eu le malheur de les perdre. Son usage remonte aux temps les plus reculés : elle était pratiquée chez les Grecs et chez les Romains ; elle le fut aussi en France sous les Rois de la première race (*a*) ; mais elle avait cessé d'y être usitée sous ceux de la seconde.

La nouvelle législation française a rendu cet aliment à l'amour paternel. C'est le 18 janvier 1792 que l'Assemblée nationale en a décrété le principe, et c'est seulement par le Code Napoléon qu'on en a prescrit les formes et déterminé les effets.

L'adoption, renfermée dans de justes limites, est une institution vraiment libérale et salutaire.

Elle donne à l'homme privé de postérité, la faculté de reposer ses affections sur celui qu'il aura choisi pour lui tenir lieu d'enfant : en suppléant à la nature, elle présente un appui à la vieillesse, et fournit au cœur généreux le plus beau moyen d'exercer la bienfaisance.

Elle est précieuse à l'humanité, puis-

____

(*a*) Voyez dans les formules de Marculphe, *lib.* 2, *cap.* 13 *Capitular.*, tom. 2, pag. 413, 480 et 526.

qu'elle offre du secours à l'indigence ; que par elle l'orphelin retrouve un père, la faiblesse un protecteur, et la jeunesse un guide.

Son usage est utile à la société, parce que c'est l'éducation qui forme les citoyens, et que l'enfant abandonné trouve dans le père adoptif qui l'élève et prend soin de sa jeunesse, les moyens d'être plus utile un jour à sa patrie.

Une institution aussi bienfaisante était donc digne de trouver sa place dans le Code Napoléon ; mais on devait aussi en déterminer les conditions et en régler l'usage, soit à l'égard de la famille impériale, soit à l'égard des autres citoyens.

Suivant l'article 4 du sénatus-consulte organique du 28 floréal an 12, « Napoléon » Bonaparte peut adopter les enfans ou » petits-enfans de ses frères, pourvu qu'ils » aient atteint l'âge de dix-huit ans accom- » plis, et que lui-même n'ait point d'enfant » mâle au moment de l'adoption.

» Ses fils adoptifs entrent dans la ligne » de sa descendance directe.

» Si, postérieurement à l'adoption, il » lui survient des enfans mâles, ses fils » adoptifs ne peuvent être appelés qu'après » la descendance naturelle et légitime.

» L'adoption est interdite aux successeurs » de Napoléon Bonaparte et à leurs des- » cendans. »

A l'égard des autres membres de la Maison impériale, l'article 12 des statuts du 30 mars 1806, déclare qu'ils « ne peuvent,

» sans le consentement exprès de l'Empe-
» reur, ni adopter, ni se charger de tu-
» telle officieuse, ni reconnaître leurs en-
» fans naturels. »

Nous diviserons ce chapitre en quatre sections :

Dans la première, nous examinerons ce que c'est que l'adoption, telle qu'elle est admise dans le Code Napoléon ;

Dans la seconde, quelles sont les conditions requises pour pouvoir adopter ;

Dans la troisième, quelles sont les formes suivant lesquelles on doit procéder à l'adoption ;

Dans la quatrième, enfin, quels sont les effets de l'adoption.

SECTION Iere.

Ce que c'est que l'adoption.

L'adoption est un acte solennel par lequel l'adopté, sans changer de famille, acquiert les droits de filiation civile à l'égard de l'adoptant seulement.

C'est un acte solennel, puisqu'il doit être revêtu du sceau de l'autorité publique, comme nous le verrons plus bas.

Cette institution supplétive de la vraie paternité, n'en est qu'une image imparfaite, dans notre législation, puisque l'adopté ne change pas de famille, et qu'il conserve au contraire tous les droits dépendant de sa filiation naturelle.

Sous le rapport de la diversité des conditions requises pour l'adoption, on peut en distinguer trois espèces, qui sont l'adoption purement gracieuse, l'adoption rémunératoire et l'adoption testamentaire.

L'adoption gracieuse est celle qui a le caractère d'une pure libéralité de la part de l'adoptant : elle est soumise à toutes les conditions établies par la loi.

L'adoption rémunératoire est celle qui a lieu dans la vue, de la part de l'adoptant, d'être reconnaissant envers l'adopté qui, par un acte de dévouement, lui a sauvé la vie, soit dans un combat, soit en le retirant des flammes, soit en le retirant des flots. (345)

L'adoption testamentaire est celle qui est faite par testament, de la part du tuteur officieux qui meurt avant la majorité de son pupille, mais après cinq ans révolus depuis le commencement de la tutelle. (366)

SECTION II.

Des conditions requises pour l'adoption.

L'adoption n'étant qu'une image imparfaite de la vraie paternité, ne doit pas lui être rigoureusement conforme ; néanmoins comme image imparfaite, elle doit imiter au moins imparfaitement la nature et ne pas lui être contraire.

Elle produit les droits de filiation pour l'adopté, mais sans rien ajouter au nombre des citoyens : elle modifie l'état civil du père et du fils adoptifs, mais elle est stérile quant à la reproduction de l'espèce ; elle doit donc être soumise à des conditions telles qu'elle ne puisse nuire à la fécondité du mariage.

Cette institution cesserait d'être libérale, si elle devenait injuste : elle perdrait son caractère de bienfaisance, si elle pouvait porter atteinte aux droits acquis à des tiers.

Elle opère sur l'état des personnes, qui doit être essentiellement immuable; il serait donc contraire à sa nature de l'admettre entre ceux qui ne peuvent s'engager irrévocablement.

Les noms de fils et de père rappellent essentiellement l'idée de l'amour et de la reconnaissance : celui à qui la nature n'a point accordé les douceurs de la paternité, ne doit donc en recevoir le titre qu'autant qu'il est éprouvé dans l'habitude des sentimens de bienfaisance sur lesquels elle repose.

C'est d'après ces idées qu'on a soumis la faculté d'adopter, à diverses conditions plus ou moins rigoureuses suivant les diverses espèces d'adoption.

§ 1er.

Des conditions requises pour l'adoption gracieuse.

L'adoption gracieuse est soumise à toutes les conditions suivantes :

1º. L'adoptant doit être âgé de plus de cinquante ans (343) : tant que le mariage peut avoir des attraits pour lui, ou tant qu'on peut raisonnablement espérer des enfans de lui, la loi ne l'admet point à participer à la paternité qui résulte de l'adoption.

2º. L'adoptant ne doit avoir, à l'époque de l'adoption, ni enfans ni descendans légitimes (343), parce que l'image destinée à suppléer la réalité, ne doit point concourir avec elle, ni les enfans de la fiction nuire aux droits acquis à ceux du mariage.

3º. Nul époux ne peut adopter entre-vifs qu'avec le consentement de l'autre conjoint (344), parce que les conditions de leur association seraient injustement blessées, si cette nouvelle charge n'était consentie par toutes parties intéressées.

4º. L'adoptant doit avoir au moins quinze ans de plus que l'adopté (343), parce que l'adoption doit, dans ses rapports civils, imiter la nature.

5º. Nul ne peut être adopté par plusieurs, si ce n'est par deux époux (344), parce qu'un individu ne peut avoir plusieurs pères ou plusieurs mères, ni légitimement appartenir à un père et à une mère qui ne seraient pas unis par les liens du mariage.

6º. L'adoption ne peut avoir lieu qu'à l'égard de l'individu qui, étant mineur, aura reçu, pendant six ans au moins, des secours et des soins non interrompus, de la part de l'adoptant (345), parce qu'il faut que l'expérience des bienfaits d'un côté et de la reconnaissance de l'autre, garantissent dans le père et l'enfant adoptifs, un attachement mutuel, correspondant au titre honorable de père et d'enfant.

Il faut, de la part de l'adopté, qu'il soit majeur ; qu'il rapporte le consentement de ses père et mère ou du survivant des deux, s'il n'a point encore sa vingt - cinquième année accomplie, ou qu'il ait requis leur conseil, s'il est majeur de vingt - cinq ans. (346)

Il doit être majeur, parce qu'il n'appartient qu'au majeur de souscrire un contrat qui opère des engagemens indissolubles.

Le consentement des père et mère est nécessaire jusqu'à l'époque où la loi rend l'homme maître de sa destinée, parce qu'ils sont intéressés dans un acte qui porte sur l'état de leur enfant.

Leur conseil est requis même après vingt-cinq ans, parce qu'à tout âge le jugement paternel doit être respecté.

La disposition de la loi, sur la volonté des ascendans relativement à l'adoption, diffère en plusieurs points de celle qui statue sur le même objet à l'égard du mariage des enfans.

1°. Dans le cas du mariage, le consentement des ascendans n'est nécessaire à la fille que jusqu'à l'âge de vingt - un ans accomplis (148), tandis que dans l'adoption le consentement des père et mère lui est nécessaire jusqu'à l'âge de vingt - cinq ans révolus (346), comme aux garçons.

2°. Lorsqu'il est question du mariage, en cas de dissentiment entre les père et mère, le consentement du père suffit (148); mais la loi ne fait pas cette distinction quand il s'agit de l'adoption : elle exige le consentement des père et mère, s'ils sont vivans tous deux (346); d'où il résulte qu'en cas de dissentiment entr'eux, le consentement du père ne suffirait pas.

3°. A défaut de père et mère, le consentement des autres ascendans est nécessaire dans le mariage (150) : la loi ne prescrit rien de semblable pour l'adoption.

4°. La fille, depuis vingt-un ans jusqu'à vingt-cinq, et le fils, depuis vingt-cinq jusqu'à trente, doivent requérir le conseil de leurs ascendans, par trois actes respectueux (152), quand il s'agit du mariage; tandis que la loi n'exige pas cette forme pour l'adoption (346) : d'où il faut conclure qu'un seul acte suffit dans les cas où il est prescrit.

§ 2.

Des conditions requises pour l'adoption rémunératoire.

L'adoption rémunératoire n'est admise par la loi qu'envers celui qui aurait sauvé la vie à l'adoptant, soit dans *un combat*, soit en le retirant *des flammes* ou *des flots* (345); et comme la loi ne se relâche ici des conditions ordinaires, que pour les cas d'exception qu'elle détermine, nous croyons qu'il ne serait pas permis d'en ajouter d'autres.

Cette espèce d'adoption étant méritée par un acte éclatant de dévouement de la part de l'adopté, est soumise à moins de conditions, parce que la loi ne doit pas comprimer les sentimens de reconnaissance inspirés par la nature.

Celui qui veut, par ce moyen, transmettre son nom et ses biens à son libérateur, est dispensé,

1°. De la règle qui veut que l'adoptant soit âgé de plus de cinquante ans ; il lui suffit d'être majeur.

2°. Il n'est point soumis à celle qui exige une majorité de quinze ans dans l'âge de l'adoptant sur celui de l'adopté ; il suffit que le premier soit plus âgé que l'autre.

3°. Le service signalé que l'adoptant a reçu, suffit pour la garantie de son attachement : il le dispense des secours et des soins qu'il faut, dans les cas ordinaires, que l'adoptant ait fournis à l'adopté pendant six ans de sa minorité.

L'adoption rémunératoire est donc dispensée de trois des conditions requises pour l'adoption gracieuse ; mais elle est soumise à toutes les autres. (345 et 346)

§ 3.

Des conditions requises pour l'adoption testamentaire.

L'adoption testamentaire est aussi soumise à moins de conditions que l'adoption ordinaire.

1°. Elle peut être faite après cinq ans révolus depuis le commencement de la tutelle officieuse (366), tandis que l'adoption ordinaire doit être précédée de six ans au moins de secours fournis et de soins donnés sans interruption à l'adopté, pendant sa minorité. (345)

2°. L'adoption testamentaire a lieu en faveur du mineur (366), tandis que dans tous autres cas (346) elle ne peut être faite qu'au profit d'un majeur.

3°. Pour l'adoption testamentaire l'époux adoptant n'a pas besoin du consentement de l'autre époux (344), tandis que, pour l'adoption entre-vifs, ce consentement est toujours requis.

Section III.

Des formes de l'adoption.

L'adoption, comme nous l'avons dit plus haut, peut avoir lieu soit par acte entre-vifs, soit par acte de dernière volonté ; et sous ce double rapport elle ne peut être soumise aux mêmes formalités, parce que les formes des contrats ne sont pas les mêmes que celles des testamens.

§ 1er.

Formes de l'adoption entre-vifs.

Lorsqu'il s'agit de l'adoption entre-vifs,

le contrat en doit être passé par les parties, devant le juge de paix du domicile de
l'adoptant. (353)

Tout finirait là s'il s'agissait d'un contrat
ordinaire; mais l'adoption porte sur l'état de
la personne, et ce qui appartient à cet état
n'est pas à la libre disposition de l'homme;
il faut le concours de l'autorité publique
pour le régler.

En conséquence, une expédition du contrat doit être, dans les dix jours, remise,
par la partie la plus diligente, au procureur
impérial près le Tribunal d'instance, pour
en requérir l'homologation. (354)

Après avoir vérifié si toutes les conditions de la loi sont remplies, et s'être assuré
si l'adoptant jouit d'une bonne réputation,
le procureur impérial entendu, le Tribunal,
réuni en la chambre du conseil, prononce
s'il *y a lieu*, ou s'il *n'y a pas lieu à l'adoption*, sans motiver son jugement, parce
qu'autrement ce serait un acte de diffama-
tion envers celui qui se proposait d'adopter,
si le rejet de l'adoption se trouvait fondé
sur son inconduite. (355 et 356)

Dans le mois qui suit le jugement du Tribunal de première instance, ce jugement
est soumis, sur les poursuites de la partie la
plus diligente, à la Cour d'appel, qui, après
avoir instruit suivant les mêmes formes (357),
confirme ou infirme la sentence, et admet
en conséquence, ou rejette l'adoption, sans
motiver son arrêt; mais après l'avoir déli-
béré dans la chambre du conseil, elle doit

le prononcer à l'audience, si l'adoption est admise, et en ordonner l'affiche en tel lieu qu'elle juge convenable. (358)

Dans cette procédure toute particulière, quoique les juges aient à former leur opinion sur la réputation bonne ou mauvaise dont l'adoptant jouit, la loi ne leur permet pas de s'éclairer sur ce point, par la voie des enquêtes publiques : le législateur n'a pas voulu qu'un projet aussi généreux que celui d'adopter, ne servît qu'à flétrir la personne qui l'aurait conçu, ni que l'appareil d'une information redoutable pût en éloigner ceux qui auraient eu dessein de le faire. En conséquence les Tribunaux doivent prononcer en cette matière d'après les renseignemens qu'ils peuvent recueillir sans enquête publique, par tous moyens honnêtes et propres à s'assurer de la moralité de l'adoptant.

L'arrêt qui permet l'exécution du contrat passé entre l'adoptant et l'adopté, ne constitue pas encore l'adoption : image de la paternité naturelle, cette naissance civile doit être consignée sur le registre de l'état civil : c'est par-devant l'officier public dépositaire de ce registre qu'elle doit recevoir son dernier complément ; c'est là qu'elle doit être irrévocablement consommée.

En conséquence, à vue d'une expédition de l'arrêt de la Cour d'appel, et dans les trois mois de la date de cet arrêt, l'adoption doit être inscrite sur le registre de l'état civil du lieu où l'adoptant a son domicile, à la réquisition de l'une ou l'autre des parties; faute de quoi, et passé ce délai, elle restera sans effet. (359)

Si l'adoptant vient à mourir après le contrat d'adoption passé, mais avant qu'il ait été homologué par les Tribunaux, l'instruction est continuée, parce qu'il y a déjà un droit acquis, et l'adoption doit être admise s'il y a lieu; mais si les héritiers de l'adoptant la prétendaient inadmissible, la loi les autorise à remettre au procureur impérial tous mémoires et observations à ce sujet. (360)

§ 2.

Formes de l'adoption testamentaire.

La loi ne prescrit aucune forme particulière pour l'adoption testamentaire; elle déclare seulement que « si le tuteur offi- » cieux, après cinq ans révolus depuis la » tutelle, et dans la prévoyance de son dé- » cès avant la majorité du pupille, lui con- » fère l'adoption *par acte testamentaire*, » cette disposition sera valable, pourvu que » le tuteur officieux ne laisse point d'enfans » légitimes. » (366)

On voit par ces expressions que le législateur ne manifeste ici aucune prédilection pour une forme de testament plutôt que pour l'autre, d'où il faut conclure qu'il est permis d'adopter, soit par testament olographe, soit par testament public, soit par testament mystique ou secret; mais comme il est de la nature des choses, qu'un acte nul ne produise aucun effet, il faut en conclure aussi que le testament par lequel on veut adopter, doit être revêtu de toutes les formes nécessaires à son espèce, pour que l'adoption y renfermée soit valable.

Puisque le Code Napoléon, statuant sur l'adoption testamentaire, ne la soumet à aucune autre forme qu'à celles exprimées dans le texte que nous venons de transcrire, il résulte de là :

1°. Qu'on ne doit point poursuivre, près les Tribunaux, l'homologation de cette espèce d'adoption, attendu que la loi ne l'exige pas, et qu'après le décès du testateur, il n'y a plus d'information à prendre sur sa moralité ;

2°. Qu'on n'est point obligé non plus de faire inscrire cette adoption sur le registre des actes civils, parce qu'il n'est pas permis d'exiger une forme non prescrite par la loi. D'ailleurs, quelle que soit l'espèce du testament, la minute doit rester ou être remise dans l'étude d'un notaire ; en sorte que ce dépôt est suffisant pour en assurer l'existence ;

3°. Que l'adoption testamentaire n'a d'abord pas le caractère d'irrévocabilité de l'adoption entre-vifs, puisqu'elle n'a lieu qu'à l'égard d'un mineur incapable de s'obliger irrévocablement, et qui, dans cet état, ne peut accepter la succession que par bénéfice d'inventaire. (461)

Section IV.

Des effets de l'adoption.

L'adoption produit des effets entre-vifs et des effets à cause de mort.

§ 1er.

Des effets entre-vifs.

Entre-vifs, l'adoption opère les engagemens d'un contrat irrévocable.

Elle confère le nom de l'adoptant à l'adopté, en l'ajoutant au nom propre de ce dernier. (347)

Elle produit les divers empêchemens de mariage dont nous avons traité ailleurs. (348)

Elle opère, entre l'adoptant et l'adopté, une obligation mutuelle de se fournir des alimens, dans les mêmes cas où cette obligation a lieu entre les père et mère et leurs enfans naturels et légitimes. (349)

Sur la nature de l'adoption, considérée comme acte entre-vifs, il faut observer que sitôt qu'elle a été consentie par-devant le juge de paix, elle a le caractère d'un contrat qui ne peut être révoqué par l'un des contractans contre le gré de l'autre ; c'est pourquoi toutes les formes ultérieures peuvent être procurées à requête de la partie la plus diligente (355, 357 et 359), sans le concours des deux ; que ce contrat n'est point

encore l'adoption, mais un moyen préparatoire pour y arriver, et qu'il peut être
révoqué par le consentement des deux parties, lors même qu'il a été homologué en
justice, tant que l'adoption n'est pas inscrite sur le registre de l'état civil, puisqu'il
suffit de ne pas procurer cette inscription
dans les trois mois de l'arrêt, pour qu'il
reste sans effet (359); mais qu'après l'inscription faite, l'adoption devient irrévocable, même par le consentement des deux
parties, parce qu'elle porte sur l'état des personnes, lequel est immuable; car, comme
on ne peut, par aucune convention, cesser
d'être le fils de celui que la nature nous a
donné pour père, de même il ne serait pas
permis de se jouer des lois en abdiquant
les qualités de fils et de père adoptifs, dès
qu'elles sont acquises dans toutes les formes:
c'est pourquoi l'adoption entre-vifs ne peut
avoir lieu qu'à l'égard du majeur.

L'adoption n'est donc véritablement opérée que par l'inscription qui en est faite
sur le registre de l'état civil, puisqu'elle n'a
aucun effet auparavant; et de là il résulte
que c'est à cette époque qu'il faut se fixer
pour déterminer la capacité de l'adoptant;
que si, par exemple, il lui était survenu un
enfant légitime, depuis le contrat passé, mais
avant la naissance civile de l'enfant adoptif,
opérée par l'inscription sur le registre de
l'état civil, l'adoption ne pourrait plus être
valablement consommée.

§ 2.

Des effets à cause de mort.

Les effets à cause de mort, opérés par l'adoption, sont relatifs à la successibilité du fils et du père adoptifs. Pour en bien saisir le principe et en apprécier l'étendue, il faut observer que l'adopté ne change point de famille, et que l'adoption n'est relative qu'à la personne de l'adoptant, auquel elle fournit un moyen légal de transmettre son nom et ses biens à l'enfant adoptif ; et de là il résulte :

1º. Que l'adopté n'acquiert aucun droit de successibilité sur les biens des parens de l'adoptant, puisqu'il n'entre pas dans leur famille, et que le contrat de l'adoption n'est que purement personnel entre l'adoptant et l'adopté ;

2º. Que l'adopté a, sur la succession de l'adoptant, les mêmes droits que l'enfant né en mariage, même quand il y aurait des enfans de cette dernière qualité survenus depuis l'adoption (350) ; parce qu'il est aussi considéré comme l'enfant de la loi, et que c'est principalement pour cette transmission d'hérédité que l'adoption a été établie ;

3º. Que l'adopté conserve tous ses droits de successibilité dans sa famille naturelle, puisqu'il n'en change pas ; (348)

4º. Que l'adopté étant admis à succéder

à ses parens naturels, ceux-ci doivent aussi, par réciprocité, être admis à recueillir sa succession; mais que l'adoption étant un bénéfice personnel pour l'adopté, les parens naturels qui lui succèdent ne doivent point profiter, au préjudice de l'adoptant, des choses données par celui-ci à l'adopté.

En conséquence, si l'adopté meurt sans descendans légitimes, les choses données par l'adoptant ou recueillies dans sa succession, et qui existent encore en nature, retournent à l'adoptant ou à ses descendans seulement, à la charge de contribuer aux dettes, et sans préjudice des droits acquis à des tiers; le surplus des biens de l'adopté est dévolu à ses parens naturels. (351)

Si, du vivant de l'adoptant, et après le décès de l'adopté, les enfans ou descendans laissés par celui-ci meurent eux-mêmes sans postérité, l'adoptant succède toujours, aux mêmes conditions et charges, aux choses par lui données; mais alors ce droit de retour est inhérent à sa personne, sans qu'il puisse le transmettre à ses héritiers, même en ligne directe. (352)

Nous terminerons ce chapitre comme le précédent, par l'examen de quelques-unes des questions relatives à la matière.

1ere. QUESTION. L'enfant naturel peut-il être adopté par les père et mère qui l'ont reconnu?

Nous croyons qu'on doit résoudre cette

question dans un sens affirmatif, par les raisons suivantes :

1º. L'adoption ne peut être illégale lorsqu'elle réunit toutes les conditions exigées par la loi : or, elle peut les réunir toutes, même lorsqu'elle serait faite au profit d'un enfant naturel reconnu, puisqu'il n'y en a aucune qui s'oppose à ce qu'on lui accorde ce bénéfice ; on ne peut donc pas dire qu'elle ne saurait avoir lieu à son égard.

2º. Suivant la discussion rapportée par M. Locré (a), cette question a été ainsi décidée par le Conseil d'état qui, lors de la rédaction définitive du Code, a supprimé un article contraire qui avait été proposé par la section de législation ; et c'est par cette raison que, dans les conditions prescrites par la loi pour l'adoption, nous n'en trouvons aucune qui en écarte les enfans naturels reconnus.

3º. Supposons qu'un mari et une femme aient eu ensemble un enfant avant leur mariage, et qu'ils ne l'aient pas légitimé ; comment leur refuserait-on le droit de l'adopter, tandis qu'ils auraient pu lui accorder tous les avantages de la légitimité ?

L'adoption de l'enfant naturel reconnu, n'a donc rien de contraire à la loi ; néanmoins la question de moralité, sur la bonne ou mauvaise conduite des père et mère, reste toujours dans le domaine du juge.

2º. QUESTION. Si, du vivant du père

______

(a) Tom. 4, pag. 310 et suiv.

adoptif, l'adopté meurt, mais laissant des enfans légitimes, ceux-ci auront-ils le droit de recueillir la succession de l'adoptant par représentation de leur père?

Cette question était affirmativement décidée dans le droit romain, *ex adoptivo natus, adoptivi locum obtinet in jure civili* (*a*); mais elle n'est pas textuellement résolue dans le Code Napoléon; néanmoins il nous paraît qu'on doit suivre la décision consignée dans la loi romaine, parce qu'elle est conforme à l'esprit dans lequel l'adoption a été instituée parmi nous.

Lorsque l'adopté meurt, il transmet à ses enfans les biens qu'il avait reçus de l'adoptant; et si ces enfans meurent encore avant l'adoptant, celui-ci leur succède dans les biens provenans de lui (352), comme il aurait succédé à l'adopté mort sans postérité: on doit donc admettre, par réciprocité, les enfans à représenter leur père dans la succession de l'adoptant, puisque celui-ci leur succède de la même manière qu'il aurait succédé à leur père.

3e. QUESTION. L'enfant adoptif a-t-il le droit de réserve légale?

Nous croyons qu'ouï, puisqu'il a sur la succession de l'adoptant les mêmes droits que ceux qu'y aurait l'enfant né en mariage. (350)

4e. QUESTION. L'adoption peut-elle avoir

(*a*) L. 27, ff. *de adoption.*, lib. I, tit. 7.

pour effet d'opérer la révocation des donations, comme par survenance d'enfant?

Il nous paraît que non, parce que la donation entre-vifs est essentiellement irrévocable dans tous les cas non exceptés; que les articles du Code qui la déclarent révoquée par survenance d'enfant, ne parlent que des enfans légitimes ou légitimés, mais *nés depuis la donation* (960, 962, 964), et que ce serait donner un sens forcé à ces expressions, de les entendre de la naissance civile qui a lieu par l'adoption.

Si la donation est révoquée par survenance d'enfant, c'est parce que l'amour paternel est tel que la loi présume que la libéralité n'a été faite que sous cette condition; mais ce motif n'existe pas à l'égard de l'enfant adoptif. Il est plutôt ici comparable à un étranger qui reçoit une libéralité, après une donation précédente déjà faite à un autre.

5e. QUESTION. Est-ce au père adoptif, ou au père naturel, à consentir au mariage du fils mineur de vingt-cinq ans?

Par l'adoption, le fils n'a point changé de famille; il conserve donc ses droits et ses devoirs dans sa famille naturelle (348); c'est donc le père naturel qui doit consentir à son mariage, puisqu'il conserve la puissance paternelle sur lui.

CHAPITRE QUATRE.

De la tutelle officieuse.

Qu'est-ce que la tutelle officieuse?
À quelles conditions est-elle soumise?
Dans quelles formes doit-elle être donnée?
Quels sont ses effets?

SECTION Iere.

Qu'est-ce que la tutelle officieuse?

La tutelle officieuse est un contrat de bienfaisance, par lequel celui qui la reçoit, se charge d'administrer *gratis* la personne et les biens du pupille, et s'oblige en outre de l'élever à ses frais et de le mettre en état de gagner sa vie.

C'est un contrat de bienfaisance, puisqu'il est tout à l'avantage du pupille.

La tutelle officieuse a été instituée comme un moyen préparatoire à l'adoption, sans néanmoins en être une condition nécessaire.

Pour l'adoption gracieuse, la loi exige que l'adoptant ait, pendant six années, fourni des secours à l'adopté mineur : cette condition, quoique nécessaire, peut avoir été remplie par le fait et sans engagement préalable; mais on peut aussi, pour s'assurer davantage des dispositions de celui qui se propose d'adopter, traiter d'abord avec lui sur cet objet, sauf à consentir ensuite l'adoption, si on le juge convenable, quand le pupille sera devenu majeur : tel est le but de la tutelle officieuse.

Dans le cas de l'adoption préparée par les moyens ordinaires, celui qui se proposait d'adopter le mineur dont il avait commencé à prendre soin, peut impunément changer de projet sans être responsable de rien, parce qu'il répugne qu'un premier bienfait auquel on n'était pas tenu, fournisse l'obligation d'en fournir encore d'autres.

Au contraire, dans le cas de la tutelle officieuse, celui qui en a pris la charge, ne peut plus abandonner son pupille sans être tenu à l'indemniser des soins qu'il s'était engagé à avoir pour lui.

Section II.

Des conditions requises pour la tutelle officieuse.

L'usage de la tutelle officieuse, comme celui de l'adoption, doit être tel qu'il ne puisse porter atteinte aux droits des tiers ni affaiblir les dispositions au mariage, tant qu'elles sont dans l'ordre de la nature et dans l'intérêt de la société.

Il faut en conséquence, 1º. que celui qui veut devenir tuteur officieux ait plus de cinquante ans ; (361)

2º. Qu'il n'ait ni enfant ni descendant légitime.

3º. Nul époux ne peut devenir tuteur of-

ficieux qu'avec le consentement de son conjoint. (362)

4°. Il faut le consentement des père et
mère du pupille ou du survivant des deux,
ou, à leur défaut, d'un conseil de famille,
ou enfin, si l'enfant n'a point de parent
connu, il faut le consentement des administrateurs de l'hospice où il aura été recueilli, ou de la municipalité de sa résidence (361), parce que le pupille étant sans
volonté légale, les administrateurs de sa
personne doivent stipuler pour lui dans le
contrat.

5°. La tutelle officieuse ne peut avoir lieu
qu'au profit des enfans âgés de moins de
quinze ans (364), parce qu'elle est instituée
comme moyen préparatoire de l'adoption,
et que pour atteindre ce but il faut qu'elle
oblige le tuteur à fournir des secours au
pupille pendant six ans de minorité.

Section III.

*Dans quelles formes la tutelle officieuse
doit-elle être constituée?*

Le contrat de la tutelle officieuse doit être
passé devant le juge de paix du domicile de
l'enfant (363), entre le tuteur officieux d'une
part, et les personnes qui stipulent pour le
mineur, d'autre part.

On n'est point obligé de recourir à l'homologation des Tribunaux, comme pour
l'adoption, parce qu'on n'y recourt point

pour la dation de la tutelle ordinaire, et que sous le rapport des autres engagemens compris dans la tutelle officieuse, elle n'est qu'un simple contrat sur des secours et des soins qui sont à la disposition de celui qui les promet, et pour lesquels il n'est conséquemment pas besoin de l'intervention de l'autorité publique.

SECTION IV.

Des effets de la tutelle officieuse.

La tutelle officieuse produit des effets comme tutelle, comme contrat, et comme moyen préparatoire à l'adoption.

§ 1er.

Des effets comme tutelle.

Si le pupille était antérieurement en tutelle, l'administration de sa personne, comme celle des biens qui peuvent lui appartenir ou lui arriver par la suite, passe au tuteur officieux (365), qui dès-lors remplit toutes les fonctions d'un tuteur ordinaire, chargé de rendre compte à la fin de sa gestion. (370)

Il résulte de là que les père et mère qui ont consenti à la tutelle officieuse de leur enfant, ne conservent pas sur lui la tutelle qu'ils avaient précédemment, puisque cette charge passe au tuteur officieux ; mais comme ils n'aliènent que la tutelle, il en résulte aussi qu'ils conservent tous les droits de la puissance paternelle, et qu'eux seuls pourraient, à l'exclusion du tuteur officieux, user du droit de détention correctionnelle à l'égard de leur enfant.

§ 2.

Des effets de la tutelle officieuse comme contrat de bienfaisance.

Le tuteur officieux est obligé de nourrir et élever son pupille, et de le mettre en état de gagner sa vie (364); et il doit fournir à tous ces genres de dépense, sur ses biens propres, sans pouvoir les imputer sur les revenus du pupille s'il en a. (365)

Cette obligation du tuteur officieux doit être considérée sous deux aspects différens, ou en tant qu'elle porte sur les soins auxquels il s'est obligé, ou en tant qu'elle est relative aux alimens nécessaires à l'enfant.

Sous le premier rapport elle est purement personnelle dans le tuteur, et s'éteint par sa mort.

Mais sous le second aspect, elle est réelle et passe à la charge de ses héritiers.

En conséquence, s'il vient à mourir avant la majorité de son pupille et sans lui avoir conféré l'adoption testamentaire, ou pourvu d'une autre manière à ses alimens, il doit être fourni à celui-ci, durant sa minorité, des moyens de subsister, dont la quotité et l'espèce sont amiablement réglées entre son

représentant et ceux du tuteur, ou judiciairement en cas de contestation. (367)

L'article 369 du Code porte que « si dans
» les trois mois qui suivront la majorité du
» pupille, les réquisitions par lui faites à
» son tuteur officieux, à fin d'adoption, sont
» restées sans effet, et que le pupille ne se
» trouve point en état de gagner sa vie, le
» tuteur officieux pourra être condamné à
» indemniser le pupille de l'incapacité où
» celui-ci pourrait se trouver de pourvoir
» à sa subsistance. »

Plusieurs conséquences remarquables résultent de cette disposition de la loi :

La première; que si c'est le mineur lui-
même qui, devenu majeur, renonce aux
avantages de l'adoption, il ne lui est dû aucune indemnité, puisque la loi ne lui accorde le droit d'en exiger, qu'en tant qu'il
a inutilement requis l'adoption.

La seconde; qu'il est censé y avoir renoncé et n'a plus aucune indemnité à prétendre, si, depuis sa majorité acquise, il
a laissé écouler trois mois, sans faire à son
tuteur aucune réquisition à fin d'adopter.

La troisième; que la loi ne distinguant
pas si c'est par le refus du tuteur, ou par
toutes autres causes, que les réquisitions à
fin d'adopter sont restées sans effet, l'indemnité est due même dans le cas d'un empêchement involontaire de la part du tuteur,
parce que sa négligence à mettre le pupille
en état de gagner sa vie, lui serait toujours
imputable.

La quatrième; qu'en décidant que le tuteur officieux *pourra être* condamné à cette indemnité, la loi suppose qu'il peut aussi éviter d'être condamné, en prouvant qu'il n'y a point eu de sa faute, et que l'incapacité de son mineur n'est due qu'à lui-même.

Mais si, dans les trois mois donnés au mineur pour requérir l'adoption, et avant aucune action ouverte à ce sujet, le tuteur venait à mourir, ses héritiers seraient-ils passibles de l'indemnité?

Nous croyons qu'on doit adopter l'affirmative, parce qu'une obligation toute pécuniaire dans son objet, doit peser sur la succession de celui qui en était le débiteur.

Nous terminerons ce paragraphe en observant que toutes les obligations contractées par le tuteur officieux, sont, dans leur principe, essentiellement inhérentes à sa charge, parce que c'est là ce qui constitue le caractère bienfaisant de cette institution : mais quant au mode d'exécution, ou à la manière d'y satisfaire, ils peuvent être prévus et arrêtés par le contrat de la tutelle, et ce n'est que dans le silence des parties, que la loi a établi les règles dont nous venons de parler.

Ainsi, on peut stipuler dans le traité de la tutelle, de quelle manière le pupille sera nourri et élevé par son tuteur; quel genre d'éducation lui sera donné; quelle profession, quel art, quel métier lui seront enseignés (364). On peut y prévoir le cas de mort du tuteur avant la majorité du pupille, et régler en conséquence les secours qui seront dus à celui-ci, par les héritiers de l'autre (367). On peut y déterminer d'avance la nature et le montant de l'indemnité qui pourra être due au mineur, si, son éducation ayant été négligée, il se trouve parvenu à sa majorité, sans être en état de gagner sa vie. (369)

§ 3.

Des effets de la tutelle officieuse par rapport à l'adoption.

Comme moyen préparatoire de l'adoption, la tutelle officieuse donne à celui qui en est revêtu la faculté de transférer son nom et ses biens, par son testament, à son pupille, si, après cinq ans révolus depuis la tutelle, et dans la prévoyance de son décès avant la majorité du pupille, il veut lui conférer l'adoption testamentaire. (366)

Elle donne aussi lieu à l'exercice de la faculté d'adopter entre-vifs, comme destinée à pourvoir aux secours et soins qui doivent préalablement avoir été fournis à l'adopté par l'adoptant, pour être admis à l'adoption gracieuse. (368)

CHAPITRE CINQ.

De la puissance paternelle.

« La puissance paternelle, dit M. Réal,
» orateur du Gouvernement, est un droit
» fondé sur la nature et confirmé par la
» loi, qui donne aux pères et mères, pen-
» dant un temps limité, et sous certaines
» conditions, la surveillance de la personne,
» l'administration et la jouissance des biens
» de leurs enfans. »

Nous disons aux *pères et mères*, parce
qu'eux seuls sont revêtus de la puissance
paternelle à l'égard de leurs enfans, suivant l'ordre déterminé par le Code. Il n'y
a d'exception qu'en ce qui concerne le mariage pour lequel les petits-fils, qui n'ont
plus leurs pères et mères, sont sous la puissance des aïeuls, sans le consentement desquels ils ne peuvent le contracter tant qu'ils
sont mineurs : hors ce cas, tous autres ascendans que les pères et mères sont étrangers
aux effets de la puissance paternelle.

Par le droit naturel, les pères et mères sont
chargés de nourrir et élever leurs enfans :
ils doivent écarter de leur berceau tous les
dangers qui peuvent l'environner ; ils doivent
les secourir et les protéger dans le premier
âge ; ils doivent présider au développement
de leurs facultés physiques et morales ; ils
doivent les diriger vers le bien, et en faire
de bons citoyens : mais l'accomplissement
de tous ces devoirs ne pourrait avoir lieu
de la part des pères et mères, si les enfans

n'étaient placés sous leur dépendance. La nature elle-même est donc la fondatrice de l'autorité paternelle ; et la loi civile, qui en règle l'exercice, ne fait qu'ériger ce pouvoir en magistrature domestique, en lui donnant des formes.

La puissance paternelle, réduite à ces termes par le Code Napoléon, est bien différente de ce qu'elle était dans le droit romain.

Chez les Romains, c'était une institution toute civile : chez nous, au contraire, elle n'est que le droit naturel mis en pratique.

Chez les Romains, elle n'appartenait qu'aux ascendans mâles, et l'aïeul seul en était revêtu sur ses fils et petits-fils : chez nous, au contraire, elle appartient au père et à la mère, à l'exclusion des ascendans supérieurs ; mais, durant le mariage, le père, comme seul chef de la famille, en a aussi seul l'exercice, et la mère n'en a que la survivance. (373)

La puissance paternelle appartient aussi, non dans toute sa plénitude, mais sous plusieurs rapports, aux pères et mères sur les enfans naturels par eux légalement reconnus (383), parce qu'elle est aussi écrite pour eux dans le Code de la nature.

La loi qui place les enfans sous l'autorité paternelle, doit, par une conséquence nécessaire, leur imposer le devoir de la subordination, et accorder aux pères et mères un pouvoir coercitif suffisant pour atteindre le but que le législateur s'est proposé : il était juste aussi que les obligations onéreuses dont elle charge les pères et mères, fussent compensées par les droits d'une jouissance utile pour eux.

C'est sous ces trois rapports de subordination dans les enfans, de pouvoir coercitif dans les pères et mères, et de droit d'usufruit légal appartenant à ceux-ci, que nous allons examiner les divers effets de la puissance paternelle.

SECTION Iere.

De la subordination des enfans.

Quoique la puissance paternelle n'étende pas ses effets civils au-delà de la majorité, néanmoins l'enfant, à tout âge, doit honneur et respect à ses père et mère (371); d'où il résulte qu'à tout âge il est non-recevable à ouvrir contr'eux aucune action qui tendrait à les déshonorer, parce qu'il ne saurait avoir un droit contraire au devoir que la loi lui impose.

Les pères et mères doivent des alimens à leurs enfans : ils leur doivent le bon exemple : ils leur doivent l'éducation : ils doivent les instruire des vérités de la religion et des principes de la morale : ils doivent, en un mot, former des citoyens, en les dirigeant vers un but honnête et utile pour eux-mêmes et pour leur patrie ; mais tous ces devoirs supposent le rapprochement et la docilité de la part des enfans : c'est pourquoi l'enfant mineur, et en puissance, ne peut quitter la maison paternelle, sans la permission du père ou de la mère survivante. (374)

Il n'y a qu'un cas excepté, c'est celui de l'enrôlement volontaire, pour lequel l'enfant peut, après dix-huit ans révolus, quitter la maison paternelle malgré ses père et mère, parce que la raison suprême du service public l'emporte sur toute autre considération; et comme l'exception confirme la règle pour tous les cas non exceptés, il faut conclure de cette disposition que, dans toute autre circonstance, même dans celle de l'enrôlement volontaire souscrit par le fils avant dix-huit ans révolus, les père et mère ont le droit de répéter l'enfant en puissance qui se serait échappé de la maison paternelle, et de l'y faire ramener.

Section II.

Du pouvoir coercitif des pères et mères.

Lorsqu'un enfant en puissance a donné, par sa conduite, des sujets graves de mécontentement à ses père et mère, la loi attache à la magistrature domestique dont ils sont revêtus, un droit de correction, par voie de détention, dont l'usage est réglé proportionnellement sur l'âge et l'état de l'enfant, et sur le plus ou le moins de confiance due aux père et mère eux-mêmes, suivant la position où ils se trouvent.

Mais comme tout ce qui appartient à la liberté des citoyens, sort des bornes du droit privé, les pères et mères sont obligés d'associer l'autorité publique dans l'exercice de ce droit de correction, et c'est le président du

Tribunal d'arrondissement de leur domicile que la loi délègue pour donner la sanction publique à leur volonté privée.

Cette détention peut avoir lieu de deux manières : ou directement par la volonté et le jugement du père, dont le président du Tribunal ne fait qu'ordonner l'exécution, sans prendre connaissance de la cause ; ou par voie de réquisition, lorsque, sur la demande du père ou de la mère, ce magistrat, en connaissance de cause, et après s'être fait rendre compte des motifs de la pétition, accorde ou refuse l'arrestation demandée.

La détention, par forme directe, ne peut frapper que les enfans âgés de moins de quinze ans révolus ; et la voie de réquisition est établie pour ceux qui ont au moins seize ans commencés, et qui sont en puissance.

Le droit de correction, par forme directe, n'est accordé qu'au père sur les enfans nés en légitime mariage ; et la détention ne peut être demandée ni accordée de cette manière pour un temps excédant un mois. (376)

La loi prend en considération le bas âge de l'enfant, pour accorder sur lui un pouvoir plus absolu au père, parce que celui-ci est moins suspect d'agir par passion, vis-à-vis d'un être plus faible ; néanmoins cette règle reçoit, dans des circonstances particulières, trois exceptions :

La première ; lorsqu'il s'agit d'un enfant du premier lit et que le père est remarié (380), parce qu'il n'est que trop fréquent que le convol à secondes noces du père, n'altère ses sentimens d'affection à l'égard des enfans du mariage précédent.

La seconde ; lorsque l'enfant a des biens personnels (382), parce qu'il serait possible qu'on voulût le forcer à des sacrifices.

La troisième ; lorsque l'enfant exerce un état (382), parce qu'on doit être plus difficile à ordonner une détention qui porterait atteinte et à son crédit et aux progrès de son industrie.

Dans ces trois hypothèses, le père ne peut faire arrêter son enfant, même au-dessous de quinze ans révolus, que par voie de réquisition.

C'est aussi par voie de réquisition seulement que, depuis l'âge de seize ans commencés dans la personne de l'enfant, et jusqu'à sa majorité ou son émancipation, le père peut demander sa détention, pour six mois au plus : à l'effet de quoi il doit s'adresser au président du Tribunal qui, après en avoir conféré avec le procureur impérial, délivre l'ordre d'arrestation, ou l'accorde pour moins de temps, ou le refuse. (377)

Le père est aussi toujours maître d'abréger la durée de la détention qu'il a ordonnée ou requise ; et si, après sa sortie, l'enfant tombe dans de nouveaux écarts, la détention peut être ordonnée de nouveau, suivant les mêmes formes. (379)

La mère n'a jamais le droit de correction, sur ses enfans légitimes, que par voie de réquisition, et elle ne peut l'exercer qu'autant qu'elle est survivante au mari, qu'elle n'est pas remariée, et que c'est concurremment avec les deux plus proches parens paternels de l'enfant, qu'elle porte sa demande au président du Tribunal. (381)

La loi ne lui accorde que le droit de survivance, dans l'exercice de cette magistrature domestique, parce que le mari en est seul revêtu en première ligne : d'où il résulte que, dans le cas du divorce prononcé même au tort du mari, la mère à laquelle on aurait confié les enfans, n'a pas le droit de correction du vivant du père.

Elle demeure privée de cette faculté en passant à de secondes noces, parce qu'elle rentre sous une domination étrangère et suspecte dans la cause des enfans du premier lit; d'où il est raisonnable de conclure que le décès du premier mari arrivant, elle rentrerait dans l'exercice de son droit.

Elle ne peut en user qu'avec le concours des deux plus proches parens paternels de l'enfant, parce que la loi veut écarter d'elle toute prise à la critique; d'où il résulte que, s'il n'y avait aucuns parens paternels, ce moyen de correction ne pourrait avoir lieu de sa part, comme subordonné à une condition qu'elle ne pourrait remplir.

Enfin, le pouvoir de la mère étant plus borné, la loi ne lui accorde pas, comme au père, le droit d'abréger la détention ordonnée par le juge, à l'égard de ses enfans légitimes.

Le droit de correction appartient aussi aux pères et mères sur leurs enfans naturels également reconnus (383); mais, dans son exercice, ils ne sont pas toujours soumis aux mêmes conditions que les pères et mères légitimes.

1°. La voie de détention directe peut toujours avoir lieu à l'égard de l'enfant illégitime, âgé de moins de quinze ans révolus; tandis que, s'il s'agit d'un enfant légitime, la loi moins rigoureuse excepte le cas où il aurait des biens personnels, et celui où il exercerait un état, et elle ne permet alors que la faculté de requérir la détention : les mêmes exceptions ne sont point ici consignées dans le Code, sans doute parce qu'il est difficile de supposer un état et des biens dans la personne d'un enfant naturel, âgé de moins de quinze ans révolus.

2°. La mère qui a reconnu son enfant né hors le mariage, a les mêmes droits de correction qu'aurait le père ; d'où il résulte qu'elle peut l'exercer seule et par voie directe, et qu'elle a toujours le droit d'abréger la détention qui aurait été ordonnée; tandis que la mère légitime, soumise à plus de conditions, n'a pas la même plénitude de pouvoirs.

Quant à la forme, il ne doit rester aucune trace de procédure écrite, si ce n'est l'ordre même d'arrestation, donné sans en énoncer les motifs; et celui qui l'a demandé, est seulement obligé de souscrire une soumission de payer les frais et de fournir des alimens à l'enfant. (378)

L'autorité paternelle cesserait d'être aussi

respectable qu'elle doit l'être, et serait com-
promise, si, pour corriger un enfant, il fallait entrer en lutte judiciaire avec lui ; il ne
doit donc point être préalablement entendu,
et dans tous les cas l'arrestation doit être exécutée par provision et avant que l'enfant soit
parvenu à réclamer : mais lorsque la détention
a lieu, et que c'est par voie de réquisition
qu'elle a été obtenue, le magistrat qui en a
donné l'ordre ayant été instruit des motifs
qui ont déterminé le père à le demander et lui
à y souscrire, si sa religion avait été surprise,
l'enfant détenu pourrait adresser un mémoire
justificatif au procureur général près la Cour
d'appel, lequel, sur cette demande, doit se
faire rendre compte par le procureur impérial
près le Tribunal de première instance, des
motifs qui ont déterminé la détention, et
ensuite faire, du tout, son rapport au président de la Cour, qui, après en avoir donné
avis au père, et après avoir recueilli tous
les renseignemens, peut révoquer ou modifier l'ordre de détention. (382)

SECTION III.

Du droit d'usufruit légal des pères et mères.

La loi accorde aux pères et mères légitimes, l'usufruit des biens appartenant à
leurs enfans, jusqu'à ce que ceux-ci aient
atteint l'âge de dix-huit ans accomplis : le
même droit n'est point accordé sur les biens
des enfans naturels, aux pères et mères qui
les ont reconnus.

Le mari seul a ce droit d'usufruit légal durant le mariage : la mère n'ayant que la survivance dans la puissance paternelle, n'a également que la survivance dans ce droit d'usufruit, lorsque le mari est prédécédé (384); et comme cette jouissance n'est accordée aux pères et mères que sur les biens de leurs enfans en puissance, il en résulte que, si durant le mariage le père les émancipe, la mère se trouve, par le fait de l'émancipation des enfans, privée de toute expectative d'usufruit légal sur leurs biens.

Les charges de cette jouissance sont : (385)

1°. Celles auxquelles sont tenus tous les usufruitiers;

2°. La nourriture, l'entretien et l'éducation des enfans;

3°. Le paiement des arrérages ou intérêts des capitaux.

4°. Les frais funéraires et ceux de dernière maladie de ceux dont les successions peuvent être dévolues en propriété aux enfans, sont aussi une charge de l'usufruit légal.

Les pères et mères ne sont point dispensés de constater par inventaire les choses mobilières soumises à leur usufruit légal, mais ils sont dispensés de fournir caution. (601)

L'usufruit légal des pères et mères s'étend généralement à tous les biens de leurs enfans, sauf les exceptions indiquées ci-après.

Cet usufruit finit :

1°. Lorsque l'enfant a atteint l'âge de dix-huit ans accomplis;

2°. Par l'émancipation qui aurait lieu avant l'âge de dix-huit ans.

3°. Il cesse pour la mère, par son convol à secondes noces.

4°. Il n'a pas lieu au profit de celui des père et mère contre lequel le divorce a été prononcé. (386)

5°. Les biens que les enfans ont acquis par un travail ou une industrie séparés, n'y sont point soumis.

6°. Les biens donnés ou légués aux enfans sous la condition expresse que les pères et mères n'en jouiront pas, n'y sont pas sujets. (387)

7°. Il n'a pas lieu au profit des père et mère, lorsqu'ils ont été déclarés indignes de succéder, et qu'à leur défaut la succession se trouve par là dévolue à leurs enfans. (730)

8°. Lorsque la communauté est dissoute par la mort naturelle ou civile de l'un des époux ayant des enfans; si le père ou la mère survivant omet de faire inventaire des biens et effets composant la communauté dissoute, il demeure privé de l'usufruit légal sur les biens de ses enfans mineurs. (1442)

Nous avons dit que celui des époux contre lequel le divorce a été prononcé est déchu de tout droit d'usufruit légal sur les biens de ses enfans : supposons que ce soit le mari; l'usufruit dont il demeurera privé, sera-t-il réversible à la mère, ou acquis aux enfans?

Nous croyons qu'il doit être d'abord acquis aux enfans et non à la mère, parce que celle-ci n'ayant ni la puissance paternelle ni ses effets, durant la vie du père (384), il n'y a point de raison de faire tourner à son profit la jouissance dont le père est privé ; mais après la mort de ce dernier, si la mère lui survit, l'usufruit sera ouvert à son profit, parce que se trouvant revêtue de la puissance paternelle, elle devra en avoir tous les effets.

Nous avons dit aussi que l'usufruit légal n'a pas lieu sur les biens donnés ou légués aux enfans, sous la condition expresse que les pères et mères n'en auraient pas la jouissance ; cette décision est-elle sans exception ? Supposons qu'une femme, en mourant, lègue tous ses biens à ses enfans sous la condition expresse que le père survivant n'en aura point l'usufruit ; cette défense sera-t-elle capable de priver le père de toute jouissance des biens délaissés par la mère ?

Nous ne le croyons pas : il faut distinguer les biens composant la réserve légale ou la légitime des enfans, de ceux formant la quotité disponible de la testatrice.

En ce qui concerne la réserve légale ou la légitime des enfans, c'est des mains de la loi qu'ils la tiennent, puisque leur mère n'aurait pu les en priver : mais la même loi qui leur défère impérieusement cette portion d'hérédité, en accorde aussi l'usufruit légal à leur père ; donc il doit l'avoir nonobstant la prohibition de la mère.

Quant à la quotité disponible, comme la

mère aurait pu la donner à un étranger, et exclure par là son mari de toute jouissance, elle a pu défendre l'usufruit paternel en léguant cette part de biens à ses enfans, parce que ceux-ci ne peuvent pas être d'une condition pire qu'un étranger.

Suivant l'article 620 du Code, l'usufruit accordé jusqu'à ce qu'un tiers ait atteint un âge fixe, dure jusqu'à cette époque, encore que le tiers soit mort avant l'âge fixé. Cet article doit-il recevoir son application à l'égard de l'usufruit paternel du père ou de la mère? Supposons qu'un des enfans sur les biens desquels le père a l'usufruit légal jusqu'à ce qu'ils aient acquis l'âge de dix-huit ans, vienne à mourir avant cet âge ; le père conservera-t-il son usufruit sur toute l'hérédité de cet enfant, durant le temps pendant lequel il en aurait joui, si l'enfant n'était pas mort?

Cette question nous paraît devoir être décidée d'après les principes établis sur la dévolution des successions : ou l'enfant décédé a laissé des frères et sœurs, ou il n'a laissé que des parens maternels plus éloignés, pour concourir au partage de son hérédité avec le père survivant.

Au premier cas, l'article 750 du Code veut que le père emporte le quart, et les frères et sœurs du défunt les trois autres quarts de la succession, sans réserver au père aucun usufruit légal sur les portions dévolues aux autres enfans, dans l'hypothèse où le défunt serait mort en minorité.

Au second cas, l'article 753 veut qu'à défaut de frères et sœurs, le père ait la moitié de la succession, et que les plus proches parens de la ligne maternelle emportent l'autre moitié; mais l'article suivant ajoute que, dans cette dernière hypothèse, le père aura l'usufruit du tiers des biens auxquels il ne succède pas en propriété; d'où il résulte qu'il ne lui restera point de droit d'usufruit, lorsque ses autres enfans auront concouru avec lui, puisque cette réserve du tiers ne lui en est faite que quand il partage avec des parens plus éloignés.

Nous terminerons en observant que la puissance paternelle finit et cesse d'avoir ses effets par l'émancipation accordée ou la majorité acquise aux enfans, et par la mort naturelle ou civile, soit des pères et mères, soit des enfans.

CHAPITRE SIX.

De l'âge.

L'AGE est aussi une des qualités civiles de l'homme, puisque la loi attache différentes prérogatives à ses diverses périodes, et que le défaut d'âge emporte celui de capacité, soit pour les fonctions publiques, soit pour les transactions sociales.

L'homme naît faible et sans se connaître lui-même, ni les objets qui l'entourent; ses facultés intellectuelles ne se développent, qu'à mesure que ses forces corporelles s'accroissent : parvenu à la vigueur du premier âge, ce n'est que les leçons de l'expérience qui peuvent le préserver des erreurs de la jeunesse : la raison gagne en lui, ce que la violence des passions perd en vieillissant; la loi a donc dû assigner les diverses époques où il serait permis au citoyen d'entrer dans l'exercice des diverses fonctions publiques, comme elle a dû déterminer aussi les diverses périodes de l'âge où il serait permis à toutes personnes de disposer de ses droits privés.

Section Iere.

Des conditions d'âge requises dans l'exercice des fonctions politiques et service public.

L'Empereur est mineur jusqu'à l'âge de dix-huit ans accomplis (*a*) : jusqu'à cet âge il est soumis à la régence.

Le Régent doit être âgé au moins de vingt-cinq ans accomplis. (*b*)

Ce n'est qu'après vingt-un ans accomplis que l'homme peut devenir citoyen français, en remplissant les conditions voulues par la Constitution. (*c*)

Il faut avoir quarante ans pour être membre du Sénat (*d*), et même pour être élu

---

(*a*) Art. 17 du s.-c. du 28 flor. an 12.
(*b*) Art. 18 *ibid.*
(*c*) Art. 2 de la Constit.
(*d*) Art. 15 de la Constit.

candidat au Sénat (*a*). Néanmoins on excepte, 1°. les Princes français qui sont membres du Sénat et du Conseil d'état à l'âge de dix-huit ans (*b*); 2°. les membres du conseil de la Légion d'honneur, qui sont aussi de droit membres du Sénat, quel que soit leur âge. (*c*)

Il faut avoir au moins trente ans pour être membre du Corps législatif. (*d*)

Nul ne peut être juge, suppléant, procureur impérial, ou procureur général près les Tribunaux et Cours d'appel, substitut ni greffier, s'il n'est âgé de trente ans accompli. (*e*)

Le même âge est requis pour être président, maître ou greffier de la Cour des comptes; mais les référendaires de cette Cour doivent seulement être âgés de vingt-cinq ans. (*f*)

Les juges de paix doivent avoir aussi trente ans. (*g*)

Les juges des Tribunaux de commerce doivent être âgés de trente ans accomplis,

---

(*a*) Art. 31 du s.-c. du 16 therm. an 10.

(*b*) Art. 11 du s.-c. du 28 flor. an 12.

(*c*) Art. 62 du s.-c. du 16 therm. an 10.

(*d*) Art. 31 de la Constit.

(*e*) Art. 4 de la loi du 27 vent. an 8, bull. 15, n°. des lois 103, 3eme. sér.

(*f*) Art. 13, 15 et 45 du décret impérial du 28 septemb. 1807, bull. 163, n°. des lois 2801, tom. 7, pag. 149, 4eme. sér.

(*g*) Art. 3, tit. 3 de la loi du 24 août 1790, et art. 2 de la loi du 27 vent. an 8 précitée.

et les présidens de ces Tribunaux doivent avoir au moins trente-cinq ans. (*a*)

Les juges-auditeurs, dans les Cours d'appel, peuvent être chargés des enquêtes, des interrogatoires et autres actes d'instruction qui appartiennent au ministère des juges, et suppléer les procureurs généraux, dès qu'ils ont atteint l'âge de vingt-deux ans accomplis. Ils peuvent aussi suppléer les juges, pour la décision des procès ; mais alors il faut qu'ils aient atteint l'âge de trente ans. (*b*)

Pour être admis aux fonctions de notaire, il faut être âgé de vingt - cinq ans accomplis. (*c*)

Pour être témoin des actes entre - vifs reçus de notaire, il faut être citoyen, et par conséquent majeur (*d*). Il faut de même être majeur pour être témoin dans les testamens (980) et dans les actes de l'état civil. (36)

Nul ne peut remplir les fonctions de juré s'il n'a trente ans accomplis. (*e*)

Nul ne peut être tuteur, à l'exception des

(*a*) Art. 9, tit. 12, loi du 24 août 1790, et art. 2 de celle du 27 vent. an 8.

(*b*) Art. 4 du décret impérial du 16 mars 1808, bull. 186, n°. des lois 3209, tom. 8, pag. 198, 4eme. sér.

(*c*) Art. 25 de la loi du 25 vent. an 11, sur le notariat, bull. 258, n°. des lois 2440, tom. 7, pag. 600, 3eme. sér.

(*d*) Art. 9 de la même loi.

(*e*) Art. 381 du Code d'instruction criminelle.

pères et mères à l'égard de leurs enfans, s'il est mineur de vingt-un ans. (442)

Pour pouvoir s'enrôler irrévocablement dans les armées de l'Empire, il faut avoir dix-huit ans accomplis. (*a*)

Section II.

Des conditions d'âge pour l'exercice des droits civils.

L'enfant né après cent quatre-vingts jours depuis sa conception, est censé viable ; il succède à ses parens (725), et transmet à son tour sa succession à ses héritiers, encore qu'il n'ait vécu que peu de temps.

Toute personne qui n'a point encore l'âge de vingt-un ans accomplis, est mineure (388), et incapable d'administrer ses biens, ni de les aliéner par acte entre-vifs.

Le mineur âgé de seize ans peut disposer par testament, mais seulement de la moitié des biens dont la loi permet la disposition au majeur. (904)

L'homme avant dix-huit ans révolus, et la femme avant quinze ans révolus, ne peuvent contracter le mariage. (144)

La majorité est fixée à vingt-un ans accomplis ; à cet âge toute personne est capable de tous les actes de la vie civile, sauf en ce qui concerne le mariage, pour lequel les

---

(*a*) Art. 6 de la loi du 19 fruct. an 6, bull. 223, n°. des lois 1995, 2eme. sér.

garçons restent sous la puissance de leurs pères et mères ou aïeuls, jusqu'à vingt-cinq ans. (488)

L'âge de soixante-cinq ans accomplis autorise à refuser la tutelle, et celui de soixante-dix à s'en faire décharger. (433)

Pour adopter (343) ou être tuteur officieux (361), il faut avoir plus de cinquante ans.

Dès qu'un homme est dans sa soixante-dixième année, il n'est plus passible de la contrainte par corps, en matière civile, si ce n'est dans le cas du stellionat. (2066)

CHAPITRE SEPT.

De la tutelle.

Le mineur étant incapable d'administrer sa personne et ses biens, la loi a dû le placer sous l'égide d'un administrateur qui fût chargé d'en avoir soin sous l'un et l'autre rapport. Lorsqu'un homme est devenu majeur, s'il se trouve privé de l'usage de la raison, son état d'incapacité naturelle exige également une protection spéciale de la loi : de là l'origine des fonctions de tuteur.

La tutelle est un office civil et viril par lequel la loi commet à celui qui en est revêtu, le soin de la personne et des biens de celui qui, par la faiblesse de son âge ou ses infirmités, est hors d'état de se conduire et d'administrer ce qui lui appartient.

La tutelle est un *office civil,* parce que le

principe de son institution repose sur la protection spéciale que le Gouvernement doit aux faibles.

C'est un *office viril,* parce que les hommes seuls en sont capables, à l'exception de la mère et des ascendantes envers leurs enfans et descendans, et de la femme envers son mari en interdiction. (507)

La tutelle, dans ses effets, est un quasi-contrat formé entre celui qui l'accepte d'un côté et celui qui y est soumis d'autre part, en vertu duquel l'un est obligé d'avoir soin de la personne et des biens de l'autre, et celui-ci d'indemniser le premier de ses impenses et travaux, d'après les règles prescrites par les lois.

Lorsque la tutelle est déférée au père ou à la mère, elle se confond avec la puissance paternelle, dans la même personne qui réunit les deux pouvoirs. Le père est, durant le mariage, administrateur des biens personnels de ses enfans mineurs. En cette qualité *il est comptable,* quant à la propriété et au revenu, des biens dont il n'a pas la jouissance; et, quant à la propriété seulement, de ceux des biens dont la loi lui donne l'usufruit. (389)

Il résulte de là que le père même, durant le mariage, remplit les fonctions de tuteur à l'égard de ses enfans mineurs, puisqu'*il est comptable :* néanmoins, dans cet état de choses, l'office qu'il remplit ne porte point encore le nom de tutelle : ce n'est qu'après la mort de l'un des père et mère que la charge dont le survivant est revêtu, prend le nom de tutelle, comme c'est seulement alors qu'on doit donner un subrogé tuteur aux enfans; mais s'il s'élevait une discussion entre le père et l'enfant, il faudrait donner à celui-ci un tuteur *ad hoc,* comme cela a lieu pour défendre dans l'action en désaveu.

Quoique la tutelle soit réunie à la puissance paternelle, lorsque les pères et mères en sont chargés, néanmoins il ne faut pas les confondre, et croire que l'une soit la même chose que l'autre.

La puissance paternelle est un droit, tandis que la tutelle est une charge.

La puissance paternelle est instituée en faveur des pères et mères, et la tutelle au contraire est toute en faveur des enfans.

Le tuteur administre comme mandataire du pupille; agissant en cette qualité, il agit au nom du mineur: le père au contraire, sous le rapport de la puissance paternelle, use de son droit propre et n'agit qu'en son nom personnel.

Les pères et mères ne sont point comptables de l'usage qu'ils font de leur puissance paternelle, à moins qu'ils ne se permettent des excès répréhensibles; ils ne peuvent au contraire exercer la tutelle sans être comptables de leur administration.

La tutelle peut passer des mains d'une personne en celles de l'autre; il suffit d'être mâle, majeur et non suspect, pour en être revêtu: la puissance paternelle, au contraire, est un droit tellement personnel aux pères et mères, que nul autre ne peut l'avoir.

La tutelle est ou légitime, ou testamentaire, ou dative.

La tutelle légitime est celle qui est déférée par la loi, d'abord aux pères et mères, et ensuite aux autres ascendans.

La tutelle testamentaire est celle que le survivant des père et mère défère par son choix personnel.

La tutelle dative est celle qui est décernée par le conseil de famille.

Nous avons à exposer ici, en autant de sections, ce qui concerne chacune de ces tutelles.

SECTION Iere.

De la tutelle légitime des pères et mères.

Le père, durant le mariage, étant seul revêtu de l'exercice de la puissance paternelle, sur ses enfans mineurs, est aussi leur seul administrateur (389); mais après la dissolution du mariage, par la mort naturelle ou civile de l'un des époux, la tutelle est déférée par la loi au survivant d'eux. (390)

Le père, quoique chef de la famille, ne peut interdire la tutelle à la mère survivante; mais il peut, par son testament ou par déclaration faite devant le juge de paix, ou devant notaire (392), lui nommer un conseil spécial sans l'avis duquel elle ne pourra faire aucun acte relatif à la tutelle, à moins qu'il n'ait spécifié les actes pour lesquels le conseil est nommé, cas auquel elle est habile à faire les autres par elle-même. (391)

La loi qui défère la tutelle à la mère survivante, ne lui fait point un devoir indispensable de l'accepter, parce qu'il est possible que prudemment elle se juge incapable d'une administration trop difficile pour elle; mais tout en refusant de l'accepter, elle doit en remplir les devoirs, jusqu'à ce qu'elle ait fait nommer un autre tuteur. (394)

La mère tutrice qui veut se remarier doit auparavant convoquer le conseil de famille, pour délibérer si elle doit continuer son administration, faute de quoi elle en est déchue de plein droit, et son nouveau mari demeure solidairement responsable de la tutelle indûment conservée (395); et si le conseil de famille la maintient dans sa charge, il doit nécessairement lui donner pour co-tuteur, son second mari qui devient solidairement responsable de la gestion postérieure à son mariage. (396)

SECTION II.

De la tutelle testamentaire.

La tutelle testamentaire est celle qui est déférée par le dernier mourant des père et mère. (397)

La loi accorde au survivant des père et mère, le droit individuel de se choisir un successeur dans la tutelle, parce que nul autre ne peut mieux connaître l'ami véritable, digne par son attachement, de le remplacer dans l'administration des enfans qu'il confie à ses soins.

La tutelle testamentaire vient en second ordre, après celle des père et mère, parce que le législateur a tant de respect pour le jugement qu'ils ont porté sur le sort de leur famille, qu'il n'a voulu disposer de la tutelle que quand ils n'en auraient pas disposé eux-mêmes. (402)

Cette nomination peut être faite de trois manières : 1°. par le testament du survivant des père et mère;

2°. Par acte dressé devant le juge de paix assisté de son greffier;

3°. Par acte reçu de notaire dans les formes ordinaires.

Dans ces deux derniers cas, comme dans le premier, les actes de nomination ne devant toujours avoir leur effet qu'après le décès de celui qui dispose, ne sont véritablement que des actes à cause de mort, et la tutelle ainsi déférée n'en mérite pas moins la dénomination de tutelle testamentaire.

La mère remariée, et qui n'a pas conservé la tutelle des enfans de son premier mariage, ne peut leur donner un tuteur testamentaire (399), parce qu'il y aurait de l'inconséquence à lui accorder le droit de déléguer à un autre un pouvoir dont elle était déchue elle-même.

Mais si, quoique remariée, elle a été

maintenue dans la tutelle, elle peut se choisir un successeur qui néanmoins doit être confirmé par le conseil de famille, autrement sa nomination demeure sans effet (400), parce que la loi, toujours en défiance du second mari, dans la cause des enfans du premier lit, ne veut pas que la mère, placée sous son influence, puisse nuire à leurs intérêts, en choisissant seule un tuteur qui pourrait être d'intelligence avec lui; mais dès que le conseil de famille accède à la nomination et justifie la sagesse du choix de la mère, la loi l'adopte, même quand il porterait sur la personne du second mari, puisqu'elle ne le déclare ni incapable, ni exclu.

Le tuteur testamentaire ne peut refuser la tutelle, s'il n'est dans les mêmes cas où il serait admis à proposer ses excuses sur la nomination du conseil de famille dans la tutelle dative. (401)

Section III.

De la tutelle légitime des ascendans.

A défaut de tutelle testamentaire de la part des père et mère decédés, la loi défère de plein droit la tutelle aux ascendans mâles des degrés supérieurs dans l'ordre suivant :

Le grand-père paternel, et à son défaut le grand-père maternel, devient tuteur légitime.

S'il n'y a ni grand-père paternel, ni grand-père maternel, et qu'il y ait dans l'une et l'autre ligne concurrence entre deux ascendans d'un degré supérieur, la tutelle est dévolue à celui qui se trouve être l'aïeul paternel du père du mineur (403); mais dans le cas de la même concurrence entre deux bisaïeuls de la ligne maternelle, le choix de l'un d'eux doit être fait par le conseil de famille. (404)

SECTION IV.

De la tutelle dative.

La tutelle dative est celle qui est décernée par le conseil de famille ou toute autre autorité compétente, dans les cas déterminés par la loi.

Les Princes et Princesses de la Maison impériale, dont le père est décédé, ne sont, pendant leur minorité, soumis qu'à la tutelle dative. Cette tutelle n'a lieu que pour l'administration des biens, et non pour celle de la personne des mineurs; et c'est l'Empereur qui nomme les tuteurs.

Les tuteurs nommés en ce cas par l'Empereur sont tenus de rendre compte au conseil de famille impériale, qui exerce sur eux, en tout ce qui concerne l'administration de la tutelle, une juridiction coactive et contentieuse, et remplit toutes les fonctions qui, à l'égard des particuliers, sont déléguées par le Code aux conseils de famille ordinaires et aux Tribunaux; mais ses décisions n'ont d'effet qu'après l'approbation de l'Empereur, ainsi que le tout est réglé par les articles 9 et suivans des statuts du 30 mars 1806. (*a*)

A l'égard des particuliers, il n'y a lieu à la tutelle dative qu'à défaut des tutelles testamentaires et légitimes, et dans les cas qui seront indiqués ci-après, en traitant des fonctions du conseil de famille.

CHAPITRE HUIT.

Du subrogé tuteur.

Le mineur peut se trouver en opposition d'intérêt avec son tuteur, qui ne saurait alors le représenter contre lui-même. Cette situation est, dans le cours ordinaire des choses, d'autant moins improbable, que le tuteur étant presque toujours un des plus proches parens du mineur, ils peuvent l'un et l'autre se trouver appelés à la même succession, et engagés dans les débats d'un partage ou d'une liquidation de communauté. C'est pour suppléer à la tutelle directe, dans ces cas, que la loi ordonne la nomination d'un subrogé tuteur.

Le tuteur subrogé est donc un tuteur spécial, dont les fonctions consistent à agir contre le tuteur direct, lorsqu'il se trouve en opposition d'intérêt avec le mineur (420);

(*a*) Voyez au bull. 84, n°. des lois 1432, tom. 4, pag. 371, 5e. sér.

à provoquer la destitution de celui-ci quand il malverse (446); à défendre sur tous les débats qui peuvent avoir lieu à ce sujet (448); à procurer la nomination d'un nouveau tuteur, lorsque la tutelle directe devient vacante ou est abandonnée par absence. (424)

Lorsqu'un mariage est dissous par la mort naturelle ou civile d'un des époux, et qu'il y a des enfans mineurs, le subrogé tuteur est obligé d'agir contre le survivant des père et mère, pour procurer un inventaire des effets de la communauté, sans quoi il serait solidairement tenu avec lui de toutes les condamnations en dommages-intérêts qui pourraient être prononcées au profit des mineurs. (1442)

Le subrogé tuteur est tenu, sous sa responsabilité personnelle, et sous peine de tous dommages et intérêts, de veiller à ce que l'hypothèque légale des mineurs, sur les biens de leur tuteur, pour raison de sa gestion, soit inscrite sans délai au bureau du conservateur, ou de former lui-même cette inscription (2137); comme il est tenu de défendre sur la demande en réduction d'hypothèque qui pourrait être formée par le tuteur. (2143)

La charge du subrogé tuteur est toujours gradative, et le conseil de famille doit y pourvoir dans toute espèce de tutelle.

Si la tutelle directe est légitime ou testamentaire, le tuteur doit, avant d'entrer en fonctions, convoquer le conseil de famille, pour nommer un subrogé tuteur ; faute de quoi, et en cas de dol ou de fraude de sa part, il peut être destitué (421) : si la tutelle est dative, le subrogé tuteur doit être nommé immédiatement après le tuteur direct, dans la même assemblée. (422)

Le subrogé tuteur étant, par le principe même de son institution, le surveillant et le censeur du tuteur direct, il ne doit point être sous la dépendance de celui-ci, ni associé avec lui par des liens d'intérêts communs : en conséquence, hors le cas des frères germains, il doit toujours être pris dans celle des deux lignes de parenté à laquelle le tuteur n'appartient pas (423), et le tuteur ne peut jamais participer à son élection, ni provoquer sa destitution, ni voter dans le conseil qui serait convoqué à ce sujet. (426)

Les fonctions du subrogé tuteur n'étant qu'accessoires à la tutelle principale, il en résulte qu'elles doivent cesser à la même époque (425), et qu'il ne remplace pas de plein droit le tuteur qui vient à manquer, puisque le mandat spécial qu'il avait reçu, n'embrasse point la tutelle générale ; mais il doit, en ce cas, provoquer la nomination du nouveau tuteur, sous peine des dommages-intérêts qui pourraient résulter au mineur de sa négligence. (424)

Quant aux causes de dispense, d'incapacité ou de suspicion, le subrogé tuteur est en tout soumis aux règles ordinaires établies pour la tutelle directe. (426)

CHAPITRE NEUF.

Du conseil de famille.

Si, dans l'ordre civil, le Gouvernement doit spécialement protéger ceux qui sont incapables de se diriger eux-mêmes et d'administrer leurs biens; il est aussi dans l'ordre des affections naturelles que les parens, entre lesquels il doit y avoir solidarité d'honneur et d'intérêt, soient tenus de coopérer à cette protection de la manière la plus efficace : c'est dans cette vue que l'institution du conseil de famille a été établie pour concourir au règlement des intérêts des mineurs et des interdits.

La matière traitée en ce chapitre sera divisée en sept sections :

Dans la première nous parlerons de la convocation du conseil;

Dans la seconde, des devoirs des personnes convoquées;

Dans la troisième, de la composition du conseil;

Dans la quatrième, des objets de sa compétence;

Dans la cinquième, de la forme de ses délibérations ;

Dans la sixième, de l'exécution de ses délibérations ;

Dans la septième, enfin, de la responsabilité de ses membres.

Section Iere.

De la convocation du conseil.

Le conseil de famille peut être convoqué à la diligence soit des parens du mineur, soit de ses créanciers, soit de toute autre personne intéressée, soit enfin d'office par le juge de paix du domicile du mineur ; et toute personne peut donner à ce magistrat connaissance du fait qui nécessite la nomination du tuteur (406), afin qu'il y pourvoie.

L'assemblée se tient de plein droit chez le juge de paix, à moins qu'il ne désigne lui-même un autre local (415); et le jour de la tenue étant fixé par son ordonnance, si les parens ne sont pas sur les lieux, ou ne veulent paraître volontairement pour éviter frais, ils doivent être assignés, de manière qu'il y ait toujours, entre la citation notifiée et le jour indiqué pour la réunion du conseil, un intervalle de trois jours au moins quand toutes les parties citées résident dans la commune, ou dans la distance de deux myriamètres [quatre lieues] : et toutes les fois que, parmi les parens cités, il s'en trouve qui sont domiciliés au-delà de cette distance, le délai doit être augmenté d'un jour par trois myriamètres ou six lieues. (411)

Section II.

Des devoirs des personnes convoquées.

La tutelle est une charge à laquelle il n'est pas permis de se soustraire sans excuse légitime : il en est de même, et à plus forte raison, des devoirs moins pénibles attachés à la convocation du conseil de famille. Tout parent, allié ou ami qui y est appelé, et qui, sans cause légitime, n'y comparaît point, doit être condamné, sans appel, par le juge de paix, à une amende qui ne peut excéder cinquante francs (413); mais s'il y a excuse suffisante, et qu'il convienne aux intérêts du mineur, soit d'attendre le membre absent, soit de le remplacer, le juge de paix peut ajourner ou proroger l'assemblée. (414)

Les parens, alliés ou amis qui sont empêchés de comparaître en personne, peuvent se faire représenter par un mandataire spécial; mais un seul fondé de pouvoirs ne peut représenter plus d'une personne (412) : la fiction du véritable nombre prescrit, ne peut ici suppléer la réalité, parce que ce n'est que par le concours effectif des nominateurs qu'ils peuvent s'éclairer mutuellement : il serait d'ailleurs absurde d'admettre un principe indéfini de représentation, duquel il pourrait résulter que le tuteur n'aurait été réellement nommé que par une seule personne avec le juge de paix, qui se trouverait encore par là privé de l'influence

salutaire que la loi lui donne dans les assemblées de parens.

Nous croyons même que celui qui se fait
représenter par un fondé de pouvoirs, ne
peut lui prescrire un vote particulier à l'é-
gard de *tel* ou *tel* individu désigné, en lui
interdisant la faculté de faire porter son
suffrage sur toute autre personne, parce
que si l'individu indiqué dans le mandat
limitatif, comme devant être seul choisi,
se trouvait exclu, ou refusait d'accepter
pour cause d'excuse légitime, alors l'assemblée se trouverait incomplette et ne pourrait
pas en élire un autre; du moins cela pourrait arriver ainsi.

Section III.

De la composition du conseil. (a)

Les qualités généralement requises dans
les membres de tout conseil de famille, sont
d'être mâles, majeurs, parens ou amis, non
interdits, ni suspects aux yeux de la loi.

Ils doivent être mâles, parce qu'il s'agit
de concourir à la dation de la tutelle, qui
est un office civil et viril; néanmoins la
mère (442) et les veuves des ascendans (408)

(a) Voyez le titre 5 des statuts du 30 mars 1806,
sur la composition et la compétence du conseil de la
Maison impériale. Les plus grands intérêts de l'Etat
reposant sur le sort de cette auguste Famille, le Chef
magnanime de la dynastie a dû établir pour elle des
règles au-dessus du droit commun.

sont exceptées de cette règle, et doivent y être appelées.

Ils doivent être majeurs, parce qu'il y aurait de la contradiction à admettre, dans ceux qui sont incapables de se diriger eux-mêmes, le droit de se donner un tuteur, ou de le nommer pour d'autres. La loi excepte encore de cette règle les pères et mères (442), soit par rapport au respect particulier dû à leur suffrage, soit parce qu'un seul individu mineur ne saurait entraîner le conseil entier dans l'erreur.

Ils doivent être parens, ou à défaut de parens, ils doivent être connus pour avoir eu des relations habituelles d'amitié avec le père ou la mère du mineur (409), parce que la tutelle est dans son principe une institution toute de bienfaisance.

Ils ne doivent point être interdits (442), parce que l'interdit est incapable de concourir à aucun acte civil.

Enfin, ceux que la loi déclare incapables ou suspects pour délibérer dans un conseil de famille, doivent en être écartés. Tels sont, 1°. ceux qui auraient, ou dont les pères et mères auraient avec le mineur un procès dans lequel l'état ou la fortune, ou une partie notable des biens de ce mineur seraient compromis (442); 2°. les personnes condamnées à une peine afflictive ou infamante (443); 3°. généralement tout individu qui aurait été destitué d'une tutelle, ou même qui en serait exclu pour quelque cause que ce soit. (445)

Le conseil de famille doit être composé, non compris le juge de paix, de six parens ou alliés pris tant dans la commune où la tutelle est ouverte, que dans la distance de deux myriamètres, ou quatre lieues, moitié du côté paternel, moitié du côté maternel, en suivant l'ordre de proximité dans chaque ligne. Le parent doit être préféré à l'allié du même degré, et parmi les parens du même degré, le plus âgé à celui qui l'est le moins. (407)

Les ascendans valablement excusés, ainsi que les veuves des ascendans, sont au premier rang des personnes appelées à composer le conseil de famille : viennent ensuite les frères germains et les maris des sœurs germaines du mineur, lesquels, s'ils sont majeurs, doivent tous être admis dans les délibérations de la tutelle, en quelque nombre qu'ils soient : la loi les excepte de la limitation du nombre de six prescrit pour les cas ordinaires (408), parce que nul d'entr'eux ne doit avoir de droit de préférence exclusive sur les autres ; mais si étant tous réunis avec les ascendans et les veuves d'ascendans, ils sont encore inférieurs à six, d'autres parens ou amis sont appelés à compléter le conseil jusqu'à ce nombre seulement.

Lorsque les parens ou alliés de l'une ou l'autre ligne se trouvent en nombre insuffisant sur les lieux, ou dans la distance de deux myriamètres, le juge de paix doit appeler des parens ou alliés domiciliés à de plus grandes distances, ou des amis résidant dans la commune même où la tutelle est ouverte. (409)

Il y a donc cette différence entre la vocation des parens et celle des amis, que les liens de la parenté imposent aux premiers le devoir de paraître, de quelque distance qu'ils soient appelés, tandis que ceux qui ne sont convoqués que sous le rapport de leurs liaisons amicales avec les père et mère du mineur, ne sont obligés de se rendre à la convocation qui leur est faite, qu'autant qu'ils résident dans la commune même où la tutelle est ouverte, ou dans celle de la tenue du conseil.

Quoique les parens ou alliés domiciliés sur les lieux, ou dans la distance de deux myriamètres, soient en règle générale et de plein droit membres du conseil jusqu'au nombre de six, préférablement aux autres, néanmoins cette préférence qui n'est fondée que sur la plus grande commodité résultant du domicile, n'est pas absolue : le juge de paix peut, suivant l'exigence des intérêts du mineur, permettre de citer, à quelque distance qu'ils soient domiciliés, des parens ou alliés plus proches en degrés, ou de même degré, que les parens ou alliés présens, en retranchant un nombre égal sur ceux-ci, pour que le conseil n'excède pas le nombre déterminé. (410)

Section IV.

De la compétence du conseil de famille.

Les objets qui peuvent occuper le conseil de famille se rapportent ou aux nominations qu'il doit faire, ou aux actes d'administration qu'il doit autoriser.

1°. A défaut de tutelle légitime et testamentaire, le conseil de famille nomme un tuteur aux mineurs qui n'en sont point pourvus. (405)

2°. Il nomme de même des tuteurs aux majeurs qui sont en état d'interdiction. (505)

3°. Dans toute espèce de tutelle pour les mineurs (420), ou à raison d'interdiction pour les majeurs (505), il doit nommer un subrogé tuteur.

4°. Lorsque la veuve et mère tutrice veut passer à de secondes noces, il lui retire ou lui continue la tutelle des enfans du premier lit, et dans ce dernier cas il lui donne le second mari pour co-tuteur solidaire. (396)

5°. Lorsqu'un tuteur a été excusé et empêché pour un temps, et qu'il redemande la tutelle, ou que celui qui avait été nommé à son défaut, réclame sa décharge, le conseil de famille la rend au premier. (431)

6°. Il doit nommer un tuteur provisoire aux enfans dont le père est absent depuis six mois, si leur mère est décédée. (142)

7°. Il donne à l'enfant désavoué par le

mari, un tuteur *ad hoc* pour défendre sur l'action en désaveu. (318)

8°. Lorsque plusieurs mineurs de la même famille se trouvent respectivement en opposition d'intérêt dans un partage, il doit donner à chacun d'eux un tuteur particulier pour cet objet (838). (*a*)

9°. Si, lors du décès du mari, la femme est enceinte, le conseil de famille doit nommer un curateur au ventre, pour l'enfant non encore né. (393)

10°. Il donne des curateurs aux mineurs émancipés. (480)

11°. Si un sourd-muet qui ne sait pas écrire, veut recevoir une donation, l'acceptation en doit être faite par un curateur nommé *ad hoc* par le conseil de famille. (936)

12°. Quand un mineur, domicilié en France, possède des biens dans les colonies, ou réciproquement s'il est domicilié dans les colonies et qu'il possède des biens en France, l'administration de ces biens éloignés de son domicile, doit être donnée à un protuteur spécial, indépendant du tuteur ordinaire, et dont celui-ci n'est pas garant (417) : et comme ce protuteur n'est ici qu'un administrateur particulier, il en résulte que la personne du mineur reste entièrement soumise au tuteur du domicile.

13°. Lorsqu'un donateur ou un testateur a fait une substitution sans nommer un tu-

---

(*a*) Voyez aussi l'art. 968 du Cod. de proc.

teur chargé de l'exécution de ses disposi-tions, c'est au conseil de famille à y pour-voir, puisque la loi n'établit aucune autre forme de nomination pour ce cas. (1055 et 1056)

14°. Enfin, lorsque le conseil de famille a pourvu à la tutelle, si l'administrateur donné au mineur n'est pas présent à l'assemblée qui l'a choisi, le conseil doit en outre dési-gner un de ses membres qui demeure chargé de notifier au tuteur son élection, dans les trois jours de la délibération, outre un jour par trois myriamètres de distance, entre le lieu où s'est tenue l'assemblée et le domi-cile du tuteur. (*a*)

Les attributions du conseil de famille ne sont pas bornées aux nominations que nous venons d'énumérer : il faut son consente-ment pour le mariage des mineurs (160); il autorise le tuteur ou le curateur à y for-mer opposition (175); il consent la tutelle officieuse (361) du mineur qui n'a ni père ni mère; il vote sur le choix de celui des époux auquel on doit confier les enfans en cas de divorce (302); il confirme le tuteur choisi par la mère remariée et maintenue dans la tutelle (400); il prononce la desti-tution du tuteur qui malverse (446); il règle par aperçu la dépense annuelle du mineur et les frais d'administration de la tutelle (454); il ne peut exister de négociation entre le mineur et son tuteur, que le conseil de

---

(*a*) Art. 882 du Cod. de proc.

famille n'ait autorisé le subrogé tuteur à la consentir (450); aucun tuteur ne peut, sans son autorisation, emprunter pour le mineur, ni aliéner ou hypothéquer ses biens (457); il autorise le tuteur à accepter ou répudier les successions dévolues au mineur (461), ainsi que les donations qui lui seraient faites (463); aucun tuteur ne peut introduire en justice, une action relative aux intérêts immobiliers du mineur, ni acquiescer une pareille demande dirigée contre lui, sans le consentement du conseil (464); la même autorisation est requise pour provoquer un partage (465 et 817), et pour transiger au nom du mineur (467); il autorise la demande en réclusion du mineur en cas d'inconduite (468); il décide s'il doit être émancipé (478); il peut priver du bénéfice de l'émancipation le mineur qui en abuse (485); il délibère dans les causes d'interdiction (494); dans celle du conseil judiciaire (514); il règle les conventions matrimoniales des enfans des interdits (511); il peut décider, lors de la dation de la tutelle, si l'hypothèque du mineur sur les immeubles du tuteur sera restreinte, et désigner les fonds sur lesquels seuls il sera pris inscription (2141); et lorsque le tuteur se pourvoit en réduction d'hypothèque contre son mineur, le conseil de famille doit donner son avis sur le mérite de cette demande. (2143)

Section V.

De la forme des délibérations du conseil de famille.

La loi a fixé le *maximum* de l'assemblée de famille à six membres, non compris le juge de paix; excepté le cas où les ascendans et les veuves d'ascendans réunis aux frères germains et aux maris des sœurs germaines des mineurs, formeraient un nombre plus considérable.

Elle n'a pas déterminé de la même manière le *minimum* de ce conseil, mais elle veut qu'il ne puisse délibérer sans la présence des trois quarts, au moins, de ses membres convoqués (415); c'est-à-dire, des parens ou amis y appelés, sans compter le juge de paix qu'on ne peut pas dire être convoqué, puisque c'est au contraire lui qui convoque les autres.

Ainsi, pour être autorisée à délibérer, l'assemblée devrait être composée au moins de cinq parens ou amis, avec le juge de paix qui serait le sixième membre; et si, par le concours des frères germains et des maris des sœurs germaines, avec les ascendans et les veuves d'ascendans, le nombre total se portait à huit, par exemple, il faudrait la présence de six, comme s'il s'élevait à douze, il en faudrait neuf réunis avec le juge de paix, pour pouvoir régulièrement délibérer.

L'assemblée doit être présidée par le juge de paix qui y a voix délibérative et prépondérante en cas de partage (416); c'est-à-dire, que si trois des six parens convoqués, donnaient leur voix à *un;* deux autres à *un second* candidat, et le sixième à un troisième, le juge de paix réunissant son suffrage en faveur du second, le second serait élu, par rapport à la prépondérance de la voix de ce magistrat; et de là résulte une conséquence bien remarquable, c'est que les délibérations du conseil de famille ne doivent pas nécessairement être prises à la majorité absolue des suffrages; qu'il suffit au contraire de la majorité relative, parce que la prépondérance donnée à celui du juge de paix, ne peut être applicable qu'à cette dernière espèce de majorité.

Toutes les fois que les délibérations du conseil de famille ne sont pas unanimes, l'avis de chacun des membres qui le composent doit être mentionné dans le procès-verbal (*a*). Le tuteur, ou le subrogé tuteur, ou le curateur, ou même les membres de l'assemblée peuvent se pourvoir contre la délibération en citant ceux qui l'ont résolue, sans qu'il soit nécessaire de subir alors l'épreuve de la conciliation. (*b*)

(*a*) Art. 883 du Cod. de proc.
(*b*) Art. 884 du Cod. de proc.

Section VI.

De l'exécution des délibérations du conseil de famille.

Les délibérations du conseil de famille n'ont d'effet qu'autant qu'elles ont été ho-mologuées par le Tribunal, lorsqu'elles ont été prises pour autoriser le tuteur à aliéner les immeubles du mineur (458), ou pour provoquer et exécuter un partage définitif (465, 466, 838) (*a*), ou pour transiger au nom du mineur (467); ou sur le règlement des conventions matrimoniales des enfans des personnes interdites (511); ou sur l'ex-clusion et la destitution de la tutelle (448), lorsque le tuteur exclu ou destitué n'adhère pas à la délibération.

Dans ces divers cas, si le tuteur ou autre chargé de faire homologuer ne fait pas ses poursuites dans le délai fixé par la délibé-ration, ou, à défaut de fixation, dans le délai de quinzaine, un des membres de l'as-semblée pourra poursuivre l'homologation, contre le tuteur, aux frais de celui-ci et sans répétition (*b*) : les membres de l'as-semblée qui croient devoir s'opposer, doi-vent le manifester par-acte notifié à celui qui est chargé de poursuivre; et si, après

____

(*a*) Voyez aussi les art. 982 et 984 du Cod. de proc.

(*b*) Art. 887 du Cod. de proc.

cette notification, ils ne sont pas appelés pour contredire par-devant ce Tribunal, ils peuvent former opposition au jugement d'homologation. (*a*)

Mais lorsqu'il s'agit de la nomination de tuteur ou curateur, les délibérations du conseil de famille sont exécutoires par elles-mêmes sans homologation, et celui qui est élu doit administrer du jour même de son élection, si elle a eu lieu en sa présence, ou du jour qu'elle lui a été notifiée, s'il n'était pas présent à la délibération du conseil. (418)

SECTION VII.

De la responsabilité des membres du conseil de famille.

Suivant le droit romain, les parens nominateurs étaient cautions du tuteur qu'ils avaient choisi : cette responsabilité qui n'était admise qu'avec des modifications et seulement dans une partie de la France, avant la révolution, avait été, à certains égards, consacrée de nouveau dans le droit français, par les articles 22 et 41 de la loi du 11 brumaire an 7, qui rendait les parens ou amis qui avaient concouru à la nomination d'un tuteur, solidairement responsables des pertes que le mineur pourrait éprouver sur le reliquat du compte de tutelle, faute par le subrogé tuteur et par eux, d'avoir

____

(*a*) Art. 888 du Cod. de proc.

procuré au bureau du conservateur, l'inscription de l'hypothèque légale qui pèse sur
les biens du tuteur; mais comme on ne retrouve pas aujourd'hui cette responsabilité
des parens consignée dans le Code Napoléon, il faut en conclure qu'elle n'existe plus.

Néanmoins les membres d'un conseil de
famille ne doivent pas être plus inviolables
que les juges qui, en certains cas, peuvent être
pris à partie : si donc il y avait de la fraude
de leur part, si par exemple ils avaient vendu
leurs suffrages à un tuteur qui eût opéré la
ruine du mineur, il est hors de doute qu'ils
pourraient être poursuivis en dommages-intérêts, parce qu'il est défendu à tout homme
appelé à des fonctions, d'en abuser, et que
le dol ou la fraude produisent toujours une
action contre leur auteur.

Nous croyons même qu'on devrait encore
le décider ainsi dans le cas d'une faute grave
commise dans le choix d'un tuteur, comme
par exemple, si l'on avait nommé une personne en faillite, une personne qui, pour
cause d'inconduite et de prodigalité, aurait
reçu un conseil judiciaire; en un mot, une
personne du nombre de celles qui sont déclarées suspectes et exclues ou destituables,
par la loi; ou si, en continuant la tutelle à la
mère qui passe à de secondes noces, on avait
omis de lui adjoindre le second mari : dans
ces différens cas et autres semblables, nous
estimons que les parens nominateurs ne devraient pas être à l'abri de toutes recherches de la part du mineur; ce n'est pas qu'on

doive les considérer comme cautions du tuteur, c'est parce qu'il y aurait eu abus de leur part, dans l'exercice de leurs fonctions, et qu'ils auraient eux-mêmes sacrifié les intérêts des mineurs qu'ils étaient chargés de défendre.

CHAPITRE DIX.

Des causes qui peuvent mettre obstacle à la tutelle.

L'article 405 du Code Napoléon porte que « lorsqu'un enfant mineur et non éman-
» cipé restera sans père ni mère, ni tuteur
» élu par ses père ou mère, ni ascendant
» mâle, comme aussi lorsque le tuteur *de*
» *l'une des qualités ci-dessus exprimées,*
» se trouvera dans le cas *des exclusions*
» dont il sera parlé ci-après, *ou valable-*
» *ment excusé*, il sera pourvu, par un con-
» seil de famille, à la nomination d'un tu-
» teur. »

Il résulte de cette disposition,

1°. Que les tuteurs testamentaires (401), comme les ascendans tuteurs légitimes (408), sont également admissibles à proposer leurs excuses pour se dégager de la tutelle ; qu'ainsi le père lui-même pourrait refuser la tutelle de ses enfans, s'il était dans l'un des cas de dispense déterminés par la loi, sauf les exceptions dont nous parlerons plus bas ;

2°. Que les pères et mères et autres ascendans, comme les tuteurs testamentaires, peuvent être aussi exclus de la tutelle pour cause d'indignité (443), et en être destitués pour cause de malversation (421), ou pour inconduite notoire et incapacité ou infidélité. (444)

Dans le cas de la tutelle dative, le tuteur doit être pris, autant que possible, parmi les parens successibles du mineur, soit parce que les devoirs de la parenté les appellent naturellement à cette charge, soit parce que l'équité demande que ceux-là soient tenus, en premier ordre, de veiller à la conservation des biens qu'ils auraient espoir de recueillir, en cas de décès du propriétaire qui ne peut encore administrer lui-même.

Néanmoins la tutelle étant un office civil, tout homme indistinctement peut en être chargé, même malgré lui, quand il a les qualités requises, qu'il n'a pas de justes causes de s'en dispenser, et qu'aucun motif de suspicion légale ne l'en écarte.

Il y a donc trois espèces de causes qui, sous trois aspects différens, peuvent mettre obstacle à la tutelle :

Les causes d'excuses qui autorisent le refus des personnes qui seraient capables d'accepter ;

Les causes d'incapacité qui empêchent de décerner la tutelle à ceux-là mêmes qui ambitionneraient d'y être nommés ;

Enfin, les causes de suspicion qui en excluent ou qui en font déchoir ceux qui s'en sont rendus indignes.

Ces divers genres de causes agissent, sous différens rapports, sur toutes les espèces de tutelles, sauf quelques cas d'exceptions que nous indiquerons par la suite, à l'égard des pères et mères et des veuves d'ascendans.

SECTION Iere.

Des causes d'excuses légitimes.

Les causes qui dispensent de la tutelle appartiennent à deux classes : les unes, fondées sur l'intérêt public, ne permettent pas qu'on force un citoyen à accepter une tutelle, lorsqu'il est revêtu d'une dignité éminente, ou lorsqu'appelé à des fonctions, ou employé à un service par le Gouvernement, il se doit tout entier au poste qu'il occupe.

Les autres, fondées sur l'intérêt privé de ceux qui, par rapport à leur âge, ou aux embarras de leur propre position, sont autorisés à refuser la tutelle comme un surcroît de charge qu'ils ne pourraient supporter avantageusement pour les mineurs, ou qu'on ne pourrait leur imposer avec justice.

§ 1er.

Des causes de dispense fondées sur l'intérêt public.

Sont dispensés de la tutelle pour cause de dignité, fonctions et service publics,

1º. Les membres de la Famille impériale ;
2º. Les grands dignitaires de l'Empire ;
3º. Les grands officiers de l'Empire ;

4°. Les sénateurs ;

5°. Les ministres ;

6°. Les conseillers d'état ;

7°. Les membres du Corps législatif ;

8°. Les juges de la Cour de cassation, procureur général et substituts près cette Cour ;

9°. Les juges de la Cour des comptes ;

10°. Les préfets (427); (*a*)

11°. Tous citoyens exerçant des fonctions publiques dans un département autre que celui où la tutelle s'établit (428); ce qui s'applique même aux ecclésiastiques desservant des cures et succursales, et à toutes personnes exerçant pour les cultes des fonctions qui exigent résidence, dans lesquelles elles sont agréées par Sa Majesté, et pour lesquelles elles prêtent serment ; (*b*)

12°. Les militaires en activité de service ;

13°. Tous citoyens qui remplissent, hors du territoire de l'Empire, une mission du Gouvernement. (428)

Les personnes de ces diverses qualités qui auraient valablement accepté la tutelle postérieurement aux fonctions, services ou missions qui en dispensent, ne seraient plus admises à s'en faire décharger (430), parce qu'elles auraient au besoin la faculté

(*a*) Voyez dans Locré, tom. 5, pag. 119, sur ces dispenses.

(*b*) Voyez l'avis du Conseil d'état, approuvé de Sa Majesté le 20 novembre 1806, bull. 126, n°. des lois 2047, tom. 5, pag. 604, 4ᵉ. sér.

de se faire remplacer par des administrateurs gérant sous leurs garantie et responsabilité personnelles; mais si, au contraire, la cause d'excuse était survenue depuis l'acceptation de la tutelle, elles auraient la faculté de s'en faire dégager, en faisant convoquer, dans le mois, le conseil de famille, pour faire procéder à leur remplacement; et si, à l'expiration des fonctions, services ou missions qui avaient fait cesser la tutelle, le nouveau tuteur réclamait sa décharge, ou si l'ancien en demandait la reprise, la loi autorise le conseil de famille à la rendre au premier qui en avait été revêtu. (431)

§ 2.

Des causes de dispense fondées sur l'intérêt privé.

Sont dispensés d'accepter la tutelle par des motifs de droit privé :

1º. Tout citoyen qui n'est ni parent ni allié du mineur, lorsque, dans la distance de quatre myriamètres, il existe des parens ou alliés en état de gérer la tutelle; (432)

2º. Tout individu âgé de soixante-cinq ans, peut refuser d'accepter la tutelle; et celui qui a été nommé avant cet âge, peut, à soixante-dix ans, s'en faire dégager; (433)

3º. Tout individu atteint d'une infirmité grave et dûment justifiée, peut se dispenser d'une tutelle non reçue, ou se faire dégager

d'une tutelle acceptée (434) avant son accident ;

4°. Deux tutelles dispensent d'en accepter
une troisième, même le célibataire qui n'a
point d'enfant ;

5°. Celui qui, époux ou père, est déjà
chargé d'une tutelle, ne peut être tenu d'en
accepter une seconde, si ce n'est celle de
ses enfans ; (435)

6°. Quiconque a cinq enfans légitimes,
est dispensé de toute autre tutelle que celle
de ses enfans.

Les enfans morts en activité de service
dans les armées de l'Empire, sont comptés
pour opérer cette dispense, *hi enim qui pro
republicâ ceciderunt, in perpetuum per glo-
riam vivere intelliguntur;* mais ceux qui sont
autrement décédés, ne sont comptés qu'autant qu'ils ont laissé des enfans actuellement existans. (436)

La survenance d'enfant pendant la tutelle, ne peut autoriser à l'abdiquer (437);
d'où il résulte qu'il ne suffit pas que l'enfant soit conçu, qu'il faut au contraire qu'il
soit né pour pouvoir être compté, parce
qu'il n'y a réellement survenance d'enfant
que par la naissance.

Il ne faut pas perdre de vue ce que nous
avons déjà observé plus haut, que l'acceptation de la tutelle opère un quasi-contrat
entre le tuteur et le pupille, et que l'obligation qui en dérive, une fois formée, lie
absolument la volonté de celui qui se l'est
imposée; d'où il faut conclure que celui qui,

librement et sans réserve, a une fois accepté la charge de tuteur, n'est plus admissible à revenir contre son propre fait, en proposant son excuse : la dispense du tuteur doit donc être demandée dès le principe, et avant toute acceptation; mais il est à remarquer que tout en la proposant, si elle n'est acceptée, il doit provisoirement, et jusqu'à ce que le juge ait statué sur sa demande, administrer les biens du mineur, en attendant qu'il soit définitivement déchargé, et qu'un autre ait été nommé à sa place; jusqu'alors la tutelle reste à ses risques et périls.

Les causes d'excuses doivent toujours être proposées au conseil de famille, pour qu'il en délibère : si la tutelle est dative, et que le tuteur nommé se trouve présent à l'assemblée qui vient de le choisir, il doit sur-le-champ, à peine d'être déclaré non-recevable dans sa réclamation ultérieure, proposer ses excuses, pour que le conseil y délibère de suite (438); et s'il n'est pas présent, il doit le convoquer dans le délai de trois jours, à partir de la notification qui lui aura été faite de sa nomination, lequel délai est augmenté d'un jour par trois myriamètres de distance du lieu de son domicile à celui de l'ouverture de la tutelle; passé ce délai dans le silence, il est non-recevable à s'excuser. (439)

Si les excuses proposées par le tuteur sont rejetées par le conseil de famille, il peut recourir aux Tribunaux pour les faire admettre (440), en intimant les membres de l'assemblée qui auront été de l'avis du rejet (*a*), et qui pourront être condamnés aux frais de l'instance, si le Tribunal décide autrement que l'assemblée du conseil; comme le tuteur lui-même doit y être condamné, si sa demande n'est pas accueillie. (441)

SECTION II.

Des causes d'incapacité.

La loi déclare incapables d'être tuteurs :

1º. Les mineurs, parce qu'en règle générale, ils sont eux-mêmes en tutelle.

Elle excepte néanmoins le père ou la mère, parce qu'ils ont la puissance paternelle qui est la première tutelle de leurs enfans; que le mariage les a émancipés (476); que ceux qui sont émancipés ont le droit de faire tous les actes d'administration (481) dont le tuteur est chargé (450); que les actes interdits au mineur émancipé, sans l'autorisation du conseil de famille (483, 484), le sont également au tuteur (457): d'où il résulte que le père mineur n'est chargé, comme tuteur, que des actes dont la loi l'a rendu capable en l'émancipant par son mariage;

2º. Les interdits, parce qu'ils sont eux-mêmes constitués en tutelle;

3º. Les femmes, parce que la tutelle est

____

(*a*) Art. 883, du Cod. de proc.

un office viril. La mère et les ascendantes sont exceptées :

La mère, parce qu'ayant la puissance paternelle sur ses enfans, elle doit, à plus forte raison, être capable de la tutelle à leur égard ;

Les autres ascendantes, parce que l'affection naturelle qu'elles portent à leurs petits-fils répond de l'exactitude particulière avec laquelle elles veilleront sur eux. (442)

4°. Tous ceux qui ont, ou dont les père et mère ont avec le mineur, un procès dans lequel l'état de ce mineur, sa fortune, ou une partie notable de ses biens sont compromis, sont déclarés incapables d'en être tuteur (442), parce qu'on ne doit pas mettre le devoir de l'homme en opposition avec ses intérêts.

Lorsque ces causes d'incapacité existent à l'époque de l'ouverture de la tutelle, elles paralysent la vocation de la loi, ou mettent obstacle à la nomination du conseil de famille ; comme celles qui peuvent survenir après, la font révoquer : tel serait le cas où un tuteur tombé en démence, viendrait à être interdit, ou celui d'un procès intenté après la tutelle, entre le tuteur ou ses père et mère et le mineur ; mais, dans ces circonstances, le tuteur dont la nomination se trouve anéantie par la cause d'incapacité survenue, ne doit point être considéré comme destitué.

La destitution est toujours provoquée pour quelque cause honteuse et par conséquent déshonorante dans l'opinion, tandis que la révocation pour l'incapacité, ne peut imprimer aucune tache; car la minorité, le sexe, l'interdiction, ou la nécessité de soutenir un procès, ne sont pas des choses qui puissent flétrir.

SECTION III.

Des causes de suspicion.

Les causes de suspicion peuvent opérer ou l'exclusion de la tutelle à décerner, ou la destitution de celle déjà établie : sous ce double rapport elles deviennent causes d'exclusion, ou causes de destitution, suivant qu'elles sont préexistantes à la délation de la tutelle, ou survenues après.

Ces causes, en général, sont :

1°. La *condamnation* à une peine afflictive ou infamante (443), et à plus forte raison à une peine emportant mort civile; (23)

2°. L'*inconduite notoire* : expressions qui naturellement doivent s'entendre, soit du défaut d'ordre qui entraîne le dérangement dans les affaires, comme si un homme avait reçu un conseil judiciaire; ou du défaut de sagesse qui emporte le dérèglement des mœurs, comme si un homme avait été condamné à la police pour quelque action scandaleuse;

3°. L'*infidélité* ou l'*incapacité* attestées par une gestion ruineuse.

Sur quoi il faut observer que l'*incapacité* qui résulte du défaut d'intelligence dans les affaires, n'a rien de coupable, par elle-même; elle n'a donc pu être placée par les législa-teurs, au rang des causes honteuses de destitu-tion, que quand elle est attestée par une admi-nistration ruineuse, et parce que l'homme incapable aurait dû s'excuser; d'où il ré-sulte qu'on doit aussi la classer parmi les causes d'excuses légitimes.

Si ces causes existent déjà et sont connues à l'époque de l'ouverture de la tutelle, elles opèrent l'exclusion des personnes sur les-quelles elles frappent; et si elles surviennent ou sont connues depuis la dation de la tu-telle, elles donnent lieu à la destitution du tuteur. (443, 444)

L'exclusion est plus directement relative aux tutelles testamentaires et légitimes, parce que, dans la tutelle dative, il ne peut être nécessaire que le conseil de famille prenne une délibération particulière et mo-tivée pour exclure un individu; il lui suffit de ne pas le nommer.

Ainsi, lorsque la cause d'indignité existe dès le principe, elle met obstacle même à la tutelle légitime ou testamentaire; et lors-qu'elle survient postérieurement, elle donne lieu à la destitution de tout tuteur indistinc-tement: mais dans l'un comme dans l'autre cas, la même cause doit produire les mêmes effets; en conséquence, l'individu exclu, comme celui qui a été destitué d'une tutelle, est déclaré indigne de jamais figurer comme membre dans un conseil de famille. (445)

Il y a donc une grande différence entre

la condition de celui qui a été exclu ou destitué, et celle de celui qui a été excusé ou déclaré incapable de la tutelle, puisque l'un est noté d'une espèce d'infamie légale, tandis qu'aucune atteinte n'est portée à la réputation morale de l'autre.

L'exclusion comme la destitution du tuteur sont prononcées par le conseil de famille convoqué à la diligence du subrogé tuteur, ou d'office par le juge de paix (446), qui, sur la réquisition d'un ou de plusieurs parens ou alliés jusqu'au degré de cousins germains du mineur, ne peut se dispenser de faire cette convocation.

La délibération du conseil ne peut être prise qu'après avoir entendu le tuteur, et elle doit être motivée (447). Si le tuteur destitué ou exclu adhère à cette décision de la famille, il en est fait mention, et le nouveau tuteur élu entre aussitôt en fonctions : dans le cas contraire, le subrogé tuteur poursuit l'homologation de la délibération au Tribunal d'arrondissement qui prononce, sauf l'appel. (448)

Le tuteur destitué ou exclu peut aussi se pourvoir contre la délibération pour la faire déclarer nulle, et assigner soit le subrogé tuteur (448), soit les membres de l'assemblée qui auraient voté sa destitution (*a*); et ceux qui en auraient requis la convocation, peuvent aussi intervenir dans le procès. (449)

(*a*) Art. 883 du Cod. de proc.

LORSQUE c'est le père ou la mère qui est destitué de la tutelle, doit-il être aussi privé des droits résultant de la puissance paternelle?

Nous ne le pensons pas. La loi veut que la puissance paternelle dure jusqu'à la majorité ou l'émancipation (372): mais la destitution du tuteur n'est point l'émancipation de l'enfant; donc la puissance paternelle existe encore à son égard.

La tutelle, comme nous l'avons dit au commencement de ce chapitre, est une charge toute en faveur du mineur, tandis que la puissance paternelle constitue un droit dans les père et mère; la destitution de l'une n'emporte donc pas la privation de l'autre, puisque ce sont deux choses entièrement distinctes : aussi la mère qui, après la mort de son mari, refuse d'accepter la tutelle, comme elle en a le droit (394), n'est point pour cela déchue de la puissance paternelle.

Le tuteur n'est qu'un mandataire préposé à l'administration du mineur: quand il malverse, la loi veut qu'on lui retire cette administration : sa destitution n'est que la révocation de son mandat; on ne pourrait donc le priver des droits qui lui appartiennent personnellement, sans lui imposer une peine qui ne dérive point de l'acte de destitution; et alors il faudrait que la loi eût décrété cette peine, pour que le juge fût autorisé à la prononcer, et c'est ce que nous ne trouvons pas dans le Code. L'article 445 veut bien que tout individu qui aura été exclu ou destitué d'une tutelle ne puisse plus jamais être membre d'un conseil de famille, ce qui emporte une espèce de flétrissure dans l'opinion : mais nous ne trouvons aucune autre peine prononcée contre le tuteur destitué ; or, en matière pénale tout est de rigueur : nulle peine ne peut être infligée, si elle n'est établie par la loi, comme nulle peine ne peut être prononcée que dans les cas précis pour lesquels elle a été décrétée.

CHAPITRE ONZE.

De l'administration du tuteur.

L'administration du tuteur doit être conforme au mandat qu'il a reçu ; la loi lui impose des devoirs qu'il doit remplir, et elle lui donne des pouvoirs qu'il ne peut excéder : nous avons donc à examiner ici ce qu'il doit et ce qu'il peut faire pour et au nom de son mineur.

SECTION Iere.

Des devoirs du tuteur.

Dans la tutelle légitime ou testamentaire, le premier devoir du tuteur est de pourvoir à la nomination d'un subrogé tuteur (421) ; faute de quoi, et s'il y avait dol de sa part, il pourrait être destitué par le conseil de famille.

Comme administrateur de là personne, le tuteur est obligé de pourvoir aux besoins du mineur (450); ce qui comprend ses alimens, son vêtement, son logement, les frais de maladie, les salaires des maîtres et des domestiques, et toutes les dépenses nécessaires pour lui donner une éducation convenable, suivant ses facultés et dans la mesure prescrite par le conseil de famille.

Il doit aussi surveiller paternellement la conduite du mineur; et si celui-ci donne des sujets de mécontentement graves, le tuteur peut, avec l'autorisation du conseil de famille auquel il en aurait référé, provoquer sa réclusion par forme de réquisition adressée au président du Tribunal d'arrondissement. (468)

Régulièrement parlant, la mère du pupille doit être chargée des soins de son éducation domestique, sur-tout dans les années de l'enfance, lorsque le père n'existe plus, quand même elle ne serait pas chargée de la tutelle : elle est en droit de l'exiger ainsi, à moins que des circonstances particulières et assez graves ne déterminent le Tribunal à en ordonner autrement, sur l'avis des parens qui doivent toujours être consultés dans les cas de cette espèce. (302)

Le tuteur est tenu de rendre publique, par la voie de l'inscription, l'hypothèque légale qui frappe ses biens en faveur du mineur, pour sureté de son administration; faute de quoi, s'il avait consenti ou laissé prendre d'autres hypothèques sur ses biens, il serait réputé stellionataire et contraignable par corps. (2136)

Comme administrateur des biens du mineur, le tuteur doit gérer en bon père de famille (450); et pour constater l'état du patrimoine dont il aura à rendre compte, il doit, dans les dix jours de celui de sa nomination dûment connue de lui, requérir la levée des scellés, s'ils ont été apposés, et faire procéder immédiatement, par-devant notaire (a), en présence du subrogé tuteur (451), à l'inventaire des meubles et effets mobiliers du mineur, dans la forme des actes notariés et autres formalités voulues par le titre 4, livre 2 du Code de procédure.

Le notaire appelé pour recevoir l'inventaire, est obligé d'interpeller le tuteur pour qu'il ait à déclarer s'il lui est dû quelque chose de la part du mineur; et faute de satisfaire à cette réquisition par déclaration consignée au procès-verbal, le tuteur demeure déchu, vis-à-vis du mineur, de toute créance préexistante à la tutelle (451), parce que devant être, immédiatement après, nanti des papiers du mineur, la loi ne veut pas que, par la soustraction de ses quittances, le tuteur puisse faire revivre des créances déjà éteintes, et qui sont présumées telles, s'il ne les a déclarées dès le principe.

Lors de l'entrée en exercice de toute tutelle autre que celle des père et mère, le tu-

______

(a) Voyez les articles 935, 936, 943 et 944 du Cod. de proc.

teur doit convoquer le conseil de famille, pour régler, par aperçu et d'avance, suivant l'importance des biens régis, la somme à laquelle pourra s'élever la dépense annuelle du mineur, ainsi que celle de l'administration de son patrimoine, et décider, par la même délibération, si, dans sa gestion, le tuteur sera autorisé à s'aider d'un ou de plusieurs administrateurs salariés et gérant sous sa responsabilité personnelle. (454)

Un des devoirs principaux du tuteur est de placer utilement pour le mineur, les fonds qui ne seraient pas absorbés par les dépenses de son éducation et les frais d'administration de ses biens ; et comme il peut être plus ou moins avantageux de faire ce remploi promptement, ou d'attendre que le montant des épargnes accumulées fournisse un capital plus considérable, tout tuteur, sans exception, est obligé de faire déterminer par le conseil de famille, la somme à laquelle commencera pour lui, l'obligation d'employer l'excédant des revenus sur la dépense. Lorsqu'il a entre les mains cette somme, la loi lui accorde le délai de six mois pour en procurer le placement, passé lequel il en doit l'intérêt pour le temps qu'il l'aura conservée de plus (455) ; et si le tuteur n'a pas eu soin de faire déterminer ce capital par le conseil de famille, il devra, après le délai des six mois expirés, les intérêts de toutes sommes qu'il aura touchées et gardées plus long-temps sans les employer, quelque modiques qu'elles soient. (456)

Enfin, non-seulement la tutelle doit être suivie d'un compte définitif (469), mais même, durant l'administration, le subrogé tuteur qui en est surveillant, peut, en cette qualité, requérir qu'il lui soit remis de la part de tout tuteur direct, autre que les père et mère, des états de situation de sa gestion, aux époques que le conseil aura jugé à propos de fixer, sans néanmoins qu'il puisse être astreint à en fournir plus d'un chaque année : ces états doivent être sur papier libre, et fournis sans frais ni formalité de justice. (470)

SECTION II.

Des pouvoirs du tuteur.

La loi qui retient en état d'interdiction le mineur non émancipé, dans la crainte qu'il ne dissipe sa fortune, loin de le protéger, opérerait infailliblement sa ruine, si le privant de l'exercice de ses actions, elle l'abandonnait dans l'état de nullité civile où elle le constitue ; elle lui donne en conséquence un tuteur pour le défendre et protéger sa personne, ainsi que pour administrer ses biens et le représenter dans tous les actes civils (450) ; mais l'administrateur des intérêts d'autrui abuse plus facilement, parce qu'il craint moins la perte que quand il s'agit de sa fortune propre : d'ailleurs, la faculté de régir en maître, ne peut appartenir qu'au propriétaire de la chose ; la loi a donc dû mettre obstacle à la dissipation des biens du mineur, soit en resserrant dans de justes limites les pouvoirs du tuteur, soit en soumettant l'exécution de son mandat à la ratification du conseil de famille, ou même quelquefois de la justice, suivant le degré d'importance plus ou moins grande que peuvent avoir les actes de son administration.

Il est donc des actes dans la gestion des biens du mineur, que la loi permet au tuteur, et pour lesquels elle s'en rapporte à lui seul; d'autres pour lesquels il doit consulter le conseil de famille et obtenir son consentement; d'autres pour lesquels il faut en outre l'homologation des Tribunaux, et d'autres enfin qui sont généralement prohibés au tuteur : c'est en suivant cette série que nous allons en indiquer les espèces.

§ 1er.

Des actes permis au tuteur seul.

Comme administrateur des biens, le tuteur peut et doit donner à ferme les propriétés du mineur, en toucher les revenus et donner valable décharge; il est, sur cet objet, soumis aux règles établies à l'égard du mari administrant les propres de son épouse (1718) : en conséquence, les baux de neuf ans et au-dessous qu'il aurait passés, doivent être exécutés pendant leur cours entier, lors même que la tutelle viendrait à finir avant leur expiration : s'ils avaient été stipulés pour un temps excédant neuf années, ils seraient obligatoires vis-à-vis du mineur devenu majeur, ou de ses héritiers, après la tutelle finie, pour le temps qui resterait à courir des neuf premières années, si on était encore dans cette première période, ou pour les années qui resteraient encore de la seconde période de neuf ans, si l'on n'était plus dans la première, de manière que le fermier n'ait toujours que le droit d'achever la jouissance de la période des neuf ans où il se trouve au moment de la cessation de la tutelle. (1429)

Dans le cas où les baux auraient été faits par anticipation, ils n'obligent point le mineur devenu majeur, ni ses héritiers, s'ils ont été stipulés pour plus de neuf ans; mais s'ils ne sont que de neuf ans et au-dessous, ils doivent avoir leur cours entier, 1° si leur exécution a commencé avant l'expiration de la tutelle; 2°. s'ils n'ont pas été faits plus de trois ans avant la fin du bail courant, pour les biens ruraux, et plus de deux pour les maisons (1430), et si l'époque où ils doivent commencer n'est pas, vis-à-vis du mineur, hors de l'âge soumis à la tutelle.

Mais le tuteur est-il obligé de mettre des affiches pour affermer les biens du mineur? est-il tenu de les laisser au plus offrant et dernier enchérisseur?

Sans doute ces mesures de précaution peuvent, suivant les circonstances, faire souvent partie des devoirs du tuteur; néanmoins nous ne les croyons pas rigoureusement nécessaires, par les raisons suivantes : 1°. aucun article du Code Napoléon ne lui impose cette obligation ; il est seulement tenu d'administrer en bon père de famille, et il n'est pas du devoir indispensable du bon père de famille de ne procéder à la confection de ses baux que d'après affiches et enchères. 2°. Ce n'est pas toujours le fermier qui offre le plus, qui doit être préféré, mais le plus laborieux, le plus solvable et celui qui paiera le mieux. 3°. La loi ne prescrit au tuteur d'autres règles que celles qu'elle établit pour le mari à l'égard des biens de la femme, et certainement celui-ci n'est point obligé de mettre aux enchères. 4°. Enfin, le tuteur lui-même peut devenir fermier de son mineur, lorsque le subrogé tuteur, autorisé par le conseil de famille, lui passe un bail de gré à gré (450) : pourquoi en serait-il autrement quand c'est le tuteur qui traite avec un tiers ?

Au reste, s'il y avait dol ou fraude pratiqués au préjudice du mineur, il pourrait, même contre le fermier qui en serait participant, demander ses dommages ; et s'il y avait abus, même sans dol, de la part du tuteur qui, par sa négligence, aurait laissé à trop vil prix, faute d'avoir pris les précautions moralement possibles et même commandées par l'usage ordinaire des lieux, il ne serait pas hors de responsabilité vis-à-vis du mineur, parce qu'il n'aurait pas rempli la tâche du bon père de famille.

Lorsqu'une rente constituée sur l'État

appartient à un mineur, et qu'elle n'est que de cinquante francs et au-dessous d'intérêt annuel, il est permis, soit au tuteur, soit au mineur émancipé et assisté de son curateur, d'en opérer le transfert au profit d'un tiers, d'après le cours constaté du jour, sans aucune autorisation spéciale (*a*); mais pour les rentes d'une autre espèce ou d'une plus grande valeur, l'aliénation ne peut être faite sans autorisation, ainsi que nous le dirons plus bas.

A l'égard des autres genres de meubles, tout ce que le conseil de famille n'a pas déclaré devoir être conservé en nature, non-seulement le tuteur peut l'aliéner, mais même il doit, dans le mois qui suit la clôture de l'inventaire, le faire vendre, en présence du subrogé tuteur, aux enchères reçues par un officier public, et après des affiches ou publications mentionnées au procès-verbal de vente. (452)

La loi ne prescrivant point ici la mise successive de plusieurs affiches à diverses époques, comme pour la vente des immeubles, nous croyons (*b*) qu'une seule apposition de placards, indiquant les lieu, jour et heure de la vente, et la nature des objets à vendre, sans néanmoins les dé-

(*a*) Voyez les art. 1 et 2 de la loi du 24 mars 1806, bull. 85, n°. des lois 1440, tom. 4, p. 400, 4e. sér.

(*b*) Voyez l'art. 945, combiné avec l'art. 617 du Code de proc.

tailler (*a*), est suffisante. Ces placards doivent être mis aux lieux accoutumés, c'est-à-dire à la porte de l'endroit où la vente doit être faite, qui est le lieu où sont les meubles, s'il n'en est autrement ordonné (*b*); à la porte de la maison-commune; au marché du lieu, s'il y en a un, ou au plus voisin, s'il n'y en a pas dans l'endroit; à la porte de l'auditoire de la justice de paix (*c*), et autres endroits indiqués par l'usage.

Cette obligation de vendre les meubles pupillaires, pour en employer le prix d'une manière fructueuse, ne pèse point sur les pères et mères, tant qu'ils ont la jouissance propre et légale des biens de leurs enfans mineurs, parce que celui qui a droit de jouir de la chose, a nécessairement celui de la conserver en nature; mais ils doivent procurer à leurs frais l'estimation du mobilier, faite par un expert nommé par le subrogé tuteur, et assermenté par-devant le juge de paix, afin de rendre, à la cessation de leur usufruit, le prix estimatif des objets qu'ils ne pourraient alors représenter en nature. (453.)

Comme administrateur, le tuteur peut toucher non-seulement les revenus, mais même les remboursemens des capitaux du mineur, et en donner valable quittance, parce que le Code n'exige pour ce fait ni

---

(*a*) Voyez art. 618 du Cod. de proc.
(*b*) Art. 949 du Cod. de proc.
(*c*) Art. 617 du Cod. de proc.

l'intervention du juge, ni celle du conseil de famille ; que, dans l'intérêt du mineur, le remboursement des capitaux n'a rien de plus sacré que l'argent qui serait trouvé au domicile mortuaire, ou le prix du mobilier que le tuteur doit vendre pour le toucher et en faire le remploi ; que l'obligation où il est de poursuivre les débiteurs de sommes exigibles, suppose nécessairement en lui le droit de les recevoir ; que, pour administrer et replacer, il faut avoir touché ; qu'en fait de créance, l'aliénation peut toujours être forcée par celui qui doit ; qu'enfin le tuteur a les mêmes pouvoirs que le mineur émancipé aurait (484) avec l'assistance de son curateur, lequel peut donner quittance du remboursement de ses capitaux. (482)

Le tuteur étant chargé du recouvrement de tout ce qui peut être dû au mineur, et obligé d'ailleurs à défendre généralement en toutes causes civiles, il peut seul exercer les actions mobilières du mineur, tant en demandant qu'en défendant, comme il peut seul aussi, et sans autorisation, défendre sur les actions immobilières qui seraient intentées contre lui. (464, 465)

Lorsque le tuteur a fait déterminer par le conseil de famille la somme à laquelle commencera pour lui l'obligation de faire quelques acquisitions pour son mineur, il pourvoit seul aux actes du remploi.

Pareillement, quand il a fait déterminer par aperçu les dépenses annuelles qui doivent être employées soit à l'entretien et l'éduca-tion du mineur, soit à l'administration de ses biens, le pouvoir qu'il a d'administrer emporte nécessairement celui de faire tout ce qui peut être utile à la chose; il peut donc pourvoir à toutes les menues dépenses exigées par les circonstances, telles que les frais de réparations, de voyages, de procès qu'il aurait été autorisé à soutenir, de liquidation de créances, de paiemens de maîtres et domestiques, d'habillement et entretien du mineur, le tout dans la mesure des sommes fixées par aperçu, et lais-sées à sa disposition pour ces objets.

Il peut et doit, suivant la mesure des ressources qui sont en son pouvoir, acquitter les dettes de son mineur.

§ 2.

Des actes pour lesquels l'autorisation du conseil de famille est nécessaire au tuteur.

1°. Le tuteur ne peut accepter ni répu-dier une succession dévolue au mineur, sans une autorisation préalable du conseil de famille, et l'acceptation doit être faite sous bénéfice d'inventaire (461), parce qu'il n'y a point d'engagemens plus redoutables que ceux qu'entraîne le quasi-contrat d'ac-ceptation d'hérédité.

Dans le cas où une succession répudiée au nom d'un mineur, n'aurait pas été acceptée par un autre, elle pourrait être, suivant les principes du droit commun (790), reprise soit par le tuteur, autorisé par nouvelle délibération, soit par le mineur devenu majeur; mais il ne peut la reprendre que dans l'état où elle se trouve, sans pouvoir attaquer les ventes et autres actes qui auraient été légalement faits durant la vacance. (462)

2°. La donation faite au mineur, pour avoir à son égard le caractère d'irrévocabilité qu'elle aurait vis-à-vis du majeur, doit être acceptée par son tuteur, avec l'autorisation du conseil de famille (463): néanmoins, comme elle peut être acceptée par les père et mère du mineur émancipé ou non émancipé, et les autres ascendans, même du vivant des père et mère, quoiqu'ils ne soient ni tuteur ni curateur du mineur (935), il faut en conclure que l'autorisation du conseil de famille n'est nécessaire ici qu'au tuteur étranger, parce qu'il serait absurde d'exiger, à l'égard de l'ascendant quand il est tuteur, une autorisation que la loi ne requiert pas, lors même qu'il n'a pas la qualité de tuteur.

3°. Aucun tuteur, c'est-à-dire pas même le père ou la mère, ne peut introduire en justice une action relative aux droits immobiliers du mineur, ni acquiescer une demande relative aux mêmes droits, sans l'autorisation du conseil de famille (464), ce qui suppose qu'il en est autrement dans l'exercice des actions purement mobilières, ainsi que nous l'avons décidé plus haut.

4°. La loi romaine défendait l'aliénation des meubles précieux du mineur, sans décret du juge : elle exigeait, pour leur vente, les mêmes conditions et formalités que pour celle des immeubles. Nous ne trouvons pas textuellement cette disposition dans le Code Napoléon ; mais la marche qu'il prescrit au tuteur, nous conduit à un semblable résultat : l'article 452 lui défend de vendre les meubles que le conseil de famille aura décidé devoir être conservés en nature, d'où il suit que la classe des meubles précieux demeurant soumise à la décision qui sera portée par l'assemblée des parens, sur l'emploi qu'on en devra faire, c'est à cette assemblée à apprécier les circonstances de besoins urgens qui pourraient exiger l'aliénation de cette espèce de meubles, et à déterminer les conditions de la vente, puisque la loi refuse au tuteur le pouvoir de la faire seul.

Les rentes doivent sur-tout être classées au rang des meubles précieux, puisqu'elles produisent un revenu par elles-mêmes ; néanmoins celles qui sont constituées sur l'État, et qui ne sont que de cinquante francs ou au-dessous, peuvent être aliénées par le tuteur, sans autorisation, suivant le cours du jour, ainsi que nous l'avons déjà expliqué plus haut : mais les inscriptions dont l'intérêt annuel s'élève au-dessus de cinquante francs, ne peuvent être vendues qu'avec l'autorisation du conseil de famille, et suivant le cours du jour légalement constaté, sans qu'il soit besoin d'affiches ni de publications, parce que la valeur réelle de cette espèce d'effets se trouve toujours déterminée par le cours public, qui sert à fixer le prix du transfert. (*a*)

Il résulte de là que les rentes ordinaires, dont la valeur n'est déterminée par aucun cours public, ne peuvent jamais être aliénées qu'avec l'autorisation du conseil de famille, et d'après publications et affiches.

§ 3.

Des actes pour lesquels l'homologation du Tribunal est requise.

Ces actes, les plus importans de la gestion du tuteur, sont l'emprunt et la constitution d'hypothèque, le partage, la vente et la transaction.

1º. *De l'emprunt et de la constitution d'hypothèque.*

Aucun tuteur, pas même le père ou la mère, ne peut emprunter au nom du mineur, ni hypothéquer les biens de celui-ci, sans l'autorisation préalable du conseil de famille ; et cette autorisation ne doit être accordée que pour cause d'une nécessité absolue ou d'un avantage évident, après

---

(*a*) Voyez bull. 85, tom. 4, pag. 400, 4ᵉ sér.

qu'il a été constaté par un compte sommaire, que les deniers, effets mobiliers et revenus du mineur sont insuffisans pour couvrir ses besoins (457); et la délibération du conseil de famille ne doit être exécutée qu'après que le tuteur en aura demandé et obtenu l'homologation au Tribunal de première instance, qui statue sur ces sortes de demandes, en la chambre du conseil, après avoir entendu le procureur impérial. (458 et 483)

2°. *Du partage.*

Lorsqu'il s'ouvre une succession à laquelle un ou plusieurs mineurs sont appelés comme seuls héritiers ou cohéritiers avec d'autres, le scellé doit être apposé dans le plus bref délai, soit à requête des héritiers, soit à la diligence du procureur impérial près le Tribunal d'arrondissement, soit d'office par le juge de paix, dans le canton duquel la succession est ouverte (819), et il ne peut être levé que les mineurs n'aient été préalablement pourvus de tuteur ou émancipés (*a*), pour paraître à l'inventaire qui doit précéder le partage.

Le partage peut être fait amiablement et sans formalité de justice, pour éviter frais : alors il n'est que provisionnel, et les mineurs devenus majeurs sont maîtres de le ratifier, pour s'en tenir à leurs lots, ou de le faire recommencer, s'ils croient y avoir intérêt

____

(*a*) Art. 929 du Cod. de proc.

(466) ; mais si l'on veut définitivement sortir de l'état d'indivision et donner au partage, à l'égard des mineurs, toute la force qu'il aurait entre majeurs (840 et 1314), il est nécessaire d'y procéder en justice (*a*), soit qu'il s'agisse de la division générale d'une hérédité, soit que la demande en partage n'ait pour objet qu'un ou plusieurs corps de fermes, ou seulement certains immeubles déterminés. (*b*)

Si plusieurs mineurs de la même famille, et déjà pourvus d'un tuteur commun, se trouvent appelés à un partage, on doit préalablement nommer à chacun d'eux un tuteur spécial pour le représenter (*c*), parce que le même tuteur qui leur a été donné à tous, ne pourrait agir pour les uns contre les autres, sans contravention à son mandat. (838)

En règle générale, nul ne peut être contraint à demeurer dans l'indivision (815) ; en conséquence soit le majeur, soit le mineur émancipé et assisté de son curateur (840), soit le tuteur du mineur non émancipé, sont recevables à former la demande en partage.

Si l'action est ouverte à requête du majeur, la nécessité de la défense dispense le mineur de requérir l'autorisation du conseil de famille qui ne pourrait y mettre obstacle ; si, au contraire, c'est à requête du mineur

---

(*a*) Art. 984 du Cod. de proc.
(*b*) Art. 975 du Cod. de proc.
(*c*) Art. 968 du Cod. de proc.

constitué en tutelle (465), ou émancipé (484), que la demande est intentée, l'autorisation spéciale du conseil de famille est nécessaire (817) pour qu'elle soit recevable, parce qu'il est possible que les inconvéniens de rester encore quelque temps en communion de propriété, soient jugés, par ce conseil, moins considérables que ceux qui résultent de la nécessité de recourir à la justice, pour procurer à grands frais, un partage définitif qui, à l'époque de la majorité des parties, pourrait être fait sans dépens.

Le Tribunal saisi de la demande doit, par le même jugement qui admet d'abord l'action, commettre, pour les opérations du partage, un des juges, sur le rapport duquel il décidera les contestations qui pourront y avoir lieu (823), et ordonner qu'il sera fait par experts et gens de l'art, assermentés par-devant ce juge commissaire, ou devant le juge de paix du canton où ils doivent opérer (*a*), rapport portant estimation de tous les objets tant meubles (825) qu'immeubles (824), dont la masse est à partager. (*b*)

L'article 466 du Code Napoléon porte que, pour obtenir, à l'égard du mineur, tout l'effet qu'il aurait entre majeurs, le partage devra être fait en justice, et précédé d'une estimation faite par experts *nommés par le Tribunal* du lieu de l'ouverture de

----

(*a*) Art. 305 du Cod. de proc.
(*b*) Art. 969 du Cod. de proc.

la succession ; et l'article 824 porte au contraire que l'estimation doit être faite par experts *choisis par les parties*, ou à leur refus, nommés d'office : comment doit-on concilier ces deux dispositions ?

Nous croyons qu'on doit lever l'antinomie apparente de ces deux textes, en appliquant le premier comme le second, seulement au cas que les parties ou quelques-unes d'elles n'auraient pas nommé d'experts, soit qu'elles eussent refusé de le faire, soit qu'elles ne se fussent point accordées dans leur choix. Nous fondons cette décision sur les motifs suivans : 1°. dans les principes du droit commun, chaque partie a la faculté de concourir à la nomination des experts ; 2°. le second texte est précis et ne souffre aucune interprétation, tandis que les expressions plus vagues de la première disposition sont susceptibles d'une application restrictive ; 3°. la seconde de ces dispositions est uniquement adoptée par le Code de procédure postérieurement décrété pour organiser les actions en partage dont le principe est établi par le Code civil : certes on ne pourrait pas dire qu'une procédure fût nulle, lorsqu'on serait forcé de convenir de sa parfaite harmonie avec le Code spécialement institué pour en régler la marche.

Les experts doivent donc être nommés ici dans la forme ordinaire (*a*), au nombre

---

(*a*) Art. 971 du Cod. de proc.

de trois (*a*), choisis en masse et indistinctement par les parties (*b*), ou d'office, par jugement du Tribunal, si les parties ne sont pas d'accord dans leur choix. (*c*)

Ces premiers experts choisis pour faire l'estimation des choses à partager, doivent en même temps composer les lots qui seront ensuite (466) tirés au sort, en présence du juge commissaire, ou d'un notaire commis par le Tribunal, si la demande en partage n'a pour objet que la division d'un ou de plusieurs immeubles déterminés, sur lesquels les droits des copartageans sont déjà liquidés. (*d*)

Mais dans les autres cas, les parties sont renvoyées à compter préalablement devant un notaire (*e*); et lorsque la masse du partage, les rapports et prélèvemens à faire par chacune des parties intéressées ont été établis par ce notaire, les lots sont formés par un nouvel expert nommé par le juge commissaire (*f*), et ensuite soumis à l'homologation du Tribunal (*g*) qui, par le même jugement, ordonne le tirage au sort, ou devant le juge commissaire, ou devant le notaire qui dresse procès-verbal de la délivrance

---

(*a*) Art. 303 du Cod. de proc.
(*b*) Art. 304 du Cod. de proc.
(*c*) Art. 305 du Cod. de proc.
(*d*) Art. 975 du Cod. de proc.
(*e*) Art. 976 du Cod. de proc.
(*f*) Art. 978 du Cod. de proc.
(*g*) Art. 981 du Cod. de proc.

des lots (*a*), conformément à ce qui est prescrit au titre 7, livre 2 du Code de procédure.

Lorsque la concurrence d'un ou plusieurs mineurs avec des majeurs, oblige les parties à employer toutes ces formalités judiciaires, pour parvenir à un partage définitif, les frais doivent-ils être également supportés par tous, ou seulement par les mineurs, comme les ayant seuls occasionés?

La section du Conseil d'état, chargée de présenter le projet du Code civil, avait inséré dans sa première rédaction, un article où il était décidé que, dans les cas où le partage en justice serait provoqué au nom du mineur et dans son intérêt, les frais de justice seraient par lui supportés; qu'au contraire ils seraient supportés par tous les copartageans, lorsque l'action aurait été ouverte par le majeur; mais cet article a été retranché sur l'observation de M. Treilhard, qui dit que *quand le partage est reconnu nécessaire et juste*, c'est la chose qui doit en supporter les frais (*b*) : ainsi, dans tous les cas, les dépens du partage pèsent également sur la masse, et l'équité le prescrit ainsi, soit parce qu'ils ne sont point arbitrairement occasionés par le mineur qui ne peut agir autrement, soit parce qu'ils sont faits plutôt pour l'avantage des majeurs eux-mêmes, afin de les soustraire à toute action en res-

______

(*a*) Art. 982 du Cod. de proc.
(*b*) Voyez dans Locré, tom. 5, pag. 236.

titution, qu'aurait le mineur, si les formes voulues par la loi n'avaient pas été employées.

3°. *Des aliénations.*

Le mineur ne peut aliéner à titre gratuit que par contrat nuptial (1095 et 1398), avec l'assistance de ceux dont le consentement est nécessaire à la validité de son mariage, et alors ses conventions ont le même effet que s'il était majeur (1309); mais il est permis de vendre ses biens, en se conformant aux règles prescrites par les lois.

Déjà nous avons vu précédemment quelles sont les règles suivant lesquelles on doit procéder à la vente des meubles des mineurs : celle des immeubles, dont nous avons à parler ici, est soumise à des conditions préalables et à des formes plus rigoureuses.

1°. Le tuteur du mineur non émancipé, ni le mineur émancipé (457 et 484), ne sont recevables à demander la vente des immeubles pupillaires, qu'autant qu'ils y sont autorisés par le conseil de famille.

2°. Cette autorisation ne doit être accordée que pour cause d'une nécessité absolue ou d'un avantage évident.

3°. Le conseil de famille doit désigner les immeubles qui devront être vendus de préférence, et déterminer les conditions de la vente.

4°. La délibération du conseil ne peut

être exécutée qu'après que le tuteur en a obtenu l'homologation du Tribunal d'arrondissement, qui statue en la chambre du conseil après avoir entendu le procureur impérial.

5e. La mise aux enchères doit être précédée d'une estimation par experts. (*a*)

6o. La vente doit être faite publiquement, en présence du subrogé tuteur, aux enchères reçues par un membre du Tribunal, ou un notaire commis par jugement à cet effet, à la suite de trois affiches apposées par trois dimanches consécutifs, aux lieux accoutumés dans le canton (459); chacune de ces affiches doit être visée et certifiée par le maire des communes où elles auront été apposées. Il faut en outre avoir rempli toutes les autres formalités dont le détail est prescrit par le titre 6, livre 2 du Code de procédure civile.

Lorsqu'il s'agit de licitation provoquée de la part d'un copropriétaire majeur, comme la vente est alors forcée, l'autorisation du conseil de famille ne doit point intervenir, puisqu'il ne pourrait empêcher (*b*); mais en ce cas-là même, la vente doit être précédée de l'expertise et des autres formes prescrites pour l'aliénation ordinaire (*c*), de sorte que les étrangers y sont nécessairement appelés (460) pour favoriser, autant que possible, la hausse du prix.

(*a*) Art. 955 du Cod. de proc.
(*b*) Art. 954 du Cod. de proc.
(*c*) Art. 972 du Cod. de proc.

4°. *De la transaction.*

La transaction est une convention non gratuite, faite entre deux ou plusieurs personnes, sur une chose douteuse, dans la vue de prévenir ou de terminer un procès, en abonnant, avant l'événement incertain de la décision, les intérêts respectifs qui pourraient en résulter.

Pour transiger sur un objet, il faut donc qu'il soit à la disposition de celui qui transige, puisque réellement il dispose de ses prétentions : le tuteur qui n'a pas la libre disposition des biens et actions du mineur, ne peut donc transiger par lui-même.

Il doit y être autorisé par une délibération du conseil de famille : il ne peut le faire que de l'avis de trois jurisconsultes désignés par le procureur impérial, et la transaction n'est valable qu'autant qu'elle a été homologuée par le Tribunal civil, la partie publique entendue. (467)

§ 4.

Des actes prohibés au tuteur dans son administration.

Le mineur qui peut n'être qu'un enfant au berceau, est considéré comme nul dans la gestion de ses intérêts; c'est pourquoi l'exercice de toutes ses actions est transféré entre les mains du tuteur, comme s'il était la personne du mineur même; d'où il résulte que ce délégué de la loi ne peut ni acheter les biens du mineur, ni pactiser avec lui (450), parce que nul ne peut contracter avec soi-même : comme il résulte aussi du même principe que les actes que le tuteur aurait fait *tutorio nomine*, par devoir de ses fonctions, ne pourraient lui être opposés dans sa cause personnelle.

L'autorité du tuteur est toute de protution; ses pouvoirs sont, dans le sens le plus absolu, destinés à défendre la personne et les biens du mineur; en conséquence, la loi doit lui interdire tout acte contraire au but essentiel du mandat qu'elle lui donne; c'est pourquoi il ne peut accepter aucun transport de créance contre son pupille (450), parce qu'étant chargé de repousser les demandes des créanciers, par toutes les exceptions légales qui peuvent appartenir au mineur, il serait absurde de légitimer des actes de cession par lesquels le défenseur du faible se trouverait intéressé à sacrifier ses intérêts, et pourrait faire valoir comme certaines, des dettes douteuses, peut-être nulles et déjà éteintes.

Enfin, suivant les dispositions d'ordre public établi en France pour l'administration de la justice, les procureurs impériaux devant être entendus dans toutes les causes où il y a des mineurs intéressés (*a*); il n'est donc pas permis de compromettre sur leurs inté-

______

(*a*) Art. 83 du Cod. de proc.

rêts, pour confier à des arbitres le sort des contestations qui peuvent les concerner (*a*), parce qu'en faisant sortir leurs causes de la ligne des Tribunaux, on les soustrairait par là même aux regards et à la vigilance du ministère public chargé de veiller sur leur défense.

CHAPITRE DOUZE.

Des obligations du mineur envers son tuteur.

La tutelle étant un quasi-contrat formé, par son acceptation, entre le tuteur et son pupille, il résulte de là, que si l'un est obligé d'administrer et de rendre compte, l'autre est tenu, de son côté, d'allouer au tuteur les dépenses nécessaires et utiles, faites pour lui ou à son occasion, et qu'il doit lui rembourser les sommes dont il pourrait être en avance, ainsi que tous frais légitimes faits dans sa tutelle.

Dans l'esprit du droit romain, les privi-léges, attachés au quasi-contrat de la tu-telle, étaient réciproques, comme les obli-gations qui en naissent; en conséquence, le tuteur avait, pour le recouvrement de ses avances, sur les biens de son pupille, la même hypothèque tacite que la loi accor-dait à celui-ci sur les biens de son tuteur: mais cette réciprocité n'est point admise dans notre Code. (2121)

____

(*a*) Art. 1003, 1004 et 1013 du Cod. de proc.

Par le même principe de la réciprocité, ce qui était dû au tuteur pour avance, portait intérêt de plein droit jusqu'à ce qu'il eût été remboursé, comme il l'aurait dû lui-même, s'il avait été reliquataire : c'est encore ici un point sur lequel le Code Napoléon s'écarte de la jurisprudence romaine, puisqu'il fait courir, de plein droit, au profit du mineur, les intérêts des sommes dues par le tuteur, soit pour celles dont il n'aurait pas eu soin de procurer le remploi et qu'il aurait gardées au-delà du temps prescrit par la loi (455, 456), soit à l'égard de celles dont il se trouverait reliquataire en définitive, duquel reliquat l'intérêt court, sans aucune demande, dès le jour de la clôture du compte, tandis que tout ce qui peut être dû au tuteur, par le mineur, ne porte intérêt que du jour de la sommation de paiement qui a suivi l'apurement du compte pupillaire. (474)

CHAPITRE TREIZE.

De la fin de la tutelle.

La tutelle finit :

1º. Par la mort naturelle soit du tuteur, soit du pupille, parce qu'étant une charge personnelle et constituée sur la personne, elle ne passe ni aux héritiers, ni sur les héritiers.

Néanmoins si les héritiers du tuteur sont majeurs, ils sont tenus de continuer jusqu'à la nomination d'un nouveau tuteur, comme

Ils sont responsables aussi, et dans tous les cas, de la gestion de leur auteur. (419)

2°. La tutelle finit par la mort civile soit du pupille, soit du tuteur, parce qu'étant un office civil, elle ne peut exister à l'égard de ceux qui n'ont pas les effets du droit civil. (25)

3°. Elle finit par l'émancipation du mineur; (486)

4°. Par la majorité acquise de la part du mineur, s'il n'a été précédemment émancipé.

S'il y a plusieurs mineurs soumis à la même tutelle, elle finit successivement pour chacun d'eux, à mesure qu'ils parviennent à leur majorité; et tous peuvent, les uns après les autres, demander leur compte au tuteur, sans que les aînés soient tenus d'attendre la fin de la tutelle des cadets, parce qu'aucune loi ne les y oblige.

5°. Si, dans l'attente de quelqu'événement, la tutelle avait été déférée seulement à un terme plus rapproché que celui de la majorité, elle finirait au temps fixé, parce que les obligations ne doivent être remplies que dans la mesure suivant laquelle elles ont été contractées.

6°. Elle finit par la destitution pour cause de suspicion jugée légitime;

7°. Elle finit lorsque le tuteur nommé est parvenu à s'en faire décharger aussi pour cause approuvée par la loi.

8°. Comme il est de la nature de tout engagement de se dissoudre de la même manière dont il a été contracté, la tutelle finit encore, par la démission du tuteur faite dans un conseil de famille légalement convoqué pour en nommer un autre, lorsque cette démission est acceptée sans opposition.

CHAPITRE QUATORZE.

Du compte de tutelle.

Nous avons déjà observé plus haut, que tout tuteur, autre que le père et la mère, pouvait être obligé, même durant la tutelle, de remettre au subrogé tuteur, des états de situation de sa gestion, aux époques que le conseil de famille aurait jugé à propos de fixer, sans néanmoins qu'on puisse l'astreindre à en fournir plus d'un chaque année : ces états de situation fournis au subrogé tuteur, pour éclairer sa surveillance, peuvent aussi servir de documens sur le compte définitif, mais ils n'en tiennent pas lieu.

Nous avons à examiner ici,

Sur qui peut peser l'obligation du compte pupillaire;

À qui il doit être rendu, et qui est-ce qui doit le recevoir;

Où et dans quelle forme il doit être représenté;

Quels en sont les élémens;

La nature et l'étendue de l'obligation qui peut en naître sur le reliquat;

Enfin le terme de la prescription par laquelle cette obligation se trouve éteinte.

Section Iere.

Sur qui pèse l'obligation du compte pupillaire ?

La qualité de comptable est nécessairement inhérente à celle d'administrateur des biens d'autrui : l'obligation de rendre compte pèse donc, non-seulement sur tout tuteur, sans exception (469), après l'expiration de la tutelle ; mais encore sur ceux qui, sans avoir eu la qualité de tuteur proprement dit, ont néanmoins été chargés, pendant un temps, de l'administration des biens du mineur.

Ainsi la mère qui refuse la tutelle, mais qui doit gérer jusqu'à la nomination d'un tuteur (494), doit rendre compte de cette administration provisoire ; comme la veuve qui se remarie sans avoir provoqué une nouvelle nomination, devient, avec son mari (395), solidairement comptable de la tutelle indûment conservée.

Ainsi, tout tuteur qui a fait admettre ses excuses (440), et à plus forte raison celui qui a été destitué, mais qui, durant le litige, a eu la gestion des biens, doit en rendre compte.

Enfin les héritiers du tuteur décédé sans avoir rendu son compte, peuvent être aussi comptables sous deux rapports ; c'est-à-dire, soit comme représentans du débiteur dont ils ont recueilli la succession, soit comme étant tenus de continuer la gestion, lorsqu'ils sont majeurs, jusqu'à la nomination d'un nouveau tuteur. (419)

Section II.

Qui est-ce qui doit recevoir le compte pupillaire ?

Si la tutelle est finie par la majorité de celui qui était mineur, lui seul est en droit de demander son compte, de le recevoir et de l'arrêter, parce qu'il a acquis la plénitude de l'exercice de ses actions. S'il existe plusieurs frères et sœurs constitués sous la même tutelle, chacun d'eux, parvenu à sa majorité, peut exiger le compte tutélaire en ce qui le concerne, sans attendre la majorité des cadets, soit parce que réellement la tutelle est finie pour lui (469), soit parce qu'il ne doit point souffrir de la condition personnelle des autres.

Lorsque la tutelle finit par la mort du mineur, et que ses héritiers sont majeurs, ils peuvent aussi seuls demander et recevoir le compte, parce qu'ils sont maîtres de leurs droits.

Mais si la tutelle finit par la mort ou la destitution du tuteur, ou par une cause d'excuse légitime, durant la minorité du pupille, c'est au nouveau tuteur qui doit être choisi pour le représenter dans tous ses actes civils (450), à demander et recevoir le compte de son prédécesseur; et comme ce premier compte servira de base à celui qu'il devra rendre un jour, qu'à son égard il tient lieu de l'inventaire où le subrogé tuteur doit être présent (451), il paraît nécessaire d'appeler celui-ci à ce compte, pour le vérifier et le débattre en sa présence et à sa participation, avec d'autant plus de raison, que les états de situation qu'il a pu exiger annuellement du premier tuteur, peuvent servir ici de documens et de contrôle; et que la surveillance qu'il exerce, suppose nécessairement en lui une responsabilité qui lui donne un droit personnel de comparution, pour se mettre à l'abri de toute recherche par la suite.

Enfin, si la tutelle a cessé par l'émancipation du mineur, le compte doit lui être rendu avec l'assistance d'un curateur nommé par le conseil de famille. (480)

Section III.

Où et dans quelle forme le compte pupillaire doit-il être présenté?

Le compte pupillaire, comme étant une suite et une exécution de la tutelle, doit être présenté au lieu où elle a été déférée, et c'est par-devant les juges de cet arrondissement, qu'on doit porter toutes les contestations qui peuvent naître des débats. (*a*)

C'est au mineur à en supporter les dé-

(*a*) Art. 527 du Cod. de proc.

pens, mais c'est au tuteur à en avancer les frais. (471)

Il doit être basé sur trois chapitres : le premier comprend toutes les recettes que le tuteur a faites ou dû faire, et présente par là, le tableau général de l'actif du mineur.

Le second porte le montant des dépenses effectives faites par le tuteur, avec récapitulation et balance des recettes et dépenses.

Le troisième comprend les reprises, s'il y en a, lesquelles se composent des objets qui, quoique faisant partie de l'actif du mineur, n'auraient pu être recouvrés par le tuteur, et doivent lui être portés en diminution sur les recettes. (*a*)

On peut aussi, pour plus de clarté et suivant l'exigence des circonstances, composer ainsi successivement le compte pour chaque année d'administration.

Le compte peut être amiablement vérifié et arrêté lorsqu'il est rendu à un majeur maître de ses droits : mais en est-il de même quand il est rendu au nouveau tuteur d'un mineur? l'autorisation du conseil de famille n'est-elle pas nécessaire à ce tuteur, pour pouvoir l'arrêter? ne doit-il pas être présenté et homologué en justice, pour opérer l'entière libération du comptable?

Nous croyons que ces formalités ne sont pas nécessaires, 1º. parce que nulle part le Code ne paraît les exiger.

____

(*a*) Art. 533 du Cod. de proc.

2°. L'article 473 porte que, *si le compte donne lieu à des contestations, elles seront poursuivies et jugées comme les autres contestations en matière civile;* ce qui suppose qu'on ne doit point recourir en justice, lorsque les articles du compte, justifiés d'un côté et avoués de l'autre, ne donnent lieu à aucune contestation.

3°. Suivant l'article 480, le compte de tutelle est rendu au mineur émancipé, assisté d'un curateur qui lui est donné par le conseil de famille, et rien n'est exigé de plus : la qualité de mineur et l'incapacité d'aliéner sont ici les mêmes que dans le cas où le pupille reste en tutelle; il n'y a donc pas plus de formes à employer dans une des hypothèses que dans l'autre.

4°. L'interdit est assimilé au mineur pour sa personne et pour ses biens (509); or, le tuteur qui est définitivement donné à l'interdit, n'a besoin d'aucune autorisation pour arrêter et recevoir le compte de l'administrateur provisoire qui l'a précédé dans sa gestion (505); pourquoi en serait-il autrement à l'égard du tuteur du mineur?

Il paraît donc qu'on doit considérer la vérification et l'arrêté du compte pupillaire, comme étant des actes de simple administration confiés au tuteur seul, lequel doit néanmoins agir en présence du subrogé tuteur, ainsi que nous l'avons remarqué plus haut.

Observons cependant que le tuteur ne pourrait faire aucune remise gratuite pour son mineur; que s'il s'agissait de transiger sur les débats de quelques articles, il serait nécessaire de recourir aux formes voulues par le Code, pour la validité des transactions de mineurs (467), sans quoi le rendant compte ne serait pas libéré; et qu'il est de la prudence du nouveau tuteur de consulter le conseil de famille sur les chefs de dépenses qui ne seraient pas justifiés par écrit, ou sur la légitimité desquels il y aurait des doutes raisonnables.

Soit que le compte pupillaire ne présentant aucune difficulté, se trouve amiablement arrêté, soit qu'on le porte en justice, sur les contestations qu'il aurait fait naître, les quittances de fournisseurs, ouvriers, maîtres de pension et autres de même nature, produites par le tuteur, comme pièces justificatives, sont dispensées de l'enregistrement (a)

Section IV.

Des élémens du compte pupillaire.

Les premiers élémens du compte pupillaire se trouvent dans l'inventaire fait lors de la dation de la tutelle, et dans la vente des meubles qui aurait eu lieu à la même époque. Le tuteur doit reproduire les divers objets portés en ces actes, ou justifier de l'emploi.

(a) Art. 537 du Cod. de proc.

Il doit rapporter en outre le produit des créances qu'il aurait recouvrées, ou même qu'il aurait dû recouvrer, quoiqu'il ne l'eût pas fait, si par sa faute il en avait laissé prescrire, ou si par négligence il avait attendu des débiteurs devenus ensuite insolvables.

Il doit compte des revenus du mineur; de l'intérêt des sommes qu'il n'aurait pas employées dans le temps prescrit, et même des dommages-intérêts pour dégradations qu'il aurait laissé commettre ou survenir dans les bâtimens et héritages du mineur, parce qu'il est tenu d'administrer en bon père de famille. (450)

D'autre part, on doit allouer au tuteur rendant compte, *toutes dépenses suffisamment justifiées, et dont l'objet sera utile.* (431)

Sur quoi il faut observer, 1°. qu'on voit, par la discussion qui a eu lieu sur ces expressions du Code, que le tuteur n'est pas toujours obligé de justifier par écrit, les dépenses qu'il a faites pour son mineur, et qu'on doit avoir égard aux circonstances de faits, pour lui allouer, sur simple répétition, celles dont il n'est pas d'usage de tirer quittance.

2°. Que, pour estimer l'utilité de l'objet auquel la dépense a été employée, c'est sur ce que la chose exigeait de la part du père de famille, au temps où la dépense a été faite, et non pas sur les événemens postérieurs, qu'il faut en juger; d'où il ré=

sulte que si, par exemple, le tuteur a procuré des réparations utiles ou nécessaires dans un bâtiment qui ensuite ait été consumé par un incendie, on doit les lui allouer dans son compte, quoique, par accident postérieur, le mineur n'en ressente aucune utilité, parce que c'est une chose qui est périe pour lui.

SECTION V.

De la nature de l'obligation du tuteur comptable.

Telle est l'obligation de rendre compte de la part du tuteur, que tout traité qui pourrait intervenir entre lui et le mineur devenu majeur, serait nul s'il n'avait été précédé de la reddition d'un compte détaillé et de la remise des pièces justificatives, le tout constaté par récépissé, dix jours au moins avant le traité (472), et cela afin d'écarter toute fraude ou erreur qu'il serait facile de pratiquer ou de commettre dans une négociation de cette espèce, où l'un doit être très-instruit des faits, tandis que l'autre peut les ignorer entièrement.

Si le compte produit un reliquat à la charge du tuteur, les *intérêts* (a) courent contre lui dès le jour de la clôture (474),

---

(a) *Vid. tamen art.* 542, *Cod. pro.*, pour le cas où le compte est présenté en justice, et où l'oyant fait défaut.

ainsi que nous l'avons déjà observé plus haut, et le mineur a, sur tous les fonds et immeubles du comptable, une hypothèque légale qui remonte au jour de l'acceptation de la tutelle. (2135)

Le tuteur reliquataire peut même, suivant les circonstances plus ou moins aggravantes contre lui, être condamné par corps au paiement de son reliquat de compte (*a*); et en ce cas il ne serait pas recevable, pour obtenir la liberté de sa personne (1270), à demander le bénéfice de la cession de biens (*b*), accordé par le Code (1268) aux débiteurs malheureux.

Tant que le compte de la tutelle n'a pas été définitivement rendu et arrêté, l'obligation qui pèse sur le tuteur fait que la loi le regarde comme suspect dans l'usage qu'il pourrait faire de l'ascendant qu'il s'est acquis sur son pupille. En conséquence, le mineur, quoique parvenu à l'âge de seize ans, ne peut même, par testament, disposer au profit de son tuteur; et le mineur, devenu majeur, ne peut disposer, soit par donation entre-vifs, soit par testament, au profit de celui qui a été son tuteur, si le compte définitif de la tutelle n'a été préalablement rendu et apuré. On excepte néanmoins de cette prohibition les ascendans des mineurs, qui sont ou qui ont été leur tuteur. (907)

(*a*) Art. 126 du Cod. de proc.
(*b*) Art. 905 du Cod. de proc.

SECTION VI.

De la prescription. De l'action en reddition de compte pupillaire.

La loi a dû, sans doute, accorder une protection toute particulière au mineur; mais aussi la tutelle est une charge assez onéreuse par elle-même, pour qu'on n'en doive pas prolonger immodérément les embarras : les élémens d'un compte pupillaire reposent souvent en partie sur de simples souvenirs que le temps efface : les pièces justificatives plus ou moins nombreuses peuvent aussi disparaître par mille accidens : la loi, d'ailleurs, si sévère envers le tuteur, devait donc, pour être juste, lui assurer à son tour sa tranquillité, en paralysant, par une prescription courte, les répétitions tardives du mineur.

En conséquence, l'art. 475 du Code porte que *toute action du mineur contre son tuteur, relativement aux faits de la tutelle, se prescrit par dix ans, à compter de la majorité.*

Ainsi, le mineur devenu majeur, et qui est parvenu à l'âge de trente-un ans révolus, sans avoir demandé de compte à son tuteur, ne peut plus ouvrir d'action à ce sujet.

Mais si, après la majorité acquise au mineur, le compte avait été présenté et débattu, et que le tuteur eût été reconnu e reliquataire, sans avoir été ensuite poursuivi en paiement, se trouverait-il également libéré par la prescription de dix ans?

On pourrait dire, pour l'affirmative, que le compte n'emportant pas novation de la dette, puisqu'il n'est fait que pour en vérifier le montant, la demande en paiement du reliquat reconnu ne serait toujours qu'une *action du mineur contre son tuteur, relativement aux faits de la tutelle*, et que, conséquemment, elle serait prescrite par dix ans, puisque la loi veut que *toute action* du mineur contre le tuteur, pour faits de la tutelle, soit éteinte par ce laps de temps.

Néanmoins l'opinion contraire paraît mieux fondée.

1°. Si l'on a dû abréger le temps de la prescription sur l'action en reddition de compte, c'est parce que les élémens dont il se compose ont souvent une existence peu assurée; qu'ils peuvent facilement s'égarer; que les héritiers du tuteur pourraient sur-tout se trouver dans des embarras insurmontables, s'ils se trouvaient exposés aux recherches du mineur, pendant tout le temps nécessaire pour la prescription des actions personnelles ordinaires; mais ce motif n'existe plus, dès que le compte a été rendu et arrêté; il n'y a donc plus alors la même raison d'abréger la prescription.

2°. L'arrêté de compte est une reconnaissance de la dette dont l'administration a été la cause : autre chose est d'assigner quelqu'un en reddition de compte; autre chose est de lui demander ce qu'il a reconnu devoir : il y a donc ici une espèce de novation, puisqu'on n'intente pas la même action.

C'est ainsi que les auteurs du Code l'ont considéré à l'égard des prescriptions courtes dont il est question dans les art. 2271, 2272 et 2273, où nous voyons qu'après avoir fixé le terme des actions appartenant aux marchands, maîtres de pension, ouvriers, avoués, etc., etc., ils ont ajouté, par l'article 2274, que « la prescription, dans les cas ci-dessus, » a lieu, quoiqu'il y ait eu continuation de » fournitures, livraisons, services et travaux. » Elle ne cesse de courir que lorsqu'il y » a *eu compte arrêté*, cédule, obligation » ou citation en justice, non périmée. » Ainsi, suivant cette disposition du Code, l'arrêté de compte a le même effet, pour perpétuer l'obligation, qu'une obligation ou une citation en justice.

Une autre question qui s'élève sur l'application du même article, est de savoir si la prescription doit être réciproque entre le tuteur et le mineur devenu majeur?

Le reliquat du compte peut se trouver à la charge du mineur comme à celle du tuteur : supposons donc que ce soit le tuteur qui se trouve en avance; sa créance sur le mineur sera-t-elle prescrite par dix ans de silence, comme celle du mineur le serait par le même laps de temps?

Si l'on ne veut s'attacher qu'au pur texte

littéral de la loi, il paraît qu'on doit conserver au tuteur ses actions, puisque notre
article ne déclare prescrites que celles du
mineur : néanmoins cela n'est pas sans difficulté, pour le cas où il n'y aurait point
eu de compte rendu dans les dix ans.

L'acceptation de la tutelle produit des
obligations qui sont corrélatives et réciproques. Comme le tuteur n'est obligé de rendre compte de sa perception qu'à condition
qu'on lui remboursera ses impenses ; de
même, le mineur n'est obligé à rembourser
son tuteur que sous la condition que celui-
ci lui rendra son compte : il est donc difficile de penser que l'intention du législateur
ait été d'anéantir l'action de la part du mineur et de la conserver de la part du tuteur,
puisque l'une est essentiellement subordon-
née à l'autre.

On peut cependant dire, pour le tuteur,
qu'en demandant à rendre compte après les
dix ans, il renoncerait à la prescription acquise, et rétablirait le mineur dans ses droits.

Mais là difficulté est-elle par-là résolue
toute entière ? Si l'obligation du mineur
n'existe que sous la condition de l'obligation
réciproque du tuteur, elles reposent l'une et
l'autre sur un principe indivisible : l'une se
trouve donc anéantie par la conséquence
de l'anéantissement de l'autre, puisqu'elle
n'existait que sous la condition de l'existence de celle-ci.

Si, au contraire, le compte avait été rendu
après l'expiration de la tutelle, et que le re-

liquat eût été fixé au profit du tuteur, alors les exceptions de celui-ci auraient reçu leur exécution : ses répétitions ne seraient plus subordonnées à l'obligation de compter, parce qu'après le compte rendu, cette obligation n'existe plus ; le tuteur se trouverait donc, comme un créancier ordinaire, vis-à-vis de son pupille ; celui-ci ne pourrait, par conséquent, lui opposer la prescription de dix ans.

CHAPITRE QUINZE.

De l'émancipation.

L'émancipation est un acte légitime par lequel le mineur acquiert le droit de gouverner sa personne, et d'administrer ses biens.

C'est un acte *légitime*, pur et non conditionnel, parce que l'état de l'homme ne peut être conditionnel ni indéterminé.

Par l'émancipation, le mineur n'acquiert que le droit d'administrer ; mais il ne peut encore disposer ni de sa personne, ni de ses biens : il peut donc pourvoir aux choses nécessaires à ses besoins personnels, comme à l'entretien de son patrimoine dont il perçoit le revenu ; mais il ne peut ni disposer de sa personne par mariage ou autrement, ni aliéner ses immeubles.

On distingue généralement deux espèces d'émancipations, l'une tacite, l'autre expresse.

L'émancipation tacite est celle que la loi attache à l'acte du mariage du mineur qui, sans qu'il soit rien exprimé à ce sujet, se trouve, de plein droit, affranchi de la tutelle et de la puissance paternelle. (476)

L'émancipation est, en ce cas, considérée comme une conséquence immédiate et nécessaire de l'état de la personne qui, ayant ses enfans sous sa puissance, ne pourrait, sans contradiction, rester elle-même sous la tutelle d'autrui.

L'émancipation expresse est celle qui a lieu, non par la simple volonté de la loi, mais par le fait de l'homme, revêtu des formes requises; et l'on en distingue encore deux espèces, l'une accordée dans les cas ordinaires, et l'autre faite pour accorder au mineur le droit d'exercer l'état de marchand, banquier ou artisan, et de contracter toutes les obligations qui peuvent y être relatives.

Nous avons à examiner ici, à qui appartient le droit d'émanciper;

Quel est l'âge requis dans le mineur pour pouvoir être émancipé;

Quelles sont les formes de l'émancipation;

Quels sont les effets de l'émancipation;

Dans quels cas l'émancipation peut être révoquée;

Quels sont les effets de cette révocation.

Section Iere.

A qui appartient le droit d'accorder a mineur le bénéfice de l'émancipation?

L'émancipation peut être accordée d'a bord par les père et mère : elle peut l'êtr aussi par les parens réunis en conseil d famille, mais seulement lorsque *le mineu est resté sans père ni mère.* (478)

Dans le premier cas, le droit d'émancipe n'appartient d'abord qu'au père seul, e après la mort naturelle ou civile du père il est déféré à la mère. (477)

Le droit d'émanciper dérive alors de l puissance paternelle dont l'émancipation es le terme (372) : nul autre que le père ou l mère ne peut l'exercer, parce que nul autr ne peut être revêtu de cette autorité pre mière qui prédomine sur la tutelle, quoi qu'elle n'en soit pas inséparable.

Il résulte de là que la mère qui a refusé la tutelle ; le père qui en a été exclu ; le père divorcé tant qu'il vit ; la mère divorcée, après le décès du père ; la mère ou le père naturels qui ont légalement reconnu leur enfant, peuvent tous émanciper le mineur, puisque tous ont sur lui les droits de la puissance paternelle d'où dérive celui de l'é- mancipation.

Mais lorsqu'il s'agit d'un orphelin qui a perdu ses père et mère, le droit d'émanci- pation n'appartient pas au simple tuteur ;

est au conseil de famille à la prononcer.

Le père et la mère peuvent émanciper seuls, parce qu'ils exercent seuls les droits de la puissance paternelle ; mais les pouvoirs du tuteur ne lui sont pas également personnels ; il les partage avec le conseil de la tutelle, chaque fois qu'il ne s'agit pas d'un simple acte d'administration ; d'où il résulte que ce conseil doit intervenir dans l'émancipation qui n'est point un acte administratif.

Ainsi, le tuteur n'est point maître de se décharger de la tutelle, en émancipant lui-même ; mais il doit convoquer le conseil de famille pour prononcer sur l'émancipation, suivant que l'exige l'utilité du pupille ; et si, pour conserver trop long-temps une administration qu'il serait avantageux de rendre au mineur, le tuteur ne fait aucune diligence pour le faire émanciper, et qu'un ou plusieurs parens ou alliés de ce mineur, au degré de cousins germains, ou à des degrés plus proches, le jugent capable d'être émancipé ; sur leur réquisition, le juge de paix est obligé de convoquer le conseil de famille pour délibérer sur cet objet. (479)

Mais le mineur lui-même pourrait-il demander son émancipation ?

Le vœu de la loi est qu'il l'obtienne, si elle est jugée utile pour lui ; on ne peut donc supposer qu'il lui soit défendu de la demander, et que le juge de paix doive lui refuser la convocation du conseil pour en délibérer, sur-tout si des parens éloignés ou insoucians négligeaient de lui procurer cet avantage.

SECTION II.

De l'âge requis dans le mineur pour être émancipé.

Lorsque c'est le père ou la mère qui émancipent leur enfant en puissance, et qu'il ne s'agit point encore de lui donner l'état de commerçant, il suffit que le mineur ait atteint ses quinze ans révolus. (477)

Par cet acte, les père et mère émancipant renoncent à leur usufruit légal; ainsi, leur intérêt pécuniaire s'unit aux affections de la nature, pour garantir que l'émancipation est réellement dans l'intérêt de l'enfant, quoiqu'il ne soit encore qu'à un âge peu avancé : néanmoins avant cette époque l'émancipation ne leur est pas permise, parce qu'elle ne serait plus qu'un abandon, si elle mettait le pupille hors de tutelle lorsque sa faiblesse a besoin de protection.

Mais lorsqu'il s'agit d'un mineur resté sans père ni mère, il ne peut être émancipé qu'à l'âge de dix-huit ans accomplis (478), parce que le conseil de famille n'offre pas la même garantie que les père et mère, et qu'il ne faut pas que le tuteur, pour se dégager de la tutelle, puisse prématurément provoquer l'émancipation du mineur encore incapable de se diriger lui-même et d'administrer ses affaires.

Enfin, l'âge de dix-huit ans révolus est requis, dans tous les cas et pour tous mineurs, ayant père et mère ou non, quand il s'agit d'être autorisé à prendre l'état de marchand, banquier ou artisan, et à contracter les obligations qui peuvent y être relatives. (*a*)

Section III.

Des formes de l'émancipation.

L'émancipation tacite, qui a lieu par le mariage, n'est revêtue d'aucune forme propre, puisqu'elle résulte de l'acte même du mariage.

Celle accordée par le père ou par la mère, s'opère par la seule déclaration de l'émancipant, reçue du juge de paix, assisté de son greffier. (477)

S'il est question du mineur resté sans père ni mère; l'émancipation est faite par la délibération du conseil de famille qui l'autorise, et par la déclaration que fait le juge de paix, comme président de ce conseil, dans le même acte, *que le mineur est émancipé.* (478)

Quand il s'agit de donner au mineur âgé de dix-huit ans, la capacité plénière de contracter comme marchand, banquier ou artisan, il doit d'abord être émancipé dans la forme ordinaire; mais la loi exige en

____

(*a*) Art. 2 et 3 du Code de commerce.

outre qu'il ait été publiquement installé dans son état par une autorisation notoire de la famille. Il ne peut commencer les opérations de son négoce, ni être réputé majeur, quant aux engagemens par lui contractés pour faits de commerce, 1º. s'il n'a été préalablement autorisé par son père, ou par sa mère, en cas de décès, interdiction ou absence du père ; ou, à défaut de père et de mère, par une délibération du conseil de famille, homologuée par le Tribunal civil ; 2º. si, en outre, l'acte d'autorisation n'a été enregistré et affiché au Tribunal de commerce du lieu où le mineur veut établir son domicile. (*a*)

Les mêmes formalités sont requises à l'égard des mineurs qui, sans être commerçans, veulent être déclarés capables de s'engager comme s'ils étaient majeurs, pour tous les faits qui sont déclarés faits de commerce par les articles 632 et 633 du Code de commerce. (*b*)

Section IV.

Des effets de l'émancipation.

Le fils mineur de vingt-cinq ans, comme la fille âgée de moins de vingt-un ans révolus, ne peuvent se marier sans le consentement de leurs ascendans, quoiqu'ils aient

____

(*a*) Art. 2 du Code de commerce.
(*b*) Art. 3 du Code de commerce.

été précédemment émancipés; mais, sous tous autres rapports, les effets de la puissance paternelle cessent par l'émancipation; en sorte que cet acte est le terme soit de la jouissance légale des pères et mères sur les biens (384), soit du droit de correction sur la personne de leurs enfans. (372 et 377)

Quant à la disposition de ses intérêts, le mineur émancipé n'est pas représenté par le ministère d'un tuteur; l'exercice de ses actions lui est rendu; il agit lui-même; mais l'émancipation ne le relève pas de toute incapacité : elle le place dans un état moyen entre le majeur et celui qui est en tutelle : il y a des actes qu'il peut valablement faire seul; d'autres pour lesquels il doit être assisté d'un curateur; d'autres où l'autorisation du conseil de famille lui est nécessaire, et même quelquefois l'homologation en justice; d'autres enfin qui lui sont interdits dans le sens le plus absolu.

1°. Le mineur émancipé peut seul passer les baux de ses domaines, pourvu que leur durée n'excède pas neuf ans; recevoir ses revenus, en donner valable quittance; faire, en un mot, tous actes de pure administration, sans être restituable que dans le cas où le majeur le serait lui-même (481), comme dans ceux de l'erreur (1109, 1110), du dol (1116), ou de la violence. (1111, 1112)

Il peut aussi agir seul, tant en demandant qu'en défendant en justice, dans les actions purement mobilières, puisque la loi ne lui interdit ce pouvoir que dans les actions immobilières. (482)

2ᵒ. Le mineur émancipé qui n'aurait en inscription sur le grand-livre qu'une rente de cinquante francs et au-dessous, peut en opérer le transfert, avec la seule assistance de son curateur, sans qu'il soit besoin d'autre autorisation. (*a*)

Il doit être assisté d'un curateur pour recevoir et arrêter le compte de sa tutelle (480); pour intenter une action immobilière ou y défendre ; pour recevoir et donner décharge d'un capital mobilier, et le curateur en doit surveiller l'emploi. (482)

En serait-il de même si le capital provenait des épargnes faites par le mineur lui-même ? La raison de douter, c'est que la loi qui autorise le mineur à toucher seul ses revenus et à en donner quittance, le rend par-là le maître de les dissiper ; d'où il semble résulter qu'il demeure maître aussi du capital qui provient de ses épargnes , et qu'en conséquence il doit pouvoir en toucher seul le remboursement et en donner décharge.

Néanmoins, comme la loi ne distingue pas ; qu'elle fait abstraction de la cause d'où provient le capital à rembourser ; que le mineur qui a été bon économe dans un temps, peut devenir dissipateur dans un autre ; que, quelle que soit l'origine d'où pro-

---

(*a*) Art. 2 de la loi du 24 mars 1806, bull. 85, nᵒ. des lois 1440, tom. 4, pag. 400, 4ᵉ. sér.

vient un capital, il est également intéressant pour le mineur de le conserver ou d'en faire un emploi avantageux, nous croyons qu'on doit appliquer à ce cas particulier la décision générale de la loi.

3°. Le mineur émancipé ne peut faire aucun emprunt, sous quelque prétexte que ce soit, sans une délibération du conseil de famille, homologuée par le Tribunal civil, après avoir entendu le procureur impérial (483) : il ne peut non plus vendre ni aliéner ses immeubles, ni faire aucun acte autre que ceux de pure administration, sans observer les formes prescrites au mineur non émancipé (484); ainsi l'autorisation du conseil de tutelle lui est nécessaire pour opérer le transfert, suivant le cours de la bourse, de toute inscription au-dessus de cinquante francs de rente (*a*); pour se porter héritier ou répudier une succession (461); pour accepter une donation (463); et l'homologation du Tribunal est en outre requise à son égard comme à l'égard du mineur non émancipé, pour l'aliénation de ses immeubles (457, 458); pour consommer un acte de partage (465, 466), et pour transiger. (467)

4°. Enfin, sous aucun rapport, le mineur émancipé ne peut donner entre-vifs, si ce n'est par contrat de mariage (1309, 1398), ni compromettre. (*b*)

Le mineur émancipé peut-il valablement

(*a*) Art. 3 de la loi du 24 mars 1806, précitée.
(*b*) Art. 1003, 1004 et 1013 du Code de proc.

consentir une hypothèque sur ses immeubles, en stipulant dans un acte de l'espèce de ceux qui lui sont permis par la loi?

On peut dire, pour l'affirmative, que les articles 483 et 484 du Code, qui défendent au mineur émancipé de faire des emprunts et d'aliéner ses immeubles, ne renferment pas la même prohibition sur la constitution d'hypothèque, puisqu'ils n'en font aucune mention; que si le législateur avoit voulu l'assimiler, sur ce point, au mineur non émancipé, il se serait exprimé comme il l'a fait à l'égard de celui-ci dans l'article 457, où la constitution d'hypothèque est expressément assujettie à des formes sans lesquelles on ne peut la consentir sur les biens du mineur; que vainement on eût refusé, au mineur émancipé, la faculté de créer des hypothèques conventionnelles, par les actes dans lesquels on lui permettait de s'obliger, parce que quiconque s'est valablement obligé, est tenu de remplir ses engagemens sur ses biens tant immobiliers que mobiliers (2092); que les obligations du mineur étant valables, autoriseraient toujours les créanciers à requérir des condamnations qui leur donneraient l'hypothèque judiciaire; que, pour garantir ses immeubles, le législateur a dû s'attacher à limiter en lui la faculté de s'obliger, et non pas celle de donner des suretés à des créanciers de bonne foi; qu'autrement ce serait nuire au mineur, en détournant de contracter avec lui, ou être injuste envers le créancier légitime, à qui l'on refuserait des suretés suffisantes.

On peut dire au contraire, pour la né-gative, que la loi qui défend au mineur émancipé tous actes autres que ceux de pure administration, sans observer les formes prescrites au mineur non émancipé (484), lui interdit par-là même le pouvoir de con-sentir aucune hypothèque conventionnelle sur ses immeubles, parce que la constitu-tion d'hypothèque renfermant un principe d'aliénation, n'est et n'a jamais été consi-dérée comme un acte de pure administra-tion ; qu'elle en est tellement distinguée par le Code, qu'il l'a assujettie à des formes ri-goureuses à l'égard des mineurs ; qu'en con-séquence c'est à l'observation de ces formes que renvoie l'article 484 ; que s'il ne parle pas nominativement de la constitution d'hy-pothèque pour la défendre, il ne la prohibe pas moins expressément, puisqu'il interdit tous actes qui ne sont pas de pure admi-nistration ; que l'entendre autrement, ce serait supposer que le mineur émancipé peut seul accepter une succession, recevoir une donation entre-vifs, provoquer un partage et transiger, parce que le même article ne parle pas plus de ces divers objets que de la constitution d'hypothèque ; que l'argu-ment tiré de ce que le créancier légitime pourrait également requérir une condam-nation qui lui donnerait une hypothèque judiciaire, ne prouve rien, parce qu'il prou-verait trop, car il en résulterait que le tu-teur serait maître d'hypothéquer les biens de son pupille, par la même raison que les condamnations prononcées contre lui, en cette qualité, donneraient également au créancier une hypothèque judiciaire sur les biens du mineur ; que la loi ayant resserré dans des bornes très-étroites les pouvoirs du mineur émancipé, les créanciers ont une sureté suffisante en traitant avec lui, sans leur donner des hypothèques qu'il n'est pas d'usage d'accorder pour des objets de peu de conséquence.

Par toutes ces raisons, nous croyons la négative mieux fondée.

Le mineur émancipé s'oblige donc valablement et sans espoir de restitution, par actes de pure administration, tels que sont les baux et les quittances de ses revenus ; et au contraire, il est déclaré incapable de s'obliger par emprunts directs, sous quelque prétexte que ce soit.

Quant aux actes qui peuvent appartenir à l'administration, sous quelques rapports, mais qui peuvent aussi, sous d'autres aspects, participer indirectement de l'emprunt, tels que les achats faits à crédit pour se procurer les choses nécessaires à son entretien et à l'exploitation de son patrimoine, avec plus ou moins d'économie ou de nécessité, la loi valide les créances consenties par le mineur émancipé, pour toutes fournitures qui n'excèdent pas ses besoins présumés, suivant son état et ses facultés ; mais s'il contractait des obligations immodérées, les Tribunaux pourraient les réduire, en prenant en considération sa fortune, la bonne ou mauvaise foi des personnes qui auraient contracté avec lui, l'utilité, ou l'inutilité des dépenses. (484)

L'émancipation, pour fait de commerce, a des effets plus étendus, parce qu'on doit, sur-tout, éviter d'induire le public en erreur sur la capacité de celui qui exerce publiquement un état. Le mineur marchand, banquier ou artisan, autorisé suivant les formes retracées plus haut, est réputé majeur pour tous les faits de son négoce (487), ou de son art (1308), comme pour les actes déclarés faits de commerce par les articles 632 et 633 du Code de commerce, lors même qu'il n'est pas marchand.

Il peut donc se procurer, par la voie de l'emprunt, les capitaux dont il a besoin pour être versés dans son commerce, et la loi (*a*) lui accorde la faculté d'engager et hypothéquer ses immeubles pour la sureté de ses créanciers.

Il peut même les aliéner, mais alors il est obligé de recourir aux formes prescrites pour la vente des biens du mineur non émancipé, par les articles 457 et suivans du Code, telles que nous les avons indiquées au chapitre de la tutelle.

Il faut observer que le mineur émancipé dont il est ici question, n'étant réputé majeur que pour les faits de son négoce, lorsqu'il est commerçant, ou pour les faits qui

____

(*a*) Art. 6 du Cod. de commerce.

sont déclarés actes de commerce, lorsqu'il n'est pas commerçant; il en résulte que, dans toute autre matière, il conserve l'incapacité dont la loi frappe généralement les mineurs; qu'ainsi, par exemple, il demeure incapable de donner entre-vifs, et de disposer par testament au-delà de la quotité prescrite à l'égard des mineurs, parce que les donations et les testamens n'ont rien de commun avec les actes de commerce qui lui sont permis.

SECTION V.

De la révocation de l'émancipation.

L'article 485 du Code porte que *tout mineur émancipé*, dont les engagemens auront été réduits, pourra être privé du bénéfice de l'émancipation, laquelle lui sera retirée *en suivant les mêmes formes* qui auront eu lieu pour la lui conserver; cette disposition est-elle applicable au mineur tacitement émancipé par son mariage?

Nous croyons que non : et d'abord, s'il paraît frappé par les premiers termes de l'article, *tout mineur émancipé*, il se trouve encore plus clairement excepté par les dernières expressions qui veulent que le bénéfice de l'émancipation ne puisse être retiré au mineur, qu'en suivant *les mêmes formes* que celles qui avaient eu lieu pour la lui conférer, ce qui est impossible dans le cas de l'émancipation tacite par mariage.

En second lieu, quoique l'émancipation

ne puisse être faite sous une condition sus-
pensive, parce que l'état de l'homme ne
peut être en suspens et indéterminé, elle
peut être accordée sous une condition réso-
lutoire sous-entendue, *si le mineur vient à
en abuser;* ce cas arrivant, on conçoit que
le père ou le conseil de famille qui l'avaient
émancipé, peuvent retirer le bénéfice qu'ils
ne lui avaient accordé qu'à condition qu'il
n'en abuserait pas : mais l'émancipation tacite ne peut être ainsi résolue, puisqu'elle
fait partie d'un état irrévocablement acquis :
et comment le père ou le conseil de famille
pourraient-ils retirer ce qu'ils n'ont point
accordé? comment pourraient-ils soustraire
à l'autorité maritale la fille mariée qu'ils for-
ceraient à rentrer sous l'autorité d'un tuteur?
Le mineur marié tient directement son émancipation de la loi : comment le père ou le
conseil de famille pourraient-ils déroger à
cette loi qui déclare l'état d'homme marié in-
compatible avec l'état de mineur en tutelle?

Section VI.

Effets de la révocation.

L'article 486 du Code porte que, dès le
jour où l'émancipation aura été révoquée, le
mineur restera en tutelle, *et y restera jusqu'à sa majorité accomplie;* d'où il résulte
qu'il ne serait pas permis de l'émanciper
une seconde fois : mais nous croyons encore
que cette défense ne concerne point l'éman-

cipation tacite qui a lieu par le mariage, parce qu'autrement ce serait ou prohiber le mariage au mineur, ce qui ne peut être, ou constituer en tutelle une personne mariée, tandis que la loi déclare ces deux états incompatibles.

Lorsque le mineur rentre en tutelle, par la révocation de son émancipation, le tuteur qu'il avait auparavant, rentre-t-il aussi dans ses fonctions?

Il nous paraît que le premier tuteur doit être regardé comme entièrement dégagé, et qu'il faut une nouvelle dation de tutelle, parce que ses fonctions ont définitivement cessé par l'émancipation qui l'a mis dans le cas de rendre son compte; et que la révocation d'émancipation est un acte personnel vis-à-vis du mineur.

Cette décision, néanmoins, ne doit être entendue que du tuteur étranger, car si c'est le père ou la mère qui ont émancipé, l'émancipation étant révoquée, la vocation de la loi revit à leur égard, et le mineur doit rentrer sous leur tutelle; il en est de même pour la tutelle des autres ascendans, puisqu'il n'y a pas lieu à la tutelle dative tant qu'il se trouve un tuteur légitime, non valablement excusé ni exclu.

Quand l'émancipation accordée par le père ou la mère a été révoquée, le mineur rentre en tutelle; mais rentre-t-il aussi sous la puissance paternelle? le père ou la mère recouvrent-ils le droit de correction qu'ils avaient sur la personne de leur enfant? recouvrent-ils l'usufruit légal qu'ils avaient sur ses biens?

Suivant l'article 485 du Code Napoléon, tout mineur émancipé, dont les engagemens ont été réduits, peut être privé *du bénéfice de l'émancipation*, laquelle lui sera *retirée*, en suivant les mêmes formes que celles qui auront eu lieu pour la lui conférer.

Il résulte de là que le mineur rentre non-seulement en tutelle, mais encore sous la puissance paternelle, parce que l'émancipation lui étant *retirée*, il se trouve replacé dans la position où il était avant que de l'avoir reçue.

Il en résulte aussi, que le père ou la mère qui avait accordé l'émancipation, rentre dans la jouissance de son usufruit légal si l'enfant n'a pas encore ses dix-huit ans accomplis, puisque d'une part il est rétabli dans l'exercice de la puissance paternelle, et que d'autre côté l'enfant se trouve privé de tout *bénéfice* attaché à l'émancipation.

CHAPITRE SEIZE.

De la minorité, et des priviléges qui en dérivent.

En traitant de la tutelle et de l'émancipation, nous avons parlé aussi des mineurs; mais c'est en quelque sorte accidentellement, et sans considérer en lui-même l'état de minorité dont nous allons nous occuper ici. Dans l'ordre de nos conceptions abstraites, le mineur se présente à la pensée avant le tuteur qui doit lui être donné ; et s'il n'était pas permis de s'écarter de la série des premières idées qui nous saisissent successivement, c'est par l'examen de l'état du mineur que nous aurions dû commencer, avant de nous occuper de la tutelle sous laquelle la loi veut qu'il soit constitué, et de l'émancipation qui l'en affranchit ; mais cette manière d'envisager notre sujet nous aurait mis dans la nécessité de nous répéter plus souvent sur les mêmes choses, et nous aurait ainsi fait retomber dans des redites inutiles ; voilà pourquoi nous avons renvoyé à parler ici plus particulièrement de l'état personnel du mineur et de ses priviléges, en faisant abstraction de la tutelle.

Le mineur est l'individu de l'un et l'autre sexe qui n'a pas encore l'âge de vingt-un ans accomplis. (388)

Sous l'ancien ordre de choses, la minorité durait jusqu'à vingt-cinq ans révolus dans les provinces régies par le droit écrit ; mais la loi du 20 septembre 1792 en avait déjà abrégé le cours, en déclarant que toute personne serait majeure à vingt-un ans accomplis ; et comme la Constitution de l'an 8 avait adopté ce même âge pour la majorité politique, les auteurs du Code ont pensé que, pour le mettre en harmonie avec le pacte constitutionnel, on devait fixer aussi la majorité civile à vingt-un ans révolus.

Le mineur est constitué sous la tutelle de son père, ou de sa mère, ou d'un autre tuteur ; cet administrateur est chargé de le représenter dans tous les actes civils, sans qu'il ait droit d'y intervenir lui-même, tant qu'il n'est pas émancipé.

Il résulte de là que l'état du mineur est véritablement un état d'interdiction légale, puisque la loi lui ôte l'exercice de toutes ses actions civiles, pour les transférer sur la tête du mandataire qui seul est chargé d'agir au nom du pupille.

Néanmoins cette interdiction n'est pas telle qu'on doive le considérer comme incapable de s'obliger même naturellement, lorsqu'il a acquis un discernement suffisant pour agir et vouloir par raisonnement, plutôt que par instinct. Parvenu à l'âge de raison, il s'oblige naturellement, parce qu'il peut vouloir et consentir, et son obligation est susceptible d'être cautionnée par un tiers, ce qui ne pourrait être, si elle était nulle dans un sens absolu (2012). Dans ce cas, celui avec lequel le mineur traite, s'oblige civilement, s'il est maître de ses droits, parce que la loi n'établit le moyen de relief que dans l'intérêt du mineur, sans que sa partie adverse puisse s'en prévaloir (1125); d'où il résulte qu'en thèse générale, le mineur, quoique parvenu à l'âge de discernement, ne peut pas perdre, mais qu'il peut acquérir et rendre sa condition meilleure.

Nous diviserons ce chapitre en sept sections :

Dans la première, nous traiterons de l'incapacité plus ou moins absolue du mineur, dans les différentes périodes de l'âge qui précède la majorité.

Dans la seconde, nous indiquerons les diverses espèces d'obligations à l'égard desquelles la condition du mineur est la même que celle du majeur.

Dans la troisième, nous rappellerons les cas dans lesquels la condition du mineur est privilégiée.

Dans la quatrième, nous parlerons des nullités qui peuvent affecter les engagemens souscrits par le mineur.

Dans la cinquième, nous traiterons de l'action en rescision que la loi accorde au mineur pour se faire relever de ses négociations ruineuses.

Dans la sixième, nous verrons quels peuvent être les effets de la ratification qui serait intervenue sur ses engagemens.

Dans la septième, enfin, nous exposerons les principes de la prescription, en ce qui concerne le mineur.

SECTION Iere.

De l'incapacité plus ou moins absolue du mineur, dans les différentes périodes de l'âge qui précède la majorité.

Dans le droit romain, la minorité s'étendait jusqu'à vingt-cinq ans, et on la divisait en deux périodes principales, qui sont la pupillarité et la puberté.

La pupillarité s'étendait depuis la naissance jusqu'à douze ans révolus pour les femmes, et jusqu'à quatorze ans accomplis pour les mâles; et la puberté comprenait le surplus de la minorité jusqu'à vingt-cinq ans, pour l'un et l'autre sexe.

Tout pupille devait avoir un tuteur dont les fonctions expiraient dès que le pupille avait atteint l'âge de puberté.

Le mineur pubère administrait lui-même son patrimoine; on ne pouvait lui donner de tuteur, puisqu'il était sorti de tutelle: lorsqu'il voulait paraître en jugement, et encore, en certains autres cas, comme lorsqu'il s'agissait de recevoir le remboursement de ses capitaux, il devait être assisté d'un curateur; mais en thèse générale, et hors des cas exceptés, il n'était point obligé d'en recevoir un malgré lui.

Le Code Napoléon n'admet point cette distinction entre la pupillarité et la puberté: tout mineur en France est comme le pupille était chez les Romains, puisque tous les mineurs sont soumis à la tutelle, sauf ceux qui auraient été émancipés à l'âge déterminé par la loi.

Dans le droit romain, on divisait la pupillarité en trois périodes : la première s'étendait depuis la naissance jusqu'à sept ans révolus; c'est l'âge de l'*enfance*. Le temps qui sépare l'enfance de la puberté, se partageait en deux portions : on appelait *pupille près de l'enfance* celui qui était dans la première de ces deux périodes, et *pupille près de la puberté*, celui qui était dans la seconde. Le pupille, dans les années, et même près des années de l'enfance, était déclaré incapable de participer à aucune espèce de négociations civiles, par rapport à son défaut absolu de discernement; mais celui qui était parvenu près de sa puberté, pouvait déjà, en traitant, rendre sa condition meilleure.

Nous ne trouvons pas toutes ces distinctions sur l'âge du pupille dans le Code Napoléon; mais il consacre aussi en principe que nulle convention ne peut exister sans consentement (1108) : et quoiqu'il laisse dans le domaine du juge la question de savoir à quelle époque un individu peut avoir acquis assez de discernement pour consentir à une négociation, le principe qu'il pose ne nous conduit pas moins au même résultat que celui qui était déterminé d'une manière plus fixe dans la loi romaine.

Le pupille, dans les années de l'enfance, ne peut donc encore avoir d'autres droits à exercer que ceux qui lui ont été transmis, ou qui dérivent de la nature et de ses besoins, parce qu'il n'a, en quelque sorte, que le physique de l'existence, et qu'étant encore absolument nul pour la vie civile, il est comparable à l'insensé qui ne peut consentir que par instinct, ni avoir de volonté morale, déterminée par aucun discernement; d'où il résulte :

1°. Que seul et par lui-même il est incapable non-seulement de s'engager ou aliéner son bien, mais même d'en acquérir, ni de recevoir des libéralités ou donations, ni d'entrer en possession pour commencer à prescrire ; parce que toute espécé de négociations civiles doit nécessairement être fondée sur un discernement moral et une application de règle dont l'enfant en bas âge n'est pas capable ;

2°. Que les actes de cette espèce sont frappés d'une nullité absolue, proposable par toutes parties intéressées, et qu'ils ne seraient pas même susceptibles de cautionnement, puisqu'ils ne peuvent produire aucune obligation principale, ni civile, ni naturelle ;

3°. Que les obligations résultant des délits étant moins fondées sur le matériel de l'acte que sur l'immoralité qui en est le principe, et dont le pupille, dans les années de l'enfance, est incapable, on doit appliquer les mêmes règles aux obligations de cette espèce ; en sorte que les dommages qu'il aurait pu occasioner ne doivent être considérés que comme les effets d'un cas fortuit, s'il n'est prouvé qu'il a agi avec discernement.

Mais, lorsqu'il s'agit du mineur sorti des années de l'enfance, quoiqu'il n'ait pas encore un jugement parfait, il peut avoir assez de discernement pour consentir à une chose en connaissance de cause ; c'est alors qu'il peut acquérir et rendre sa condition meilleure ; et quand il contracte avec une autre personne, la partie co-traitante est obligée envers lui, lors même qu'il n'est pas obligé envers elle, par rapport à l'excep-

tion que la loi lui accorde contre ses enga-
gemens. Le contrat qu'il passe ainsi seul, produit un principe d'obligation naturelle qui peut être cautionnée, et qui suffit pour opérer la compensation contre lui, dans les cas où il en serait devenu plus riche.

Le mineur à cet âge ayant acquis l'usage de la raison, devient le modérateur de ses actions; il est responsable de ses délits et quasi-délits; d'où il résulte qu'il peut être condamné pour dol, fraude et injures, et qu'il est obligé aux réparations civiles des dommages qu'il aurait causés, parce qu'on ne peut plus les attribuer au cas fortuit, et que la justice exige que la partie lésée ne reste pas victime des premiers essais d'un génie malfaisant.

A l'égard des délits publics qui emportent une condamnation exemplaire, la loi con-fie aux juges et aux jurés le soin de décider si le mineur de seize ans, coupable, a agi avec assez de discernement pour mériter une peine particulière proportionnée à son âge, et qu'un commencement de sagacité précoce lui aurait justement méritée.

Les mineurs généralement sont incapables de se choisir un domicile propre, à moins qu'ils ne soient émancipés. (108)

Ils ne peuvent s'engager dans les liens du mariage, sans la volonté des personnes sous la puissance desquelles ils sont constitués, suivant les règles que nous avons tracées ailleurs.

Ils ne peuvent, avant l'âge de dix-huit

ans, souscrire leur enrôlement volontaire. (*a*)

Ils ne peuvent être adoptés ni consentir le contrat de leur tutelle officieuse.

Le mineur ne participe point aux droits politiques de cité.

Il ne peut remplir les fonctions de la tutelle, si ce n'est à l'égard de ses propres enfans.

Il ne peut être temoin, ni dans les actes entre-vifs (*b*), ni dans les dispositions de dernière volonté (980); mais il peut déposer en justice, parce qu'ici le témoin, révélant simplement un fait devant le juge, ne participe point à l'exercice de la puissance publique. On peut même faire entendre celui qui est âgé de moins de quinze ans révolus, sauf à avoir pour son témoignage tel égard que de raison, suivant le degré de discernement qui lui serait reconnu. (*c*)

Le mineur ne peut jamais donner entre-vifs (903), si ce n'est par contrat de mariage, et avec l'assistance de ceux dont le consentement lui est nécessaire. (1095)

Il ne peut faire de testament avant l'âge de seize ans accomplis; et encore, parvenu à cet âge, il ne peut léguer que la moitié des biens dont la loi permet au majeur de disposer.

(*a*) Art. 6 de la loi du 19 fructidor an 6, bull. 223, n°. 1995, 2e. sér.

(*b*) Art. 9 de la loi du 25 ventôse an 11, bull. 258, n°. 2440, tom. 7, pag. 593, 3e. sér.

(*c*) Art. 285 du Cod. de proc.

SECTION II.

Des cas dans lesquels la condition du mineur est la même que celle du majeur.

Le mineur n'étant distingué du majeur dans l'exécution des engagemens qu'il a sous-crits, que parce qu'il est considéré comme incapable de consentir, il en résulte que ce principe ne doit point être appliqué aux obligations qui naissent de la chose même, ni à celles qui résultent du fait d'autrui : telle est l'action en partage à laquelle le pupille et l'insensé sont soumis comme tous autres : telle est encore l'obligation de rembourser les dépenses faites pour la conservation de ses biens, ainsi que les frais d'administration que le tuteur, ou toute autre personne aurait faits en gérant utilement les affaires du pupille : telles sont enfin toutes les obligations qui résultent de la communion ou du voisinage des propriétés. Dans tous ces cas, la condition du mineur est la même que celle du majeur, parce que la cause de ces dettes est étrangère à son incapacité ; ces obligations résultent alors de la nature même des choses, sans qu'il soit besoin du consentement de celui qui en est tenu.

C'est par suite de ce principe que le mineur ne peut être nommé exécuteur testamentaire (1000), quoiqu'il puisse être choisi pour mandataire d'un autre (1990), parce que les obligations attachées au quasi-contrat de l'exécution testamentaire, étant des conséquences nécessaires de cette négociation, le mineur ne pourrait en être relevé vis-à-vis des légataires qui n'ont point de part à son choix, tandis que, dans le mandat ordinaire, il peut être restitué contre le commettant qui l'avait chargé de ses pouvoirs.

Dans les obligations qui proviennent des délits ou quasi-délits, le mineur sorti des années de l'enfance, n'est pas restituable (1310), et sa condition est la même que celle du majeur, parce que c'est sa faiblesse et non ses fautes ou sa malice précoce, que la loi protège spécialement.

Dans tout ce qui appartient au droit public, le mineur ne peut avoir aucun privilége : soit parce que nul individu n'a de droits contre le corps social entier, soit parce que la lésion peut bien être opposée de la part de celui qui a éprouvé quelque surprise, ou qui a vendu à vil prix ; mais non de la part de celui qui n'a simplement fait qu'exécuter le droit commun, ou qui aurait manqué d'en remplir les formes : c'est pourquoi le mineur ne peut être restitué contre le défaut d'acceptation ou de transcription des donations (942), ni contre le défaut de transcription d'une substitution faite à son profit (1070), ni contre le défaut d'inscription de ses hypothèques (2195), lors même que le recours que les lois lui accordent sur l'administrateur de ses intérêts se trouverait illusoire, par rapport à l'insolvabilité de celui-ci.

Le mineur commerçant, banquier ou artisan, dûment autorisé à prendre cet état, est réputé majeur (487), pour les actes qu'il a faits en cette qualité, et ne peut être restitué contre les engagemens qu'il a souscrits à raison de son commerce ou de son art. (1308)

Si le mineur a été émancipé, et que les actes qu'il a faits n'appartiennent qu'à la simple administration, tels que les baux de ses domaines ou les quittances de ses revenus, il est obligé, comme le serait un majeur, et ne peut être restitué que dans les mêmes cas où celui-ci serait restituable (481), comme s'il y avait erreur, fraude ou violence commises à son préjudice.

Le mineur émancipé ou non, peut requérir l'inscription de ses hypothèques, et s'oblige valablement au paiement des droits dus pour l'accomplissement de cette formalité. (2139)

La condition du mineur est encore la même que celle du majeur, et les engagemens pris par l'un sont aussi irrévocables que ceux de l'autre, chaque fois qu'ils dérivent de conventions pour lesquelles la loi a établi des formes particulières à son égard, et que ces formes ont été remplies, comme lorsqu'il s'agit de partages (466), constitutions d'hypothèques, aliénations d'immeubles (457), transactions (467), faits d'après l'avis du conseil de famille, et sanctionnés par la justice (1314); ou lorsqu'il est question d'acceptations de donations (463), ou de successions (461) qui auraient été autorisées par le conseil de la tutelle, parce que la loi deviendrait elle-même nuisible aux intérêts du mineur, si elle l'isolait tellement de la société, que, nonobstant les formes qu'elle établit, il fût encore impossible de traiter en toute sureté avec lui. C'est pourquoi, lorsqu'une succession a été répudiée au nom du mineur, avec l'autorisation du conseil de famille, il ne lui est permis de la reprendre que dans le cas où elle n'a pas été acceptée ensuite par un autre; et dans ce cas-là même, elle ne peut être reprise, par le tuteur ou le mineur dûment autorisé, qu'en l'état où elle se trouve lors de la reprise, sans pouvoir attaquer les ventes qui auraient été faites durant la vacance (462), parce que la répudiation ayant eu lieu suivant les formes particulièrement prescrites pour le mineur, tout bénéfice de restitution cesse à son égard, et les actes qui en ont été la suite sont aussi irrévocablement consommés que s'il avait été majeur.

Enfin, le mineur n'est pas restituable contre les conventions portées en son contrat de mariage, lorsqu'elles ont été autorisées par ceux dont le consentement est requis pour la validité de son mariage (1309), soit parce que telle est la forme particulière avec laquelle il lui est permis de stipuler dans ce cas, soit parce que la considération du mariage écarte alors le moyen de lésion,

soit enfin parce que les règlemens d'inté=
rêts qui sont les accessoires de l'union conjugale doivent participer de la stabilité du
principal engagement.

Section III.

Des cas où la condition du mineur est privilégiée.

La contrainte par corps ne peut être prononcée contre les mineurs en matière purement civile. (2064)

Nous disons, en matière *purement civile,*
car lorsqu'il s'agit d'obligations pour faits
de commerce, le mineur étant réputé majeur, est aussi passible des mêmes condamnations, et à plus forte raison, il est condam-
nable par corps en matière de police, lorsqu'il s'agit de la répression de quelque délit.

Le mineur a une hypothèque légale sur
les biens de son tuteur (2121), laquelle existe
indépendamment de toute inscription, à dater du jour de l'acceptation de la tutelle.
(2135)

Le ministère public doit être entendu dans
toutes les causes des mineurs (*a*), et il est
admis à se pourvoir par requête civile contre les jugemens en dernier ressort pro-
noncés contre lui, s'il n'a été défendu, ou
s'il ne l'a été valablement (*b*); et le délai
de trois mois pour cette espèce de pourvoi

(*a*) Art. 83, § 6 du Cod. de proc.
(*b*) Art. 481 du Cod. de proc.

ne court que du jour de la signification du jugement, faite depuis la majorité, à personne ou domicile. (*a*)

Il n'est pas permis d'exproprier un mineur de ses immeubles, avant la vente de son mobilier. (2206)

Lorsque le mineur n'est pas émancipé, il est restituable contre toutes sortes de conventions qu'il peut avoir souscrites en cet état, parce que le tuteur étant chargé de le représenter dans tous les actes civils, c'est à ce seul délégué de la loi, à agir pour lui.

Le mineur, quoiqu'émancipé, est restituable aussi contre tous actes qui n'appartiennent point à la simple administration.

Enfin, que le mineur soit émancipé ou non ; que ce soit lui-même qui traite, ou que ce soit son tuteur qui stipule pour lui, chaque fois qu'il s'agit d'une négociation pour laquelle la loi a établi des formes particulières, par rapport à la minorité, si ces formes n'ont pas été remplies, l'acte ne peut préjudicier à ses intérêts.

SECTION IV.

Des nullités qui peuvent affecter les actes faits par le mineur ou en son nom.

L'article 1304 du Code Napoléon porte que : « Dans tous les cas où l'action en *nullité* ou en *rescision* d'une convention, n'est » pas limitée à un moindre temps par une » loi particulière, cette action dure dix ans.

(*a*) Art. 484 du Cod. de proc.

» .... et que le temps ne court, à l'égard
» des actes faits par les mineurs, que du
» jour de leur majorité. »

On voit, par cette disposition, que le
mineur peut avoir ou une action en *nullité,*
ou une action en *rescision,* contre les actes
qui blesseraient ses intérêts.

On voit aussi que l'une et l'autre de ces
actions ont cela de commun, qu'elles sont
également prescrites par le laps de dix ans
à dater de la majorité, ce qui renferme une
dérogation au droit ancien suivant lequel
l'action en nullité n'était prescrite que par
trente ans dans plusieurs pays de coutumes,
tandis que l'action en rescision était déjà
prescrite par dix ans.

Il serait donc inutile, aujourd'hui, de
chercher à distinguer ces deux espèces d'actions, comme anciennement, pour assigner
à chacune le terme propre de sa prescription, puisqu'il est le même pour les deux;
mais sous le rapport des conditions requises
pour être admis à les proposer, il est encore nécessaire de ne pas les confondre l'une
avec l'autre.

L'action en nullité n'exige la preuve d'aucune lésion, parce qu'il est de la nature
des choses qu'un acte nul ne produise aucun effet contre l'intérêt de celui pour lequel la nullité est établie par la loi; d'où
il résulte qu'il n'est besoin d'établir autre
chose que la nullité même, pour se dégager
de toutes les suites de l'acte qui en est frappé.

Dans l'action en rescision, au contraire,

il faut prouver la lésion, à moins qu'on ne soit dans quelques cas où elle est présumée de plein droit, parce que l'acte n'est pas nul, et qu'il répugne autant à la morale qu'à la justice, d'admettre un homme à se jouer de ses engagemens, par cela seul qu'il ne voudrait pas les tenir, sans avoir un intérêt réel à les rompre.

Il est donc encore nécessaire aujourd'hui de distinguer le cas de la nullité, de celui de la rescision, puisque dans l'un l'exercice de l'action est soumis à une condition qui ne peut être exigée dans l'autre.

À l'égard du pupille dans les années de l'enfance, la seule incapacité naturelle suffit pour entraîner la nullité de tous actes qu'on lui aurait matériellement fait souscrire, parce que, comme nous l'avons déjà remarqué plus haut, il ne peut y avoir aucun contrat sans consentement; mais le mineur plus avancé en âge, ayant déjà l'usage de la raison, peut consentir et valablement contracter d'après les principes du droit naturel : néanmoins la loi ne lui abandonne pas l'exercice de ses droits, parce qu'elle se défie de son inexpérience : elle le retient dans un état d'interdiction, afin de prévenir sa ruine; il aurait donc toujours l'action en nullité, si l'incapacité civile dont il est frappé, était également absolue dans tous les cas; mais il n'en est pas ainsi : ce sont les négociations les plus importantes qui lui sont plus particulièrement interdites, parce qu'elles sont les plus dangereuses : c'est alors seulement qu'il y a nullité, quand le mineur se permet de faire seul ces négociations pour lesquelles la loi le déclare incapable, ou lorsqu'on les fait en son nom, sans remplir les conditions requises; et dans les actes moins importans, il y a seulement lieu à la rescision.

Mais quels sont précisément les cas dans lesquels il y a lieu à l'action en nullité? C'est l'article 1311 du Code Napoléon qui nous les révèle.

Il porte que le mineur « n'est plus rece-
» vable à revenir contre l'engagement qu'il
» avait souscrit en minorité, lorsqu'il l'a
» ratifié en majorité, soit que cet engage-
» ment fût *nul en sa forme*, soit qu'il fût
» seulement *sujet à restitution*. » Il y a donc nullité toutes les fois qu'on a violé les formes spécialement prescrites à l'égard des mineurs; et il peut seulement y avoir lieu à la rescision, dans les négociations pour lesquelles la loi n'a établi aucunes formalités particulières à raison de la minorité.

Le principe des nullités, dont nous parlons, dérive toujours de l'incapacité du mineur, parce qu'il ne s'agit pas ici des formes substantielles, requises par le droit commun pour la validité de TEL OU TEL acte, et sans lesquelles il serait nul à l'égard de tous les citoyens en général; mais seulement des formalités accidentellement exigées à l'égard des mineurs, et sans l'observation desquelles la loi veut qu'ils restent incapables de s'engager, en sorte que c'est le défaut des formes qui fait que leur incapacité demeure telle que le contrat par eux consenti se trouve nul.

Ce que nous disons ici du cas où le mineur aurait traité, doit s'entendre également de celui où ce serait le tuteur qui aurait agi, parce que les pouvoirs du tuteur ne s'étendent pas jusqu'à lui donner le droit de violer les formes protectrices des intérêts du mineur.

Ainsi le mineur aurait l'action en nullité :

Contre tous actes par lesquels on aurait voulu aliéner ses immeubles, ou les hypothéquer, ou faire des emprunts pour lui, sans l'autorisation du conseil de famille et l'homologation du Tribunal, dans les formes requises ; (457, 458, 459, 483 et 484)

Contre la licitation de tout immeuble indivis qui n'aurait point été faite en dues formes (460) et en justice ; (839)

Contre tout partage général d'hérédité, qui n'aurait point été fait judiciairement et avec les formalités requises ; (466)

Contre toute transaction non homologuée par le Tribunal d'arrondissement, et ensuite des autres formalités voulues par la loi ; (467)

Contre toute sentence arbitrale rendue sur compromis fait dans ses intérêts ; (*a*)

Contre toute donation qui aurait été acceptée par lui ou par son tuteur, sans l'autorisation du conseil de famille (463 et 484),

---

(*a*) Art. 1003 et 1004 du Cod. de proc.

et dont les conditions lui deviendraient onéreuses.

Enfin contre la répudiation d'une succession, faite également sans autorisation du conseil de famille. (461)

Dans ce dernier cas, l'acte de répudiation étant nul, le mineur pourrait reprendre la succession, lors même qu'elle aurait été depuis acceptée par un autre; comme il pourrait aussi révoquer les aliénations qui auraient été faites par le possesseur de l'hérédité, parce qu'il n'aurait réellement pas cessé d'être héritier par une renonciation non conforme aux conditions requises pour lui ôter cette qualité.

Dans les principes du droit commun, lorsqu'un acte est nul en sa forme, toute partie intéressée est recevable à en proposer la nullité, même contre les mineurs, parce que les formes appartiennent au droit public dont la faveur peut être invoquée par tout citoyen, puisqu'il est établi pour tous, sans que nul puisse se soustraire à son empire.

Il n'en est pas de même dans la cause des mineurs, relativement aux formalités qui doivent accompagner les actes dont nous venons de parler : ces formalités ne sont prescrites que dans leurs intérêts : sous ce rapport, elles n'appartiennent pas au droit public établi pour tous ; d'où il résulte qu'eux seuls peuvent se prévaloir de leur omission et de l'incapacité dans laquelle ils étaient de contracter sans le secours de ces formes, en sorte qu'eux seuls peuvent proposer la nullité des actes qu'ils jugeraient leur être dommageables, sans que les personnes qui auraient traité avec eux puissent être recevables à se plaindre elles-mêmes. (1125)

Nous croyons néanmoins que la donation entre-vifs faite au profit d'un mineur, et acceptée pour lui ou par lui, sans l'autorisation du conseil de famille, dans les cas où cette autorisation est requise, resterait nulle, même dans l'intérêt du donateur qui pourrait la révoquer, tant qu'on n'aurait pas suppléé à la formalité omise, parce que, dans les principes du droit commun, l'acceptation fait partie des formes substantielles et intrinsèques de cette espèce de contrat, et qu'un acte ne peut être absolument régulier, ni subsister légalement, lorsqu'il est imparfait dans un point de forme essentiel.

Pour que la donation ait, à l'égard du mineur, le même effet qu'à l'égard du majeur, le Code veut, comme condition essentielle, qu'elle ait été acceptée avec l'autorisation du conseil de famille (463); cette autorisation est donc prescrite pour que l'acceptation soit régulière; donc la donation n'a, à l'égard du mineur, le caractère d'irrévocabilité qu'au moyen de l'accomplissement de cette forme sur laquelle repose la régularité de l'acceptation, dont le défaut est d'ailleurs tel que le mineur ne pourrait s'en faire restituer. (942)

Lorsque la vente d'un immeuble du mineur est nulle, l'effet naturel de cette nullité, est que la propriété n'est réellement pas sortie de son domaine ; on doit par conséquent le considérer comme n'ayant pas cessé d'en être le maître.

De son côté, l'acquéreur ne peut revendiquer les avantages du possesseur de bonne foi, soit parce qu'il connaissait la qualité du mineur quand il a traité avec lui, et que la loi veut qu'il soit censé l'avoir connue, lors même que celui-ci se serait déclaré majeur (1307) ; soit parce qu'on ne considère comme possesseur de bonne foi que celui qui possède comme propriétaire, en vertu d'un titre translatif de propriété *dont il ignore les vices* (550) ; et qu'ayant été complice de la violation des formes en traitant avec le mineur, qu'il savait n'avoir pas le pouvoir d'aliéner ainsi, il ne pourrait prétendre avoir ignoré le vice de son titre.

Il résulte de là qu'un tel acquéreur pourrait être obligé à la restitution des fruits et levées perçus durant sa possession.

Mais s'il avait fait des améliorations et impenses utiles au fonds, le mineur serait tenu de les lui rembourser (1634), par le principe qu'il ne peut avoir aucun privilége pour s'enrichir aux dépens d'autrui.

Les nullités dont il est ici question n'étant décrétées par la loi civile, que dans l'intérêt du mineur, ainsi que nous l'avons déjà observé, il en résulte que le contrat n'en serait pas moins susceptible de cautionnement, par rapport à l'obligation naturelle du mineur sorti des années de l'enfance (2012) :

en conséquence, la caution fournie par le mineur serait tenue des dommages et intérêts envers l'acquéreur évincé, sans avoir de recours effectif contre le mineur qui lui opposerait à elle-même, l'exception résultant de son incapacité personnelle. (2036)

SECTION V.

De l'action en rescision que la loi accorde au mineur pour se faire relever de ses négociations ruineuses.

Nous avons vu dans la section précédente, que le mineur a l'action en nullité contre les actes qui ne seraient point revêtus des formalités particulièrement requises à raison de la minorité : ces actes sont déterminés dans le droit; mais il en est beaucoup d'autres pour lesquels les lois n'ont pas prescrit plus de formes à l'égard des mineurs qu'à l'égard des majeurs; et c'est alors seulement que le mineur qui a été lésé peut demander sa restitution en entier.

Il y a donc lieu à l'action en rescision toutes les fois que le mineur a été lésé dans un engagement que la loi ne l'autorisait point à souscrire seul, et pour lequel néanmoins elle n'a établi aucunes formes particulières dont la violation serait une cause de nullité.

La vérité de cette proposition sera démontrée par le rapprochement des articles 484 et 1305 du Code Napoléon.

Le premier, parlant du mineur émancipé,

porte qu'il « ne pourra vendre ni aliéner
» ses immeubles, ni faire aucun acte autre
» que ceux de pure administration, sans
» observer les formes prescrites au mineur
» non émancipé ; et qu'à l'égard des obli-
» gations qu'il aurait contractées par voie
» d'achat ou autrement, *elles seront réduc-*
» *tibles en cas d'excès.* » D'où il résulte
que, s'il n'y avait pas d'excès ou, ce qui
est la même chose, s'il n'y avait ni perte
ni lésion à sa charge, l'obligation ne serait
pas réductible, ni le mineur restituable.

Le second porte que « *la simple lésion*
» *donne lieu à la rescision* en faveur du mi-
» neur non émancipé, contre toutes sortes
» de conventions ; et en faveur du mineur
» émancipé, contre toutes conventions qui
» excèdent les bornes de sa capacité, ainsi
» qu'elle est déterminée au titre de la mi-
» norité, de la tutelle et de l'émancipation. » C'est donc, dans tous les cas, la lésion qui donne lieu à la rescision ; donc il
ne peut y avoir d'action en restitution là où
l'on ne démontre pas la lésion, parce qu'autrement on admettrait un effet sans sa cause.

Le principe que nous venons d'établir par
le rapprochement de ces deux articles, donne
lieu à plusieurs conséquences remarquables :

La première ; que le mineur ayant acquis
l'usage de raison, n'est pas incapable de
s'engager dans un sens tellement absolu, que
l'acte qu'il souscrit doive être considéré
comme nul, lorsqu'il n'y a violation d'aucune forme, puisqu'au contraire la loi ne

lui accorde que l'action en rescision, même contre les conventions qui excèdent les bornes de sa capacité.

La seconde; que le mineur qui a ainsi contracté, hors des bornes de sa capacité, mais sans violation de formes, n'est restitué que comme *lésé*, et non pas comme *mineur*.

La troisième; qu'en règle générale, c'est à lui à articuler la lésion qu'il souffre et à en faire preuve, puisqu'il est acteur dans l'emploi de ce moyen sur lequel la loi lui permet d'ouvrir son action.

La quatrième; que pour peu considérable que soit la lésion soufferte par le mineur, elle suffit à la rescision de son contrat, puisque la loi ne fixe aucun taux au-dessous duquel il lui soit défendu d'agir.

La cinquième; que le mineur ne serait pas restituable pour cause de lésion, si elle ne résultait que d'un événement casuel et imprévu (1306); parce que c'est par le contrat ou par les conséquences qui en dérivent qu'il doit éprouver la perte, pour que l'acte soit dommageable en lui-même, et que les accidens postérieurs qui peuvent arriver par cas fortuits étant hors de la prévoyance humaine, frappent également sur tous les hommes, sans épargner aucun privilégié.

Nous avons dit qu'en règle générale, c'était au mineur à articuler et prouver la lésion; mais cette règle n'est pas sans exception : il est des cas où, par la nature de la négociation même, la lésion est présumée de plein droit.

En effet, l'article 1312 du Code porte que quand les mineurs sont admis, en cette qualité, à se faire restituer contre leurs engagemens, le remboursement de ce qui aurait été, en conséquence de ces engagemens, payé pendant la minorité, ne peut être exigé, à moins qu'il ne soit prouvé que ce qui a été payé, a tourné à leur profit, et suivant l'article 1241 c'est au créancier à faire cette preuve : d'où il résulte qu'il n'est pas permis au mineur de s'enrichir aux dépens d'autrui, puisqu'il doit rendre ce qui a tourné à son profit; mais que la lésion est présumée en sa faveur chaque fois qu'on ne voit pas ce qu'est devenu le prix qu'il avait reçu, puisque c'est au créancier à prouver qu'on en a fait un emploi utile pour le mineur : il y aurait donc lieu à la rescision par cela seul que le prix de la convention aurait été follement dissipé par le mineur, et que sa partie adverse ne démontrerait pas le contraire.

Dans ce cas, l'on ne serait point recevable à dire que la lésion ne sortirait pas du contrat même, mais d'un événement postérieur, pour en conclure qu'elle ne saurait donner lieu à la rescision; car, dans les vues du législateur, c'est précisément contre la facilité du mineur que la loi le protège spécialement; et dès qu'elle ne rejette, comme moyen de rescision, que la lésion qui proviendrait d'un *événement casuel et imprévu* (1306), il est évident qu'elle veut qu'on ait égard aux pertes dérivant des dissipations du mineur même, puisqu'il n'y a plus ici de cas fortuits ni d'accidens imprévus.

Ainsi, lorsqu'un mineur a traité hors des bornes de sa capacité, si les objets qui lui ont été livrés pour prix de sa convention, consistent en choses fongibles et mobilières, c'est à sa partie adverse à prouver l'emploi utile de ce qu'il a reçu, sans quoi la lésion serait établie par cela seul qu'il l'aurait follement dissipé.

La simple déclaration de majorité faite dans un acte, par le mineur, ne formerait point d'obstacle à sa restitution (1307), parce qu'autrement il serait trop facile d'éluder la loi, en exigeant cette déclaration lorsqu'on voudrait traiter avec lui; mais si le mineur s'était lui-même rendu coupable de dol, en produisant un faux acte de naissance, pour amener sa partie adverse à la conclusion d'un acte qu'elle n'aurait pas souscrit si elle n'avait été trompée, alors ce ne serait plus *une simple déclaration de majorité,* mais un artifice coupable, employé de la part du mineur; et comme cette fraude le rendrait passible de dommages-intérêts, sans espoir de restitution (1310), il en résulte qu'on devrait, dans ce cas, le déclarer non-recevable à proposer la rescision d'un contrat pour l'inexécution duquel il se trouverait obligé à indemniser sa partie adverse, parce qu'il y aurait de la contradiction à lui donner le droit de reprendre d'une main ce qu'il serait obligé de rendre de l'autre.

Par la rescision, chaque partie contractante doit être, autant que possible, rétablie dans ses droits et actions primitifs, sans que le mineur reste en perte, puisqu'il ne s'agit que d'empêcher sa ruine, et non pas de l'enrichir aux dépens d'autrui.

En ce qui concerne les effets de la restitution à l'égard des tiers, un principe incontestable d'après tout ce qui a été dit plus haut, est que la rescision dont nous parlons ici, étant un privilége de la minorité, le mineur seul en doit profiter, lorsqu'elle peut avoir lieu sans opérer en même temps celle du majeur, d'où résultent plusieurs conséquences :

La première; que la restitution du mineur ne dégage point la caution majeure (2036); mais qu'il est, au contraire, restituable encore contre le recours que celle-ci tenterait d'exercer envers lui, après avoir satisfait le créancier principal.

La seconde; que le majeur débiteur solidaire, poursuivi par le créancier, ne pourrait opposer l'exception résultant de la minorité de son co-débiteur, puisqu'elle est personnelle à celui-ci. (1208)

La troisième; que la restitution n'appartient point au co-vendeur d'une chose commune et indivise avec le mineur, à moins que l'acheteur ne préfère discéder du tout par le motif qu'il n'aurait pas acquis seulement une portion.

La quatrième; que le mineur relève le majeur, lorsque l'objet du contrat est indivisible, telle que serait une servitude rurale due à un fonds commun (710), parce que ne pouvant être rétablie en partie, sans l'être en totalité, le mineur rend nécessairement le majeur participant de l'effet de son privilége.

SECTION VI.

De la ratification des engagemens contractés par le mineur ou en son nom.

L'article 1311 du Code porte que le mineur « n'est plus recevable à revenir contre » l'engagement qu'il avait souscrit en mi- » norité, lorsqu'il l'a ratifié en majorité, » soit que cet engagement fût nul en sa » forme, soit qu'il fût seulement sujet à » la restitution. »

La ratification doit intervenir après la majorité acquise, parce qu'elle serait elle-même nulle, si elle était faite durant le temps d'incapacité du mineur.

Lorsque la loi dont nous rapportons ici les expressions, dit que l'engagement du mineur, *nul* même *en sa forme*, devient stable par la ratification faite en majorité, cela ne doit être entendu que des formes particulières établies par rapport au mineur pour certains actes, comme pour les ventes d'immeubles, partages et transactions, parce que, comme nous l'avons déjà dit, ces formes n'appartiennent point au droit public; mais lorsqu'il s'agit de formes prescrites généralement pour tous, sous peine de nullité, comme dans la donation ou le testament, elles ne peuvent être réparées ni suppléées par une simple ratification (1339): il faut une rénovation de l'acte, avec toutes ses formes substantielles, puisqu'il ne peut jamais valoir sans leur concours.

La ratification peut être expresse ou tacite.

Elle est expresse, quand elle résulte d'une nouvelle convention faite pour confirmer la première; et alors, pour être valable et opérer tout son effet, ce nouvel acte doit rappeler en substance, la première obligation; on doit y faire mention du motif de l'action en nullité ou en rescision, et de l'intention de réparer le vice sur lequel cette action est fondée (1338), parce que, pour éviter toute surprise, il faut que la ratification porte elle-même la preuve qu'on a voulu renoncer à l'action en nullité.

La ratification est tacite, lorsqu'elle résulte de l'exécution volontaire de l'acte, et que cette exécution a eu lieu en majorité (1338) : celui qui exécute volontairement ne laisse aucune incertitude sur son intention : il ne peut pas renoncer d'une manière plus formelle à la nullité qu'il aurait pu opposer : quand c'est par convention postérieure qu'on veut ratifier, il est nécessaire de rappeler le premier acte, ainsi que de mentionner le vice dont il est affecté et l'intention de le réparer, parce qu'il serait possible qu'un homme adroit se portât à abuser d'un second traité consenti sur des objets étrangers au premier, et dans lequel il aurait soin d'insérer quelque clause relative au précédent, pour en faire induire par la suite une ratification qu'on n'aurait réellement pas voulu stipuler : mais ce danger de surprise ne peut exister lorsque c'est par l'exécution même qu'un acte est ratifié, parce que celui qui exécute n'agit que d'après son propre mouvement, qu'ici tout est dans son fait personnel, et qu'il est impossible que celui qui veut librement exécuter un engagement, n'entende pas s'y soumettre.

Mais cette théorie sur la ratification tacite d'un acte, fait par un mineur qui l'a exécuté en majorité, ne renferme-t-elle pas une contradiction en elle-même? Le mineur a dix ans pour intenter son action en nullité ou en rescision, et ces dix ans ne commencent à courir que du jour de sa majorité acquise, en sorte qu'il peut agir tant qu'il n'a pas trente-un ans révolus; certes, la loi ne peut pas supposer qu'un acte soit resté sans exécution pendant tout ce temps, parce que cela serait contre le cours ordinaire des choses : d'autre côté, si l'on suppose qu'il y ait eu exécution, le délai accordé par la loi, pour revenir contre l'acte, n'est plus qu'une chose illusoire, puisque l'acte exécuté après la majorité devient irrévocable, comme ratifié par l'exécution. Quelle est donc la véritable application des principes, sur les effets de la ratification tacite?

Pour résoudre la difficulté que nous présentons ici, c'est au principe de l'exécution qu'il faut remonter.

Si l'exécution primitive n'a été consommée qu'en majorité, l'acte est ratifié, et il ne peut plus être question de revenir contre.

Si, au contraire, l'exécution primitive a eu lieu en minorité, les actes postérieurs qui n'en seraient que la suite, ne mettent point obstacle à la rescision, lors même qu'ils sont faits par le mineur devenu majeur.

Éclaircissons ce raisonnement, par des exemples qui en rendront l'application sensible.

Supposons qu'un mineur ait aliéné son immeuble sans aucune des formalités voulues par la loi; mais qu'il ait accordé un terme à l'acquéreur, pour le paiement du prix, et que parvenu à sa majorité, il reçoive son remboursement et en donne quittance : la vente se trouvera ratifiée et irrévocablement consommée par cet acte d'exécution, parce qu'il est impossible de ne pas vouloir l'existence d'une vente dont on reçoit librement le prix.

Supposons, au contraire, qu'un mineur se soit porté héritier pur et simple, sans aucun inventaire; qu'il parvienne à sa majorité, jouissant de la succession, et qu'étant majeur il poursuive en paiement les débiteurs de l'hérédité; il continuera par là, à faire actes d'héritier, néanmoins il ne restera pas privé du bénéfice de la restitution, parce que ces actes ne sont que la suite de la possession qu'il avait prise en minorité;

en exigeant le paiement des créances héré-
ditaires, et touchant les sommes dues à la
succession dont il jouit, il reste dans la
même position où il était : il est absolument
comparable à celui qui continuerait, après
sa majorité, à cultiver les terres faisant partie de la succession qu'il aurait recueillie en
minorité; ce n'est point ici une exécution
primitive du quasi-contrat qui résulte de
l'acceptation d'hérédité, ce n'en est qu'une
suite. Les actes de cette espèce, considérés
seuls, sont incapables, par eux-mêmes, de
réparer le vice de son acceptation, parce
qu'ils n'en supposent pas nécessairement
l'intention dans leur auteur; et loin qu'ils
puissent mettre obstacle à sa restitution, il
serait possible qu'au contraire leur omission fût capable de le faire déclarer déchu
du bénéfice de la loi.

En effet, la restitution, comme nous l'a-
vons déjà observé, doit, autant que possible, rétablir les choses dans leur état primitif; si donc le mineur devenu majeur
laissait prescrire les créances de l'hérédité;
si, faute d'avoir poursuivi les débiteurs tandis qu'il était en possession, ceux-ci étaient
devenus insolvables; en un mot, si, par sa
négligence, le patrimoine du défunt était
tombé dans un état ruineux lorsqu'il le pos-
sédait et qu'il était déjà majeur, les créanciers pourraient être en droit de s'opposer
à ce que sa restitution fût admise, faute
par lui de pouvoir rétablir les choses dans
leur état primitif; il serait donc obligé de

veiller à la conservation de la chose pour pouvoir conserver ses propres droits; d'où il résulte qu'agissant par devoir et dans la vue de garantir ses actions, il serait absurde de lui supposer la volonté d'y renoncer.

SECTION VII.

De la prescription à l'égard du mineur.

Dans les principes de la loi romaine, la prescription courait contre les mineurs; mais ils pouvaient, en certains cas, obtenir leur restitution en entier contre les effets de la prescription comme contre ceux de leurs conventions faites en minorité. Elle était suspendue à l'égard du pupille tant qu'il restait en tutelle. Aujourd'hui nous ne distinguons plus en France le pupille du mineur, puisque l'un et l'autre sont également soumis à la tutelle, abstraction faite du cas particulier où le mineur serait émancipé, et le Code accorde au mineur le même privilége que la loi romaine accordait au pupille.

Les droits du mineur sont donc imprescriptibles en ce sens que la prescription ordinaire ne court pas à leur préjudice, durant la minorité (2252); mais elle reprend son cours dès l'époque de la majorité acquise, en sorte que si elle avait commencé avant que le droit fût transmis au mineur, on joindrait les deux extrêmes, en omettant de compter l'espace intermédiaire; et si le temps qui s'était écoulé auparavant, réuni à celui qui est révolu depuis la majorité acquise, formait une possession suffisamment prolongée, la prescription serait acquise.

De ce que la prescription est en suspens durant la minorité, il en résulte que quand il s'agit d'une chose indivisible, d'un droit de servitude, par exemple, appartenant tout-à-la-fois à un majeur et à un mineur, la qualité de ce dernier empêche la prescription de courir même à l'égard du premier (710), parce que le droit ne peut être conservé que tout entier.

Il en serait de même du cas où un mineur se trouverait créancier solidaire avec un majeur, parce que tout ce qui interrompt la prescription à l'égard de l'un des créanciers solidaires, l'interrompt aussi à l'égard de l'autre. (1199)

En matière de restitution en entier, ou de rescision des actes faits par les mineurs, ou passés en leur nom, le délai est de dix ans depuis la majorité, après lequel l'action est prescrite, si elle n'a été ouverte. (1304)

Dans l'ancienne jurisprudence on distinguait l'action en rescision de l'action en nullité, parce qu'elles étaient périmées à des termes différens.

Suivant la disposition du droit romain (*a*), la restitution des mineurs ne pouvait être demandée que pendant quatre ans de-

-----

(*a*) Loi 7, Cod. *de temporibus in integrum restit.*, lib. 2, tit. 53.

puis leur majorité acquise; mais les édits royaux avaient étendu, en France, ce délai jusqu'à dix ans, à compter également depuis la majorité.

D'après le droit romain encore, l'action en nullité durait un an de plus que celle en rescision; elle n'était prescrite que par cinq ans depuis la majorité (*a*); mais beaucoup de coutumes avaient étendu cette prescription à trente ans.

Le Code Napoléon ne fait plus toutes ces distinctions : l'action en nullité, comme l'action en rescision ou restitution, se prescrivent également aujourd'hui par dix ans passés dans le silence, en majorité.

Les actions en restitution ou en nullité, sont transmises aux héritiers, comme faisant partie de la succession de celui auquel elles appartenaient : il en est de même des avantages acquis par la prescription, ou des exceptions qu'elle peut avoir déjà opérées : en conséquence, lorsqu'il s'agit de fixer l'étendue du délai pendant lequel les héritiers peuvent encore agir, il faut remarquer deux choses :

La première; que l'héritier ne peut représenter le défunt que pour le temps qu'avait encore son auteur, parce que le représentant ne peut, en cette qualité, avoir plus de droits que le représenté.

La seconde; que la qualité d'héritier n'ex-

(*a*) Loi 3, Cod. *si major factus, etc.*, lib. 5, tit. 74.

cluant point le privilége personnel que peut avoir d'ailleurs celui qui succède, le restant du délai qui lui appartient ne commence régulièrement à courir que du jour où son privilége cesse, en sorte que, s'il est mineur, ce n'est que depuis sa propre majorité qu'on pourra compter l'espace qui restait encore à son auteur; parce que lui-même serait personnellement lésé si, par l'omission d'agir en minorité, il perdait son droit; et de là il résulte:

1°. Que quand un mineur succède à un autre mineur, l'héritier a dix ans, à compter depuis sa propre majorité, pour agir en rescision, puisqu'aucune partie du délai utile ne s'était encore écoulée pendant la vie de son auteur;

2°. Que si le mineur succède au majeur, il n'aura que le restant du temps qui appartenait au défunt pour agir; mais on ne devra le faire courir que depuis la majorité de l'héritier.

Il faut néanmoins excepter ici le cas où un majeur ayant l'action en lésion contre la vente d'un immeuble par lui faite, serait décédé, laissant un mineur pour héritier: la loi veut que la prescription particulière contre cette action, courre même à l'égard du mineur: en conséquence le principe du droit commun cessant dans ce cas particulier, le temps qui restait au défunt courrait même à l'égard de son héritier mineur. (1676)

3°. Que si le majeur succède au mineur, l'héritier a les dix ans complets, puisqu'aucune partie de ce délai n'avait couru contre le mineur; mais on doit les compter dès le jour où la succession lui a été dévolue, parce qu'il n'a aucun privilége personnel qui en suspende le cours à son égard.

4°. Que quand le majeur succède à un autre majeur, l'héritier n'a plus que le temps qui restait au défunt et qui commence à courir contre lui, depuis qu'il est revêtu de la qualité d'héritier, puisqu'il n'est saisi que du droit qu'avait son auteur, et qu'il n'a aucune qualité personnelle qui puisse suspendre le cours de la prescription.

CHAPITRE DIX-SEPT.

De la majorité.

Les personnes de tout sexe sont majeures à vingt-un ans accomplis. (488)

Depuis cette époque, l'homme est émancipé de la tutelle, ainsi que de la puissance paternelle, et la loi le met en pleine et libre jouissance de ses droits.

Le majeur, constitué maître de ses droits, étant considéré comme doué du jugement nécessaire à toutes les transactions sociales, il en résulte qu'il ne peut plus être question, à son égard, d'aucun privilége attaché à l'âge, et que les aliénations faites ou les engagemens pris par lui, doivent être regardés, régulièrement parlant, comme irrévocablement consommés.

Mais la justice ne doit pas seulement protéger la faiblesse et l'inexpérience de ceux qui sont encore en tutelle ; elle doit s'élever aussi contre les piéges tendus à la bonne foi, et l'humanité exige qu'elle vienne au secours de ceux qu'un état de crise aurait forcés à des négociations ruineuses : la loi accorde donc, en plusieurs circonstances, aux majeurs eux - mêmes, la faculté de se faire relever de leurs engagemens.

1º. Le majeur peut se faire relever de tout engagement contracté par violence et menaces d'une nature telle qu'elles puissent faire impression sur une personne raisonnable, et lui inspirer la crainte d'exposer sa personne ou sa fortune à un mal considérable et présent, en prenant égard à l'âge, au sexe et à la condition des personnes. (1112)

Peu importe que la violence ait été exercée par un tiers ; elle est une cause de nullité pour celui qui a contracté, lors même qu'elle provient d'une personne étrangère au contrat, parce que l'engagement n'en a pas moins été forcé. (1111)

La violence est une cause de nullité du contrat, non - seulement lorsqu'elle a été exercée sur la partie contractante, mais encore lorsqu'elle l'a été sur son époux ou sur son épouse, sur ses descendans ou sur ses ascendans (1113) ; mais la seule crainte révérencielle envers le père, la mère, ou autres ascendans, sans qu'il y ait eu de violence exercée, ne suffit point pour annuller le contrat. (1114)

L'action en rescision ou nullité qui résulte de la violence, n'est point une simple action en réparation d'injures : elle est réelle dans son objet; en conséquence elle passe aux héritiers de celui qui a souffert l'injustice, et contre les héritiers de celui qui l'a commise : et elle dure dix ans (13o4) depuis que la violence a cessé (1115), si le contrat n'a été ratifié expressément ou tacitement et en pleine liberté.

2°. L'erreur est une cause de nullité dans les conventions des majeurs, lorsqu'elle tombe sur la substance même de la chose qui en est l'objet, et même lorsqu'elle tombe sur la personne, en considération de laquelle seulement l'on a voulu contracter. (1110)

3°. Le dol est aussi une cause de nullité, lorsqu'il est démontré que l'une des parties n'a contracté que par rapport aux manœuvres qui ont été pratiquées contr'elle pour l'amener à souscrire l'engagement. (1116)

Les actions en nullité qui résultent de l'erreur et du dol, comme celle qui résulte de la violence, se prescrivent par dix ans, et ce délai ne court que depuis la découverte de l'erreur et du dol. (13o4)

4°. Le majeur est restitué s'il a été lésé de plus de sept douzièmes dans le prix de la vente d'un immeuble, lors même que, par le contrat, il aurait expressément renoncé à la faculté d'en demander la rescision, et qu'il aurait déclaré donner la plus-value (1674); mais cette action en restitution ne dure que deux ans à compter du jour de la vente, et la prescription court contre toutes personnes. (1676)

5°. La rescision d'un partage est admise entre majeurs pour lésion de plus du quart (887), et l'on considère comme partage tout acte destiné à faire cesser l'indivision entre cohéritiers, encore qu'il fût qualifié de vente, d'échange et de transaction, ou de toute autre manière. (888)

6°. Enfin, le majeur ne peut attaquer l'acceptation expresse ou tacite qu'il a faite d'une succession, que dans le cas où cette acceptation aurait été la suite d'un dol pratiqué envers lui : il ne peut jamais réclamer sous prétexte de lésion, excepté seulement dans le cas où la succession se trouverait absorbée ou diminuée de plus de moitié, par la découverte d'un testament inconnu au moment de l'acceptation. (783)

CHAPITRE DIX-HUIT.

Des femmes.

Par le terme générique de *femmes*, nous entendons ici les personnes du sexe féminin, de tout âge et de toutes conditions, c'est-à-dire mariées ou non.

La nature a partagé ses dons d'une manière inégale entre les deux sexes : si la femme a reçu autant d'intelligence et de sagacité, que l'homme, elle possède moins de forces. Destinée à concevoir, elle l'est aussi à nourrir ses enfans en bas âge, à dé-

fendre continuellement des dangers et des
maladies la vie qu'elle leur a donnée : ministère auguste dont elle est récompensée
par les premières expressions de la reconnaissance et de l'amour. L'assiduité qu'elle
doit à ces importantes fonctions les rend
incompatibles avec tout autre emploi qui
pourrait l'en distraire ; et l'organisation plus
délicate qu'elle a reçue pour y correspondre,
d'une manière proportionnée à la faiblesse
de l'enfance, la dispense du poids des affaires publiques.

Les femmes sont nos premiers maîtres :
chargées des soins dus à l'âge tendre, ce sont
elles qui donnent la première trempe à l'éducation ; la pureté des mœurs publiques repose donc essentiellement sur la sagesse des
leurs : la politique doit les éloigner de toutes les assemblées propres à enflammer les
passions, à altérer la douceur de leur caractère, et sur-tout à porter atteinte à la
pudeur, leur plus bel ornement, comme
leur première vertu.

Elles sont la source de nos plus agréables
jouissances : tous les plaisirs dont se compose le bonheur domestique sont leur ou-
vrage ; ils appartiennent à leur département.

Les fonctions que la nature leur destine,
ne sont donc pas moins importantes que
celles qui sont dévolues aux hommes ; elles
exigent également toute leur application ;
et la loi, pour suivre la voie de la nature, a
dû leur interdire les emplois publics qui,
par la continuité de travaux et la force

qu'ils exigent, sont exclusivement réservés au sexe assez fort pour en supporter le poids.

Lorsqu'il s'agit de leurs intérêts privés, les femmes peuvent en disposer et contracter de toutes manières, comme les hommes; mais il n'en est pas ainsi de tout ce qui a rapport aux affaires publiques.

Elles ne participent point aux droits politiques de cité;

Elles ne peuvent être revêtues d'aucune magistrature, ni remplir aucunes fonctions civiles, si ce n'est celles de la tutelle en certains cas;

Elles ne peuvent être juges, ni défenseurs officieux près des Tribunaux; mais quoiqu'elles ne puissent être constituées procuratrices *ad lites*, elles sont capables d'être procuratrices *ad negotia* : elles peuvent, en conséquence, recevoir et exécuter le mandat d'autrui (1990), pour toutes espèces de contrats, et avoir elles-mêmes leurs mandataires, facteurs ou préposés.

Les femmes ne peuvent être témoins ni dans les actes de l'état civil (37), ni dans les testamens (980), ni dans les actes entre-vifs reçus de notaire (*a*), parce que le témoin participe en quelque sorte aux fonctions de l'officier public qui reçoit l'acte; mais elles sont habiles à déposer en justice, soit au civil, soit au criminel, parce qu'en attestant un fait devant le juge, elles ne

____

(*a*) Art. 9 de la loi du 29 vent. an 11, bull. 258, n°. des lois 2440, tom. 7, pag. 595, 3ᵉᵐᵉ. sér.

participent en rien à l'exercice de la puissance publique.

La contrainte par corps ne peut être prononcée, en matière civile, contre les femmes, que dans le cas du stellionat, ni avoir
lieu contre celles qui sont mariées, que lorsqu'elles sont séparées de biens, ou lorsqu'elles ont des biens dont elles se sont réservé la libre administration, et à raison
des engagemens qui concernent ces biens;
et celles qui étant en communauté, se seraient obligées conjointement et solidairement avec leurs maris, ne peuvent être
réputées stellionataires à raison de ces contrats. (2066)

CHAPITRE DIX-NEUF.

De l'interdiction.

L'homme devenu majeur et rendu maître
de ses droits, n'est pas au-dessus de tous
les événemens qui peuvent le priver de ses
facultés intellectuelles; si donc, par quelque accident, il vient à être privé de l'exercice de sa raison, ou si, par quelques erreurs de la nature, il ne l'a point acquis,
la loi trompée dans son attente, veut qu'il
soit rétabli dans les liens de l'enfance, dès
qu'on a la certitude qu'il est dangereux,
qu'il abuse de sa liberté soit envers lui-
même, soit contre les autres : tel est le but
de l'interdiction.

L'interdiction est l'effet d'un jugement

rendu par l'autorité compétente, qui déclare un individu incapable des actes de la vie civile, et le prive de l'administration de sa personne et de ses biens.

L'interdiction est donc une chose grave, à laquelle on ne doit recourir que comme à un remède extrême, puisqu'elle a pour effet de rendre, pour ainsi dire, l'homme qui en est frappé, étranger à la vie civile et au commerce de ses semblables.

L'autorité compétente en cette matière est nécessairement confiée aux Tribunaux civils, puisque d'une part l'interdiction est une question d'état, et que d'autre côté elle n'a lieu qu'à l'égard de ceux qui, par défaut de jugement, échappant à la vindicte publique, ne doivent point être poursuivis par la voie criminelle.

C'est donc au Tribunal d'arrondissement du domicile de la personne à interdire, que cette action doit être portée.

Nous diviserons ce chapitre en cinq sections :

Dans la première, nous traiterons des causes d'interdiction;

Dans la seconde, des personnes recevables à provoquer l'interdiction d'un individu;

Dans la troisième, des formes suivant lesquelles on doit procéder à l'interdiction;

Dans la quatrième, des effets de l'interdiction;

Dans la cinquième, enfin, de la cessation des effets de l'interdiction.

SECTION Iere.

Des causes d'interdiction.

Dans l'ancienne jurisprudence, la prodigalité était admise parmi les causes qui pouvaient faire remettre le majeur en tutelle : mais aujourd'hui il n'y a plus que l'état habituel d'imbécillité, de démence ou de fureur, qui puisse autoriser à prononcer l'interdiction de l'insensé ou du furieux. (489)

Nous disons l'*état habituel d'imbécillité, de démence ou de fureur;* d'où résultent deux conséquences :

La première, qu'on ne pourrait demander l'interdiction d'un homme pour avoir fait quelques actes de fureur ou de folie, parce que des instans de transports, d'emportement ou d'ivresse ne caractérisent pas l'état ordinaire de celui qui s'y serait livré.

La seconde, qu'il n'est cependant pas nécessaire que l'imbécillité, la démence, ou la fureur soient continuelles et sans intervalle, parce que, pour être dans un état habituel de déréglement d'esprit, il n'est pas nécessaire d'extravaguer continuellement.

L'état d'imbécillité résulte de la faiblesse des organes et de l'absence des idées; il est ordinairement continuel.

La démence provient non de la faiblesse, mais du dérangement des organes : elle peut être plus ou moins continuelle ou intermittente, suivant que leurs fonctions sont altérées sous un plus ou moins grand nombre de rapports.

La fureur, qui n'est que l'état de démence porté au plus haut degré, provient tout-à-la-fois et du dérangement et de la contraction des organes dont la discordance, dans leurs fonctions, porte le furieux à des mouvemens dangereux pour lui-même et pour les autres. Cet état n'est ordinairement pas continuel, et ne saurait guère l'être, parce que les forces vitales ne pourraient pas suffire à une existence toujours exagérée.

Quoi qu'il en soit, tout majeur qui se trouve dans l'un ou l'autre de ces cas, doit être interdit, lors même que son état présente des intervalles lucides.

Nous disons tout majeur, parce que le mineur étant, de droit commun, sous la tutelle, il n'y a pas la même nécessité de recourir, pour lui, au remède extraordinaire de l'interdiction.

Le mineur, même en état de démence, ne doit donc pas être interdit : mais peut-il l'être ?

La commission du Conseil d'état, chargée de présenter le projet du Code à la discussion, avait adopté la négative; elle proposait, en conséquence, un article suivant lequel *la provocation en interdiction ne serait point admise contre les mineurs* non émancipés; mais M. Locré nous apprend que cette disposition fut rejetée sur les observations de la Cour de cassation, par le motif que, si cette action ne pouvait être admise qu'à la majorité, l'intervalle de la demande au jugement pourrait être employé à ratifier les actes ruineux faits en minorité : d'où il faut conclure qu'il serait permis de provoquer même l'interdiction d'un mineur en démence, et que le juge devrait la prononcer, si sa conduite paraissait l'exiger, pour prévenir les abus qu'il pourrait faire du premier usage de sa liberté, comme s'il était question de le soustraire à la rapine des usuriers qui auraient déjà traité avec lui, ou à la séduction de ceux qui le porteraient à s'engager dans le mariage (174 et 175), malgré son état d'incapacité naturelle.

Il y a donc cette différence entre le majeur et le mineur en démence, que le premier doit être interdit, dès que son interdiction est demandée, sans que le juge ait à examiner autre chose que le fait de la démence habituelle et la qualité de celui qui poursuit l'action ; tandis que le mineur ne doit pas, mais peut être interdit suivant que son intérêt exige, ou non, le recours à cette voie extraordinaire.

SECTION II.

Des personnes recevables à provoquer l'interdiction d'un citoyen.

Nos intérêts sont la mesure de nos actions: c'est ici une action de famille, parce qu'il y a solidarité d'honneur et d'affection entre les membres qui la composent. Il peut être intéressant pour eux, de prévenir la ruine de l'insensé et de conserver sa fortune; mais ils peuvent aussi être jaloux de cacher son infirmité; la famille doit donc être le premier arbitre de son sort.

Mais un homme peut n'avoir point de famille, tels sont les enfans nés hors le mariage; il est possible aussi que son état de démence n'intéresse pas uniquement ses parens; que, par des accès de fureur, il trouble la tranquillité publique : sous ce double rapport, l'action publique doit avoir lieu, soit pour protéger celui qui n'a d'autres parens que les agens de la loi, soit pour arrêter les excès de celui dont l'existence libre serait dangereuse à la société : en conséquence,

1°. Tout parent est recevable à provoquer l'interdiction de son parent.

2°. L'époux peut aussi demander l'interdiction de son époux; mais la loi n'accorde point cette faculté aux autres alliés. (490)

3°. Dans les cas d'imbécillité ou de démence, si l'individu qui en est atteint, n'a ni époux, ni parent connu, le procureur impérial peut intenter l'action.

4°. Dans le cas de fureur, si l'interdiction n'est demandée ni par l'époux, ni par les parens, le procureur impérial doit la provoquer à sa requête. (491)

SECTION III.

Des formes suivant lesquelles on doit procéder à l'interdiction.

L'interdiction est une question d'état qui est exclusivement du domaine de l'autorité civile, ainsi que nous l'avons déjà observé. Agitée en principal, elle ne peut être dévolue qu'au Tribunal d'arrondissement dans lequel la personne à interdire est domiciliée.

L'action doit être ouverte, sans préliminaire de conciliation (*a*), par requête énonçant les faits d'imbécillité, fureur, ou démence (493) : on doit y joindre les pièces à l'appui s'il y en a, et indiquer les témoins qu'on se propose de faire entendre (*b*). Cette requête et les pièces jointes sont présentées au président du Tribunal (492) de première instance, qui ordonne la communication au procureur impérial, et nomme un juge pour faire son rapport, à jour indiqué, en la chambre du conseil. (*c*)

Sur ce rapport et les conclusions du procureur impérial, s'il échet de passer outre, le Tribunal ordonne la convocation du conseil de famille pour donner son avis sur l'état de la personne dont l'interdiction est demandée (494). (*d*)

______

(*a*) Art. 49 du Cod. de proc.
(*b*) Art. 890 du Cod. de proc.
(*c*) Art. 891 du Cod. de proc.
(*d*) Art. 892 du Cod. de proc.

Ce conseil de famille doit être composé comme lorsqu'il s'agit de la dation d'une tutelle (494); mais les parens provoquant l'interdiction ne doivent point en faire partie, parce qu'ils seraient juges dans leur propre cause; *cependant,* ajoute l'art. 495 du Code, *l'époux ou l'épouse, et les enfans de la personne dont l'interdiction est demandée, peuvent y être admis sans avoir voix délibérative.* Ce qui nous paraît devoir être entendu du cas où ils seraient eux-mêmes demandeurs, soit parce que le législateur, après avoir, dans la première partie de cet article, prononcé, par forme de règle générale, l'exclusion des parens provocateurs, ajoute dans la seconde partie l'exception relative aux époux et aux enfans; soit parce qu'autrement, le mari comme plus proche allié, et les enfans comme plus proches parens, étant de droit commun les premiers appelés à faire partie du conseil (407 et 408), devraient y avoir voix délibérative, s'ils n'étaient pas provocateurs de l'interdiction.

Le défendeur doit être interrogé, mais non pas inopinément; la requête introductive de l'instance et l'avis du conseil de famille doivent lui être signifiés avant qu'il soit procédé à son interrogatoire (*a*), afin que, par cet avertissement, il puisse, s'il en est capable, réfléchir sur sa position et sur les défenses qu'il aura à opposer.

(*a*) Art. 893 du Cod. de proc.

L'interrogatoire est ensuite fait, non par simple commissaire, mais par le Tribunal en la chambre du conseil, en sorte que chacun des juges peut adresser au défendeur, par l'organe du président, les questions convenables, et que tous étant présens à ses réponses, peuvent se pénétrer de sa véritable situation.

Néanmoins, si le défendeur ne peut se présenter au Tribunal, il doit être interrogé en sa demeure; et alors c'est par un des juges commis, assisté du greffier, que l'interrogatoire est fait, en présence du procureur impérial qui doit toujours y assister. (496)

L'article 497 du Code porte, qu'*après le premier interrogatoire*, le Tribunal commettra, s'il y a lieu, un administrateur provisoire, pour prendre soin de la personne et des biens du défendeur.

Ces expressions, *après le premier interrogatoire*, supposent qu'il est permis au Tribunal de première instance d'interroger plusieurs fois le défendeur, et c'est la conséquence de ce qu'on peut demander l'interdiction d'une personne qui aurait des intervalles lucides, parce qu'un seul examen momentané pourrait être insuffisant pour s'assurer de son état habituel.

Si l'interrogatoire et les autres pièces produites constatent suffisamment la démence, l'interdiction peut être prononcée sans recourir à d'autres preuves; dans le cas contraire, et s'il y a lieu à passer outre, le Tribunal ordonne une enquête sur les faits posés qui sont trouvés pertinens et admissibles. Cette enquête est faite dans la forme ordinaire ; néanmoins le Tribunal peut ordonner, si les circonstances l'exigent, comme dans le cas de fureur, qu'elle sera faite hors de la présence du défendeur qui peut y être représenté par un conseil. (*a*)

Dans tous les cas, la cause doit être renvoyée à l'audience publique, pour y être prononcé sur le fond. (498)

L'appel des jugemens rendus en cette matière, est dirigé contre le provoquant, si c'est celui dont on demande l'interdiction qui soit appelant ; mais si c'est le demandeur, ou un des membres de l'assemblée de famille qui soit appelant, il est dirigé contre celui dont l'interdiction est provoquée. (*b*)

En cas d'appel du jugement rendu en première instance, la Cour d'appel pourra, si elle le juge nécessaire, interroger de nouveau, ou faire interroger par un commissaire, la personne dont l'interdiction est demandée. Telles sont les expressions de l'art. 500 du Code, d'où il résulte que, sur ce point particulier de procédure, la Cour d'appel n'est pas soumise aux mêmes règles que le Tribunal de première instance.

1°. Le Tribunal de première instance doit interroger le défendeur, tandis qu'en appel l'interrogatoire est facultatif.

(*a*) Art. 893 du Cod. de proc.
(*b*) Art. 893 du Cod. de proc.

2º. L'interrogatoire doit être fait en première instance, ou par le Tribunal, ou par un juge commis, mais pris dans son sein : en appel, si le défendeur n'est pas interrogé par la Cour, il suffit qu'il le soit par un commissaire à ce délégué, ce qui ne suppose point la nécessité de le prendre dans le sein de la Cour.

3º. Le procureur impérial doit être présent à l'interrogatoire fait en première instance : cette forme n'est point exigée pour l'interrogatoire sur l'appel, sans doute parce qu'elle pourrait devenir trop onéreuse, par rapport au grand éloignement qui peut se trouver entre le siége de la Cour et le domicile du défendeur ; et c'est aussi par cette raison que le commissaire peut être choisi hors du sein de ce Tribunal.

L'homme frappé d'interdiction, ne peut plus contracter à son préjudice ; il faut donc en avertir la société, pour que ceux qui voudraient traiter avec lui ne soient point induits en erreur : en conséquence, *tout jugement portant interdiction* doit être, à la diligence du demandeur, levé, signifié à partie et inscrit dans les dix jours, sur un tableau affiché dans la salle de l'auditoire du Tribunal, et dans les études des notaires de l'arrondissement. (501)

Mais pour l'accomplissement de cette formalité, il n'est point nécessaire de notifier le jugement à tous les notaires ; il suffit d'en remettre l'extrait au secrétaire de leur chambre, qui en donne son récépissé, le communique à ses collégues tenus d'en prendre note et de l'afficher dans leurs études (*a*), à peine de dommages-intérêts. (*b*)

De ces expressions, *tout jugement portant interdiction, doit être inscrit sur les tableaux, etc.*, il suit que cette formalité doit être remplie même à l'égard du jugement de première instance dont il y aurait appel, et cela est fondé sur ce que, par l'arrêt confirmatif qui peut intervenir, la sentence des premiers juges devant avoir son effet dès le jour où elle aurait été prononcée, il est juste que le public soit aussi averti dès-lors, qu'on conteste l'état de celui dont l'interdiction est demandée.

SECTION IV.

Des effets de l'interdiction.

Les effets de l'interdiction sont relatifs à l'incapacité personnelle dont l'interdit est frappé, à la tutelle qui doit lui être décernée, à la disposition de sa personne, à la disposition et à l'emploi de ses biens et revenus.

Nous avons donc à examiner ici en autant de paragraphes :

(*a*) Voyez le décret impérial du 16 févr. 1807, sur le tarif des dépens de justice, tit. 2, chap. 2, § 8, bull. 138, n°. des lois 2240, tom. 6, pag. 106, 4ème. sér.

(*b*) Voyez l'article 18 de la loi du 25 vent. an 11, bull. 258, n°. des lois 2440, tom. 7, pag. 596, 3ème. sér.

1°. Ce qui concerne l'incapacité personnelle de l'interdit;

2°. Ce qui a rapport à la tutelle qu'on doit
lui décerner;

3°. Comment on doit disposer de la personne de l'interdit;

4°. Quel est l'emploi qu'on doit faire de
ses biens et de ses revenus.

§ 1er.

De l'incapacité de l'interdit.

L'interdit est en général assimilé au mineur pour sa personne et pour ses biens
(509) : l'un et l'autre sont également privés
des droits politiques de cité (*a*) : ils sont
l'un et l'autre constitués en tutelle (505) :
leurs actions civiles sont également confiées
à leur tuteur; et en conséquence, le domicile de l'un comme celui de l'autre est transféré chez cet administrateur de leur personne et de leurs biens (108) : ils sont également incapables de contracter à leur préjudice, et l'un comme l'autre peut rendre
sa condition meilleure, en sorte que les actes par eux souscrits, ne sont affectés que
d'une nullité relative (1125) : mais il leur
est également défendu de s'enrichir aux dépens d'autrui, et l'un comme l'autre doit tenir
compte des sommes reçues qui auraient
tourné à son profit (1312) : les successions

(*a*) Art. 2 et 5 de la Constitution.

échues soit au mineur, soit à l'interdit (776), ne peuvent être acceptées par leur tuteur, qu'avec l'autorisation du conseil de famille et sous bénéfice d'inventaire (461, 509): la même autorisation est exigée pour l'acceptation des donations (935); les mêmes formalités sont requises dans leurs partages (838): il y a égale prohibition d'aliéner et d'hypothéquer leurs immeubles (513, 499): la loi défend également l'expropriation de leurs héritages, avant la discussion de leur mobilier (2206) : la prescription ordinaire est suspendue tant à l'égard de l'un qu'à l'égard de l'autre (2252) : comme le délai de la rescision ne court contre le mineur que du jour de sa majorité, de même il ne court contre l'interdit, que du jour de la main-levée de l'interdiction (1304) : enfin le ministère public doit conclure dans toutes les causes de l'un comme dans celles de l'autre. (*a*)

Mais quelle que soit l'étendue des rapports sous lesquels la loi les assimile l'un à l'autre, leur condition n'est cependant pas toujours la même, parce que le fondement de leur incapacité est bien différent.

La loi ne peut voir qu'un défaut absolu de jugement dans l'homme déclaré en démence; ce serait un outrage d'abaisser le mineur à cette condition : ici ce n'est plus le défaut entier de jugement, c'est l'inexpérience, c'est la raison naissante, mais

______

(*a*) Art. 83 du Cod. de proc.

combattue par la violence des passions du jeune âge, que la loi protège.

L'incapacité de l'interdit est dans le droit naturel, parce que le jugement d'interdiction n'est que déclaratif de la démence qui en est la cause : l'incapacité du mineur est, au contraire, un effet du droit civil qui l'établit et la modifie suivant les circonstances.

Celle de l'interdit doit donc être plus absolue que celle du mineur, parce que l'imprévoyance de celui-ci peut être suppléée par des formes de précautions, tandis que le défaut absolu de jugement ne peut jamais l'être.

De là il résulte que le mineur peut, avec le consentement de sa famille (148), s'engager dans les liens du mariage, tandis que l'interdit en est incapable tant que dure l'interdiction (174); que le mineur peut, avec la même assistance, faire des libéralités, par son traité nuptial (1095, 1309 et 1398); et que, parvenu à l'âge de seize ans, il peut seul disposer, par testament, jusqu'à concurrence de la moitié des biens que la loi laisse à la disposition du majeur (904), tandis que l'interdit étant jugé n'être pas sain d'esprit, ne peut disposer ni par acte entre-vifs, ni par testament; (901)

Que l'interdit ne peut être tuteur ni membre d'un conseil de famille, tandis que le mineur est au contraire, de plein droit, le tuteur de ses enfans;

Qu'enfin, à l'égard du mineur, on doit préalablement examiner la question de savoir s'il a été lésé, pour le relever de ses engagemens, ce qui n'a pas lieu à l'égard de l'interdit, *quia dementis nulla voluntas.*

L'article 502 du Code porte que l'interdiction a son effet du jour du jugement, et qu'en conséquence tous actes passés postérieurement par l'interdit sont *nuls de droit;* d'où il résulte :

1°. Que, sans être obligé d'articuler aucune lésion, ces actes doivent être déclarés nuls par le seul motif du défaut de volonté essentiellement inhérent à l'aliénation d'esprit, parce qu'il y aurait de l'absurdité à supposer un contrat valable sans consentement de la part d'un des contractans ;

2°. Que l'appel ne peut pas être suspensif sur ce point, parce que l'arrêt confirmatif déclarant le bien-jugé, déclare par-là même que la démence existait déjà lors du jugement de première instance, et frappe conséquemment de nullité tout ce qui aurait été fait par l'interdit, dans l'intermédiaire; c'est pourquoi la sentence des premiers juges doit être publiée et affichée nonobstant l'appel (501); c'est pourquoi encore l'administrateur provisoire, quand il en a été établi un, ne cesse ses fonctions qu'après l'arrêt définitif. (505)

Remarquons néanmoins que, quoique les actes passés par l'interdit postérieurement à son jugement d'interdiction, soient *nuls de droit,* dans le sens que nous venons d'expliquer, ils ne sont pas nuls de *plein droit,* sans qu'on soit obligé d'en faire prononcer la nullité par les Tribunaux, parce que la loi, en accordant dix ans à dater de la main-levée de l'interdiction (1304), pour ouvrir l'action en nullité contre ces actes, suppose la nécessité du recours à la justice pour cet objet.

Comme en cette matière le jugement est déclaratif de l'incapacité naturelle préexistante dans l'interdit, non-seulement il opère pour l'avenir, mais il peut aussi avoir indirectement un effet rétroactif sur le passé, en sorte que les actes antérieurs sont susceptibles d'être annullés, si la cause de l'interdiction existait déjà notoirement à l'époque où ils ont eu lieu. (503)

Mais après la mort d'un individu, les actes par lui faits ne peuvent plus être attaqués pour cause de démence, s'il n'a été interdit avant son décès (504), parce qu'il n'est plus possible de résoudre avec certitude le problème de son incapacité.

On excepte deux cas de cette dernière règle : le premier, lorsque l'interdiction a été provoquée, quoique non jugée du vivant de la personne dont on critique les actes, parce qu'il peut y avoir eu déjà des preuves faites dans un temps habile, et que d'ailleurs l'action régulièrement intentée donne un droit acquis d'arriver à tout résultat possible et juste ;

Le second, lorsque la preuve de la démence résulte de l'acte même qui est attaqué, parce que la justice ne peut jamais consacrer des dispositions qui appartiennent évidemment à la folie, au lieu d'être le fruit de la raison.

Il résulte de ce que nous venons de dire, qu'en règle générale, pour pouvoir attaquer un jour, à cause de la démence, les actes faits par une personne non interdite, il faut commencer par provoquer préalablement son interdiction, parce qu'il faut, avant tout, lever l'obstacle qui se trouve dans la possession d'état de personne capable ; et la loi, en déclarant que les actes antérieurs au jugement d'interdiction pourront être annullés, suppose, comme condition, l'existence de ce jugement, pour donner ouverture à l'action rétroactive sur les actes antérieurs.

En effet, l'action en nullité contre ces actes ne peut appartenir à celui qui les a faits, tant qu'il jouit paisiblement de son état de capacité.

Elle ne peut appartenir à son tuteur, puisqu'il n'en a point tant qu'il n'est pas interdit.

Elle ne pourra appartenir à ses héritiers ni de son vivant, puisque leurs droits ne sont pas encore ouverts ; ni après sa mort, puisque la loi la leur refuse, s'ils n'ont demandé l'interdiction avant son décès.

Enfin l'interdiction, par sa nature et sous tous les rapports, est essentiellement une question préjudicielle, parce que, pour faire déclarer nul ce que l'homme a fait en démence, il faut commencer par constater judiciairement la démence, autrement on demanderait un effet sans sa cause ; il faut donc aussi préalablement demander l'interdiction, puisque la loi veut que l'homme en démence soit interdit (489), et que c'est le jugement qui la prononce qui doit déclarer si l'aliénation d'esprit est telle que l'individu soit privé de toute capacité suffisante.

Ainsi, en dernière analyse, trois conditions sont cumulativement requises pour pouvoir attaquer, pour cause de démence, les actes qu'un homme a faits jouissant de la plénitude de son état :

La première, que son interdiction ait été prononcée, ou au moins provoquée de son vivant ;

La seconde, que la cause de l'interdiction ait été déjà existante à l'époque des actes dont on demande la nullité ;

La troisième, que cette cause d'interdiction ait été patente et notoire ; parce que celui qui contracte avec un homme notoirement imbécille, est lui-même notoirement de mauvaise foi : mais si la cause, quoique déjà existante, n'avait pas été généralement connue, on ne devrait pas prononcer la nullité de l'acte, parce que, dans le doute, la présomption est pour celui qui jouit de la plénitude de son état, et que, dans ce cas, la société ne doit pas souffrir de la négligence des parens à provoquer l'interdiction, ni ceux-ci être trop facilement reçus à combattre ce qu'ils ont toléré.

La conséquence du jugement d'interdiction n'est donc pas d'anéantir de plein droit

les actes passés antérieurement par l'interdit ; il ne serait pas même possible de lui
donner une pareille extension, parce qu'on
ne peut condamner celui qui n'a point été
en cause, et que ceux qui ont contracté auparavant avec l'interdit, ne sont point parties dans la procédure en interdiction.

Néanmoins cette sentence contient un
préjugé considérable contre ces actes, en ce
qu'elle anéantit la fin de non-recevoir qu'on
aurait opposée à l'action en nullité tant que
l'interdiction n'aurait pas été prononcée :
elle a donc ici indirectement le même effet
qu'aurait un premier jugement qui, écar-
tant une fin de non-recevoir, permettrait
d'arriver à la discussion du fond, en sorte
que celui qui avait auparavant contracté
avec l'interdit ne peut plus faire revivre
cette fin de non-recevoir, puisque c'est une
chose jugée ; mais il peut encore défendre
sur la question de savoir si la cause d'interdiction existait déjà au temps où il a
contracté, et si son existence était notoire
ou non.

Il y a plus, le Code civil ne déclare pas
que les actes antérieurs à l'interdiction *seront anéantis*, il porte simplement qu'*ils
pourront être annullés* si la cause de l'interdiction a été *notoirement* préexistante ; d'où
il résulte que la question du fond reste toute
entière dans le domaine du juge ; que, dans
tous les cas, il est permis au créancier de
faire valoir les diverses circonstances qui
prouveraient sa bonne foi, et cela doit être

ainsi, puisqu'il est permis de provoquer l'interdiction de l'homme en démence, mais qui a des intervalles lucides, en sorte que la démence peut être habituellement notoire dans un individu qui serait, à certaines époques, très-capable d'une volonté réfléchie.

Il est d'ailleurs possible que l'action des parens qui auraient négligé très-long-temps de provoquer l'interdiction, se trouve, par les circonstances, si défavorable, qu'il soit du devoir de la justice de l'écarter.

Mais puisqu'en cette matière la sentence porte nécessairement un préjugé contre le créancier antérieur, en ce qu'elle le prive de la fin de non-recevoir qu'il aurait eue à opposer, pourrait-il intervenir dans la procédure, comme ayant à défendre contre l'interdiction? pourrait-il former tierce opposition au jugement qui l'aurait prononcée, pour le faire rétracter et remettre les choses en entier, en ce qui le concerne?

La négative nous paraît certaine : la loi ne reconnaît d'autre contradicteur à l'interdiction que celui contre lequel elle est provoquée; son état est d'ailleurs indivisible, il ne peut être interdit à l'égard de l'un qu'il ne le soit à l'égard de l'autre; il est conséquemment contradicteur légitime pour tous, et tous ceux qui peuvent avoir des intérêts dérivant de son état, sont, dans sa personne, passibles de l'exception de la chose jugée, parce que la loi le constitue représentant de tous en le nommant seul contradicteur légitime pour défendre.

Nous terminerons ce chef de discussion par une remarque qui doit trouver ici sa place, c'est qu'il ne faut pas prendre comme une règle sans exception ce que nous avons dit en soutenant qu'on ne peut attaquer les actes faits par un individu non interdit qu'après avoir fait prononcer, ou au moins provoqué l'interdiction : cette décision doit être suivie lorsqu'il s'agit d'imbécillité, de démence, ou de fureur habituelles, parce que c'est dans cette hypothèse que la loi parle quand elle établit la fin de non-recevoir dont nous avons parlé ; mais elle ne doit point avoir son application aux causes d'aliénation purement accidentelles et momentanées.

Pour disposer de son bien de quelque manière que ce soit, il faut être sain d'esprit au moment même de l'acte (901) : qu'un homme, surpris dans l'ivresse, ait signé une donation ; ou que, dans un accès de fièvre délirante, on lui ait fait faire son testament ; il est évident qu'en présentant ces faits et les prouvant aux yeux de la justice, on doit faire déclarer nuls des actes qui ne seraient que le fruit du délire : mais si dans ces cas et autres semblables, il fallait recourir à l'interdiction préalable, le triomphe de la fraude serait infaillible, car cette action ne serait qu'un outrage dérisoire ajouté au malheur de celui qui peut-être ne se serait pris de vin qu'une seule fois dans sa vie : et comment, pour faire déclarer nul un testament, serait-on obligé de provoquer l'interdiction du moribond qui peut décéder deux heures après l'avoir fait?

§ 2.

De la tutelle de l'interdit.

Suivant l'article 505 du Code, s'il n'y a pas d'appel du jugement d'interdiction rendu en première instance, ou s'il est confirmé sur l'appel, il doit être pourvu *à la nomination* d'un tuteur et d'un subrogé tuteur à l'interdit, conformément aux règles prescrites pour le cas de minorité. Deux conséquences résultent de cette disposition :

La première; que la défense de nommer un tuteur après l'appel émis, suppose que la nomination faite auparavant serait valable; mais en ce qui concerne l'administration du tuteur ainsi nommé, l'appel serait nécessairement suspensif, parce que ce n'est que contre le défendeur en personne que la procédure peut être dirigée (*a*), et que c'est seulement après l'arrêt définitif, que l'administrateur provisoire doit rendre compte au tuteur de l'interdit. (505)

La seconde; que la tutelle de l'interdit est toujours dative, puisque c'est par *nomination* qu'il reçoit un tuteur. Il n'y a d'exception à cette règle qu'à l'égard de la femme interdite dont le mari est de droit le tuteur, comme désigné par la loi. (506)

____

(*a*) Art. 894 du Cod. de proc.

Puisque la tutelle de l'interdit est en général soumise aux règles qui régissent celle
qui a lieu en cas de minorité, il faut en
conclure que dans celle-ci comme dans l'autre, elle est un ministère forcé, et qu'on
ne peut la refuser sans les mêmes causes
d'excuses, ni en être destitué que pour les
mêmes motifs de suspicion. Il y a néanmoins
cette différence entre les deux espèces, qu'à
l'égard du mineur, la tutelle dure forcément
jusqu'à la majorité ou l'émancipation, tandis que nul, à l'exception des époux, ascendans et descendans, n'est tenu de rester tuteur
de l'interdit plus de dix ans (508), parce qu'il
ne serait pas juste de prolonger indéfiniment
sur la tête de la même personne, une charge
dont on n'aperçoit aucun terme fixe.

Nous avons dit plus haut qu'un mineur
pouvait être interdit pour cause de démence:
dans ce cas, serait-il nécessaire de lui nommer un nouveau tuteur?

Nous ne le croyons pas, parce qu'étant
déjà en tutelle, comme mineur, le vœu de
la loi est rempli; mais aussi nous croyons
qu'il faudrait une nouvelle dation de tutelle
lorsque l'interdit serait parvenu à sa majorité, parce que le tuteur donné au mineur
comme mineur, ne s'est engagé que pour
le temps de la minorité.

Le fils peut être nommé tuteur de son
père ou de sa mère interdits.

La femme peut être aussi nommée tutrice
de son mari, et alors elle se trouve autorisée
pour tous les actes de simple administration,

parce que le mandat général que la loi attache à sa nomination, équivaut à la procuration qui, dans les cas ordinaires, serait donnée par le mari lui-même, laquelle vaudrait autorisation générale pour administrer (223); mais elle ne pourrait aliéner, ni paraître en justice sans autorisation d'office, parce que le mandat général ne peut, à son égard, valoir que pour l'administration (222 et 1538) simple, dont les actes de cette espèce ne font point partie.

Plusieurs raisons ont porté le législateur à faire fléchir la règle qui écarte les femmes de la tutelle, dans les cas ordinaires : il a présumé que l'affection d'une épouse pour son mari devait souvent lui mériter la préférence sur toute autre personne : la tutelle n'est, pour ainsi dire, ici, que l'exécution des devoirs d'assistance réciproque que la loi impose à ceux qui sont unis par le mariage : et d'ailleurs, dans cette position particulière, l'association pécuniaire qui existe entre le mari et la femme, place celle-ci hors de la condition d'un tuteur étranger, qui n'a aucune communion d'intérêt avec l'interdit. Si, d'un côté, elle pouvait abuser de l'espèce d'émancipation qu'elle reçoit, d'autre part elle a des droits qu'on ne peut méconnaître, puisqu'elle se trouve en quelque sorte, procuratrice *in rem suam*; il n'aurait donc pas été juste de l'exclure tellement de cette espèce de tutelle, que le conseil de famille n'eût pu la lui confier, même lorsque son intelligence dans les affaires d'administration, correspondrait aux sentimens d'une affection sincère, connue en elle pour son mari.

Mais l'administration de la personne et des biens de son mari ne lui est pas confiée par la loi, d'une manière illimitée; le conseil de famille doit en régler la forme et les conditions particulières, sauf à elle à se pourvoir par-devant les Tribunaux, si elle se croit lésée. (507)

§ 3.

Des dispositions particulières qui peuvent avoir lieu à l'égard de la personne de l'interdit.

Le tuteur du mineur est, en règle générale, l'administrateur direct et immédiat de la personne de son pupille, sans qu'il puisse refuser cette charge, puisqu'elle fait partie de la tutelle dont l'office est forcé. La même règle n'est pas de rigueur dans la tutelle qui a lieu pour cause de démence : à la vérité le tuteur doit pourvoir autant que possible aux besoins de l'interdit, mais il ne doit pas toujours être l'administrateur immédiat de sa personne, et il est des cas où l'on ne pourrait le forcer à ce service.

Le conseil de famille est particulièrement chargé de délibérer sur le sort de la personne de l'interdit, et sur les moyens d'adoucir la triste infirmité dont il est atteint : ce conseil peut arrêter que l'interdit sera traité dans son domicile, ou qu'il sera placé dans une maison de santé, et même dans un hospice (510), si l'état où il se trouve n'exige pas d'autres mesures.

Mais il est possible que l'interdiction ait lieu pour cause de fureur, et que l'existence libre du furieux soit capable de compromettre la sureté publique; alors d'autres précautions deviennent nécessaires.

L'article 15, titre 1 de la loi du 22 juillet 1791 sur la police municipale, porte que ceux qui laisseront divaguer des insensés ou furieux, seront, indépendamment des réparations ou indemnités envers les parties lésées, condamnés à une amende qui ne pourra être au-dessous de quarante sous, ni excéder cinquante livres; et si le fait est grave, à la détention de police municipale.

On sent qu'il serait trop rigoureux de transformer les fonctions du tuteur en celles de geolier d'un interdit en démence, et de rendre cet administrateur responsable de tous les accidens que le furieux pourrait causer, lorsqu'il viendrait à tromper la vigilance de sa garde domestique : c'est pourquoi l'interdit doit alors être renfermé dans une maison de force.

Il faut observer, sur la réclusion de l'interdit en fureur, qu'elle n'est point ordonnée comme punition des délits qu'il aurait commis, puisqu'on ne peut voir que des faits purement matériels dans les actes d'un homme en démence, et qu'elle doit également avoir lieu à l'égard de celui qui n'aurait encore causé aucun dommage. Cette espèce de détention n'est donc qu'une mesure de précaution pour l'avenir, d'où il résulte qu'elle est du ressort de l'administration qui a la police de prévoyance, et non pas du ressort de l'ordre judiciaire qui ne peut jamais condamner à une réclusion ou à un emprisonnement que par forme de peine; c'est pourquoi l'ordre de détention, dans ce cas, fait partie des attributions de la police municipale chargée, par l'article 3 du titre 11 de la loi du 24 août 1790, du soin d'obvier ou de remédier aux événemens fâcheux qui pourraient être occasionés par les insensés ou les furieux laissés en liberté.

Avant la publication du Code Napoléon, la réclusion d'un homme en démence ou en fureur, pouvait être ordonnée, sans qu'on eût préalablement procédé à son interdiction, parce qu'aucune loi ne prescrivait cette marche. Aujourd'hui encore la police municipale peut ordonner l'arrestation provisoire de l'homme en fureur qui causerait du trouble, ou dont la divagation inspirerait de justes craintes aux citoyens; mais il n'est plus permis d'ordonner sa détention sans que l'état de démence ait été judiciairement constaté par la procédure en interdiction, et c'est par cette raison que l'article 491 du Code Napoléon veut que, dans le cas de fureur, si l'interdiction n'est demandée par aucun parent, le procureur impérial soit tenu de la provoquer lui-même, afin de pouvoir parvenir, par ce moyen, à obtenir ensuite, de l'autorité administrative, la réclusion de l'homme dangereux à la société.

Ainsi, comme on ne peut faire annuller les actes d'une personne en démence, sans avoir préalablement provoqué son interdiction, de même on ne peut définitivement ordonner la réclusion d'un furieux, sans l'avoir préalablement fait interdire.

§ 4.

Quel emploi particulier l'on doit faire des biens et revenus de l'interdit.

Dans la tutelle ordinaire, le tuteur doit viser à la plus grande économie, pour améliorer la fortune de ses mineurs : ce devoir n'est que bien secondaire dans la tutelle de l'interdit : ici les revenus de l'homme doivent essentiellement être employés à adoucir son sort et à accélérer sa guérison, selon les caractères de sa maladie et l'état de sa fortune. (510)

Lorsqu'il est question du mariage d'un enfant de l'interdit, la dot ou l'avancement d'hoirie et les autres conventions matrimoniales doivent être réglées par un avis du conseil de famille, homologué par le Tribunal, sur les conclusions du procureur impérial (511). Quant au reste, la tutelle de l'interdit est assimilée à celle du mineur (509), et l'on doit pour l'une, suivre les mêmes règles que nous avons retracées pour l'autre.

SECTION V.

Quand finit l'interdiction.

L'interdiction doit finir par la guérison de l'interdit, puisqu'elle n'avait eu lieu que par rapport à sa maladie : mais elle ne cesse pas de plein droit; il faut un jugement de main-levée, et comme ce jugement ne peut être prononcé qu'en connaissance de cause, on doit, sur la vérification de l'état actuel de l'interdit, procéder dans les mêmes formes qui avaient été employées pour parvenir à la sentence d'interdiction. (512)

CHAPITRE VINGT.

Du conseil judiciaire.

Dans l'ancienne jurisprudence, il était permis de provoquer l'interdiction des prodigues; cette mesure est remplacée dans le Code (513), par la nomination d'un conseil judiciaire.

Ce conseil peut être aussi nommé dans le cas de la demande en interdiction pour cause de démence, si d'après l'instruction de la procédure, le Tribunal estime qu'il n'y a pas lieu de prononcer l'interdiction; mais que telle est néanmoins la faiblesse d'esprit de celui contre lequel elle est demandée, que sa ruine soit à craindre, si on lui laisse la disposition absolue de ses biens. (499)

Le conseil judiciaire est un curateur sans l'assistance duquel l'homme qui l'a reçu, ne peut plaider, tant en demandant qu'en défendant, en matière civile, ni transiger, ni emprunter, ni recevoir un capital mobilier et en donner décharge, ni aliéner ou hypothéquer ses biens. (513)

Celui qui a reçu un conseil judiciaire est dans un état moyen entre l'interdit et le majeur usant de tous ses droits : sans être dans l'incapacité absolue de l'un, il n'a pas toutes les facultés de l'autre.

Le majeur usant de ses droits peut aliéner de toute manière conforme aux lois; celui qui a reçu un conseil judiciaire n'a seul que la simple faculté d'administrer.

L'interdit ne peut ni tester ni se marier, parce qu'il n'est pas *mentis compos;* tandis que celui qui a reçu un conseil judiciaire, est capable de l'un et de l'autre, parce que sa capacité n'est limitée que pour les actes d'exception que nous venons d'indiquer.

L'exercice de toutes les actions de l'interdit est transporté entre les mains d'un tuteur chargé de le représenter; celui-ci, au contraire, exerce toutes ses actions par lui-même, à la charge seulement de se faire assister de son curateur pour les actes d'exception qu'il ne peut faire seul.

Le tuteur de l'un perçoit, administre et

doit rendre compte ; le conseil de l'autre n'est ni administrateur ni comptable.

Le tuteur de l'interdit lui est donné par le conseil de famille, tandis que le conseil judiciaire est nommé par le Tribunal.

Quant à la forme de procéder pour dation d'un conseil judiciaire, elle est la même que pour parvenir à l'interdiction.

Ceux qui ont droit de demander l'interdiction, sont aussi recevables à provoquer la dation du conseil judiciaire (514) ; la demande doit, dans un cas comme dans l'autre, être introduite par requête présentée au président du Tribunal, énonçant les causes et les motifs de la poursuite, les noms des témoins à faire entendre ; le conseil de famille doit être consulté, le prévenu interrogé, les témoins entendus, s'il est nécessaire ; la cause jugée à l'audience publique, le procureur impérial entendu (515), et la sentence rendue publique comme le jugement d'interdiction. (*a*)

Mais il y a une différence bien remarquable dans les effets de l'un et l'autre jugement, en ce que, comme nous l'avons vu, les actes antérieurs à l'interdiction peuvent être attaqués en prouvant que la démence existait déjà notoirement à l'époque où ils ont eu lieu : la loi, au contraire, n'accorde pas la même faculté quand il s'agit simplement du conseil judiciaire (503), d'où il

---

(*a*) Art. 897 du Cod. de proc.

faut conclure qu'on ne pourrait pas revenir sur les actes antérieurs à cette cura-
telle. La raison de cette différence con-
siste en ce que l'incapacité de l'homme en
démence est de droit naturel ; le jugement
qui la prononce, ne la produit pas, il ne fait
que la déclarer, tandis que l'incapacité de
celui qui a reçu le conseil judiciaire n'est
que civile, produite par le jugement même
qui la prononce seulement pour les actes
d'exception qu'il énonce.

FIN.

TABLE DES CHAPITRES

CONTENUS DANS LE SECOND VOLUME.

SECTION III.

SECTION IV.

SECTION V.

SECTION VI.

CHAPITRE DEUX.

SECTION Iere.

SECTION II.

CHAPITRE ONZE.

De l'administration du tuteur.   Page 208

CHAPITRE DOUZE.

CHAPITRE TREIZE.

CHAPITRE QUATORZE.

SECTION Iere.

CHAPITRE DIX-HUIT.

CHAPITRE DIX-NEUF.

SECTION Iere.

SECTION II.

SECTION III.

SECTION IV.

SECTION V.

CHAPITRE VINGT.

FIN DE LA TABLE DES CHAPITRES.

ERRATA.

Tom. II, pag. 29, lign. 9, *au lieu de* trois jours, *lisez* trois cents jours.

Même tome, pag. 156, lign. 18, — le décès du premier mari, *lisez* du second mari.

I. — C'est
la précé-
p. 119. —
en la reli-
du béné-
et tuteur,
le recevoir
après son

76. — Ses
e de pa-
inventaire,
des biens

a famille,
tuteurs,

T. II, p.
peut être
mariage,
mariage,

T. I,
sent la

se dé-
et, mais
de, par
proprié-
ts de

as de
charges
es lieu,

jours,